ZAI TAN JIU
QING CHAO SHI DE JI BEN TE ZHENG

# 清朝史的基本特征再探究

## 以对北美『新清史』观点的反思为中心

钟焓 著

中央民族大学出版社
China Minzu University Press

**图书在版编目（CIP）数据**

清朝史的基本特征再探究——以对北美“新清史”观点的反思为中心／钟焓著. —北京：中央民族大学出版社，2020. 3 重印

ISBN 978-7-5660-1576-1

Ⅰ. ①清…　Ⅱ. ①钟…　Ⅲ. ①中国历史—研究—清代
Ⅳ. ①K249. 07

中国版本图书馆 CIP 数据核字（2018）第 272622 号

**清朝史的基本特征再探究**——以对北美“新清史”观点的反思为中心

著　　者　钟　焓
责任编辑　黄修义
责任校对　杜星宇　肖俊俊　胡菁瑶　于秋颖
封面设计　舒刚卫
出 版 者　中央民族大学出版社
　　　　　北京市海淀区中关村南大街 27 号　邮编：100081
　　　　　电话：68472815（发行部）传真：68932751（发行部）
　　　　　　　　68932218（总编室）　　　　68932447（办公室）
发 行 者　全国各地新华书店
印 刷 厂　北京建宏印刷有限公司
开　　本　787×1092（毫米）　1/16　印张：14
字　　数　220 千字
版　　次　2020 年 3 月第 3 次印刷
书　　号　ISBN 978-7-5660-1576-1
定　　价　60. 00 元

# 目　录

# 序言　对“新清史”学派的几点基本勾勒

毫无疑问，对北美“新清史”研究模式的学科定性是中国学者在讨论“新清史”的成败得失时应具备的首要观察前提。在笔者看来，这一模式在实践中不仅超越了断代史（清史）和民族史（满族史）这两种常见的学科范式，更为重要的则是其试图全面建构从16、17世纪之交的明末清初一直跨越到21世纪下的当代中国的整套历史叙事，从而为其国知识界乃至政界认识中国当下选择的发展模式及道路提供一个从历史切进的入口，故无法单纯地采用国内史学的现有范式概括其学科特点，即“新清史”的研究已经完全超越了我们通常熟悉的某一具体史学（如清史或满族史）的研究特征。其从时限上来看，早已大大超出了传统清史（1644—1840或1911）的时间轴；而从性质上来讲，其研究所涉及的诸多层面尤其是那些与现实政治相牵涉的叙述就更不是满族史这一内涵与外延皆相对清晰的族别史所能涵盖的。

我们不妨将构筑“新清史”研究的几大预设性立论前提归纳为：A.类似于“想象的共同体”理论的族性建构论或晚生性；B.帝制晚期的征服叙事，对应作为现代中国领土组成部分的边疆地理版块不同程度地来源于清朝或清帝国的“征服大业”或“殖民扩张”；C.后帝制时代的“民族帝国主义”，以此虚拟了一个空幻的学理制高点来对1911年以后的现代中国是否有权力在原来的清帝国边疆地区继续行使国家主权进行所谓学术上的裁决评骘。故这三大立论前提各自对应着不同的历史时限，如A对应明末清初至民国前期，B 对应的时限主要为清中期，C 对应中华民国和中华人民共和国时期。

根据个人的观察，笔者将“新清史”的发展过程划分为前后三个不同时期。

第一个时期为 20 世纪 80 年代至 90 年代前期。这一时期的成果以发表在学术期刊上的论文为主，专著较少。不过最近已经被译为中文的柯娇燕（P. K. Crossley）的首部史学著作《孤军：满人一家三代与清帝国的终结》（*Orphan Warriors*，陈兆肆译，人民出版社，2016 年）即诞生于此期。可以说在这第一阶段中“新清史”学者已初步登上学术舞台，为下一阶段的发展打下了基础。

第二个时期为 20 世纪 90 年代后期至 2005 年。本时期是“新清史”研究的黄金时期，也是该学派下的学者们推出专著的高潮时期。我们耳熟能详的大多数“新清史”专著，都是在这一阶段陆续刊出的，其观点的日渐流行表明“新清史”学者的成果至少在美国学术界确实得到了普遍认可。

第三个时期为 2005 年之后。这一时期是“新清史”学者继续扩大成果的时期。该学者群在这一时期没有继续推出创新意义上的专著，而是以发表论文为主，此外也有些学者开始撰写带有普及性与宣传性的概述性通论，如欧立德的《乾隆帝》等著作。同时，“新清史”的影响开始跨出英语学术界，在其他国家产生涟漪效应，一些论文被翻译成日文、法文、中文等其他语种出版。值得注意的是，其中若干著述的行文重心已经由前述三大立论前提中的 A、B 两项转向了 C，即开始越来越多地与现实政治相勾连，热衷于讨论中华民国以及中华人民共和国对边疆地区的主权诉求是否具有政治上的“合法性”。

## “新清史”学术体系的本质何在？

笔者经过长期以来对该学派著述的研读体会，倾向于将整个“新清史”学术体系中最本质化的表述概述为“一个论述中心”，即国体论，这指的是其诸多研究结论主要系围绕清朝国家政权的基本结构特征而展开；“两个参照系”分别是指此前的明朝和辛亥革命以后的现代中国。多数“新清史”学者将以汉人建立的明朝判定为典型中华帝国王朝的代表，与全身上下凸显“内亚性”的清帝国有着本质的区别；而且清帝国与1911年以后的现代中国在政权的“合法性”上也有着巨大的差异，甚至可以说是少有共识。至于在20世纪初期的传统帝制趋于解体的时间节点上，“新清史”体系逻辑化的学术预设则是完全接受西方学界流行的“从帝国到民族国家”的转型解释模式，故其给原清朝统治下的广袤地区拟定的政治出路就是“五族共和收拾起，大家齐做自由人”，相当于各大地理版块上的人群自主建国。

为了便于读者具体直观地理解这一点，笔者使用“公寓—房间”的譬喻来比拟“新清史”学术体系中对帝国转型前后历史发展道路的总体瞭望。这就好比说，原先在东亚存在一间大型公寓，里面容纳若干单独的房间。整所公寓曾经长期存在一位主人（其对应清朝君主），每个房间也有各自的住户（分别对应满、汉、蒙古、藏、回部等不同人群），平时这些住户都一致服从上述公寓主人的领导，然而公寓内各个房间彼此的联系却未必紧密，尤其是汉人所在的房间与其他几大人群的房间更是殊少往来。现在到了1911年这个时间节点上，公寓原来的老主人已寿终正寝，不复存活，那么按照“新清史”学派的典型观点，随后“合理”的演化结果则应是这些房间内的人们纷纷自立门户，各建其国，而不是再创出一个新主人来重新把大家再次聚合在一个所谓的统一国家之下。因此，“新清史”最终拷问的恰恰是中国从帝国到民族，国家究竟该如何转型的现实敏感政治问题，而其早已准备好的“从一到多”的预设答案显然带有强烈的政治导向性，实际上就中国作为一个从帝制时代转型而来的新生多民族国家对于边疆地区主权诉求的合法性提出了强烈的质疑。

如果要选一个最能凸显“新清史”研究特点的关键词，很多人可能会倾向于选取“反汉化”“满洲性”“内亚性”等专门术语。然而，就本质看，“同君联合体”（借自相关日本学者）才最能反映“新清史”研究的根本特点。与之相对，中国学者长期以来将清朝视为中国历史上的最后一个王朝，并且将其定性为一个统一的多民族国家，这实际上是折射出一种单一制国家的定位，由此规范了清朝君主的个人形象——他是单一制国家的最高领导人，这种定位同时还强调在君主领导下的官僚机器在国家中的维系和联结作用。

然而，在“新清史”学派的历史书写中，清帝国则被描述为一个“星座型政体”（欧立德语），其背后折射出一种相当于复合制国家的定位。两者的区别在于以下几点：

第一，就国体而言，单一制国家注重国家上下层之间垂直的、纵向的联系，强调的是整体性与不可分割性。而“同君联合体”型国家则在“共同君主”的表面形式下更加依赖于国家内部各个组成部分之间横向的联盟关系，因此，国内的各大组成部分始终保持着较多的政治自主性，甚至可以说是国中有国，如柯娇燕在相关论文中就将清朝统治下的喀尔喀诸汗所属的领地区域界定为复数意义上的汗国（khanates）。[①]

第二，在地理空间方面，在有关单一制国家的话语体系中，汉地、东北、蒙古、藏区、回部都是清帝国的直属领土，而“新清史”学派将清朝统治的广大地域定义为“受保护地”。如柯娇燕于 2008 年在法国《年鉴》上发表文章称，清朝实际上的直属领土只有处在关外的东北亚，其余地域都是具有殖民地性质的“受保护地”，由此对清朝统治的地理空间做了类似于西方殖民帝国那样的“直属领土 VS 海外殖民地”的空间性二元切分。

第三，至于在主权方面，中国学者主张以上各大地理版块无论内地还是边疆都是清朝的直属领土，因而清朝对它们的管辖均可以归入严格意义上的国家主权范畴。但在“新清史”学者看来，清朝对“受保护地”的统治并非一种国家主权意义上的管辖，而只是类似于“宗主权”名义上的间接治理，尤其是在西藏和回部（天山南路），其内部近乎一种自主管理状态。在帝国解体之后，这些地区自然应该脱离宗主权，走向彻底的“独立”。“新清史”的学人由“同君联合体”概念引发出的论述重点，便是过度放大君主权力的高度象征性与符号化，突出表现在清朝帝王的“共

① P K. Crossley, “Making Mongols”, in. P K. Crossley, H F. Siu etc eds. *Empire at the Margins: Culture, Ethnicity and Frontier in Early Modern China*, Univ. of California Press, 2006, p. 75.

主”性、多语种的“合璧”与复数化的首都等方面。

笔者认为，“新清史”的如上观点实际上是一种“新瓶装旧酒”的升级版。所谓“新瓶”指的就是充斥于其论说中的西方时髦话语体系，而“旧酒”则是此前早已有之的观点，如“同君联合体”及“共时性君权”理念中的将君主视为联系整个帝国的唯一纽带的认知恰恰就落入了早已被梁启超以来的“新史学”彻底推翻的“朕即国家”论的窠臼。而他们将清朝中央政府对西藏等地的管辖有意定性为“间接统治”的表述，事实上也不过是接受了《西姆拉条约》前后英印殖民政府动用外交资源试图将中国在西藏的主权矮化为“宗主权”的殖民时代的唾余残渣而已。至于在学理实践中，“同君联合体”概念在学术实践中表现出与“中国意识”的相克，即“中国”只是清帝国治理下的一个空间区域，与其并列的至少还有满、蒙古、回、藏四大地域。由此该学派通过把清朝统治下的“中国”的空间范围极度压缩，进而否认清朝与“中国”的合一性，这与我国学界的认知存在着完全无法调和的根本性差异。

## “汉化论”究竟起源自何方?

目前国内学界围绕“新清史”的讨论中，有关“汉化”的争论是其中最引人热议的话题。然而，笔者相信在整个“新清史”的论述体系中，“反汉化论”只是用来开启连锁效应的第一张骨牌，而其试图推翻的最后一张骨牌，则是对 1911 年以后中国对边疆地区的主权诉求提出挑战。故“反汉化论”并不像“同君联合体”那样是该学派的核心概念，“新清史”对其的着力强调主要是为了论证“中国民族主义”的某种“政治不正确性”，即将“汉化”建构为中国学者基于偏狭的“民族主义”而创造出来的带有强烈沙文主义色彩的一种意识形态化叙事，故无法有效地用作历史研究的分析工具。①

然而，事实上最早系统地提出汉化论的绝非中国学者，而是17世纪以来的来华传教士和19—20世纪之交俄国的民族学家们。早在17世纪末，法国传教士李明在给本国红衣主教的书信中，明确表示鞑靼人（满人）几乎都因汉化而战斗力不强。18世纪中期，法国耶稣会士巴多明在寄回法国的书信中说道：满洲人能改变汉人的仅仅只是衣着方式和剃发。他还特别注意到满人只讲汉语的现象。虽然这一观点不免偏颇，但至少反映了他所生活的北京地区当时的情况。巴多明认为，这符合了中国历史上常见的规律，即外来的征服者最终会被被征服者（汉人）所同化。② 降至19世纪40年代，同样来自法国的传教士古伯察基本上重复了巴多明的观点，而且还把以汉语普及为中心的汉化现象所覆盖的地域延伸到了关外的东北。③ 虽然传教士的陈述带有个人观察的性质，但其要表达的内容在本质上与后来学界关于“汉化”的论述并无分歧。再以受过近代西方学术熏陶的俄国民族学家为例。最早提出民族要素的东方学家巴拉第司铎通过1870—1871年在东北地区的实地旅行调查，指出了满洲地区汉化不可逆转的事实，并确认满洲的民族性因为汉人的影响而陷入濒危状态。④ 更晚到了19、20世纪之交，基本上接受了巴拉第民族概念的史禄国（他后来成为费孝通的导师）在黑龙江瑷珲满族聚居地进行了田野调查，得出结论说：北京和辽东的满人基本汉化。只有在以瑷珲为中心的满洲北部，汉人对满人的文化影响还不那么强烈。而在吉林等中部地区，则是满人的部分汉化。⑤

综上，如果“新清史”学者真的要对“汉化”概念进行批驳或者解构

---

① 对此有关的概括参见王成勉：《没有交集的对话——论近年来学界对“满族汉化”之争议》，汪荣祖主编：《胡人汉化与汉人胡化》，嘉义：中正大学台湾人文研究中心，2006年，第61—62页。

② ［法］杜赫德编，耿昇译：《耶稣会士中国书简集——中国回忆》第四卷，郑州：大象出版社，2005年，第140页。

③ ［法］古伯察著，耿昇译：《鞑靼西藏旅行记》，北京：中国藏学出版社，1991年，第122—124页。

④ 井上紘一：《パラディウスのウスリ-南踏查记——翻译と解说》，畑中幸子等主编《东北アジアの历史と社会》，名古屋：名古屋大学出版会，1991年，第131页。

⑤ ［俄］史禄国著，高丙中译：《满族的社会组织——满族氏族组织研究》，北京：商务印书馆，1997年，第9—13页。

的话，那么其兴师问罪的目标首先应该指向上述那些欧洲传教士和民族学家等群体，而不是对之熟视无睹，不置一词，反而屈从于某种现实西方话语下流行的“政治正确性”，牵强地将“汉化”与中国近代以来在数次革命高潮中兴起的“民族主义”（实际上应正名为抵抗外侮，维护领土主权的爱国主义）思潮生硬地拉扯到一起，故这种带有明显政治取向的做法正是“新清史”学术体系自身非学术化的一个铁证。

## 内亚各大族群是否看重“满汉之别”？

逻辑上的“反汉化论”与主题上极力彰显的“满洲性”（或“内亚性”），导致“新清史”学派高度推崇清朝对内亚的成功统治得益于其秉持的非汉因素以及随之导致的各大内亚族群在政治上更加认同一个像满洲统治者这样的非汉人作为内亚各族的“共同君主”。不过笔者认为，这在很大程度上同样是一个充满先入为主色彩的立论前提，因为我们有充分的理由对此发问：由首崇满洲性（内亚性）所衍生出来的“满汉之别”或“旗民之分”，成为当时清代内亚各大族群的显性化观察目标了吗？就此问题，理应区分地域予以考察。

首先来看被视作清朝“龙兴之地”的关外东北。目前德国学者业已整理出版了由当初史禄国在黑龙江流域一带的通古斯人中记录的语言词汇卡片，即《通古斯方言词源学——民族学辞典》。书中收录了两个词语：bogdo（博格多）和 manju（满洲），它们原是通古斯人用以专指明末清初狭义上的满族人，但到了史禄国开展田野调查的 19、20 世纪之交，这两个词语已被用于指代汉人。[①] 这说明东北地区的民族界限在清朝后期与前中期相比业已发生了极大的变化，即到清中期以后，在作为黑龙江流域最主

① G. Doerfer, *Etymologisch - Ethnologisches Wörterbuch tungusischer Dialekte*, Hildesheim: Georg Olms Verlag, 2004, p. 132, 535.

要的世居居民通古斯人的眼中，由于满汉民族间文化界限的模糊乃至消失，故再继续区分满汉实质上已经没有必要，因此原来只是用以称呼满人的名称后来渐渐又被拿来指代汉人。

下面再看蒙古。顺治年间，蒙古人曾将满洲人看作同类，称满洲为“红缨蒙古”，视满洲与蒙古之间存在亲缘关联。但当清朝入关后，喀尔喀王公在致顺治帝的书信当中，还继续沿用“红缨蒙古”称满洲人的时候，却遭到了顺治帝的断然驳斥。[①] 17 世纪末，在蒙古文的哲布尊丹巴一世的传记中曾提及该活佛称康熙为“佛法流行的南方黑契丹可汗”，将清朝皇帝视为黑契丹皇帝，而在蒙古语中，契丹一词本来只是指汉地或汉族，由此可见那时的漠北蒙古人眼中的契丹同时包括了满族与汉族。[②] 18 世纪中后期，在青海蒙古族学者松巴堪布的《如意宝树史》中，作者径直将顺治皇帝称作“红色汉人大金汗的后裔”，这等于将原先女真人兴起的东北之地也划入汉地之中。[③] 质言之，汉地不光包括中原，还包括了东北（满洲）。

至于回部（新疆）的情况则自有其独特之处。在哈密等地新修的城池中，有不少是满城汉城合一的，当地人往往将这些城池统称为“契丹人（汉人）的城池”。降至 18 世纪中期，清朝平定准噶尔汗国以后，逐渐与控制哈萨克草原的阿布赉苏丹建立了宗藩关系。在接受后者使臣的觐见中，乾隆帝向其宣称契丹人和哈萨克人都是成吉思汗的后裔，因此应该互相亲近，以之劝说哈萨克人归顺清朝的统治。[④] 显然，无论是说汉语还是操满语，乾隆帝都不大可能直接在交谈中使用“契丹人”这个词指代其出自满洲人，但对前往觐见的哈萨克使臣来说，他们显然不大注意区分“契丹人”与“满洲人”之间的民族差异，故才会在回国的报告中直接改用了“契丹人”这个本来只是指代汉人的名称来表示乾隆帝原话中极有可能出现的“满洲人”一名。与之颇为类似的是，清代游牧于天山至七河流域的

---

① 郭成康：《清朝皇帝的中国观》，《清史研究》2005 年第 4 期。

② 杨绍猷：《论第一世哲布尊丹巴》，中国社会科学院民族研究所主编《中国民族史研究》，北京：中国社会科学出版社，1987 年，第 257 页。

③ 松巴堪布 · 益西班觉著，蒲文成等译：《如意宝树史》，兰州：甘肃人民出版社，1994 年，第 777 页。

④ ［哈］克拉拉 · 哈菲佐娃著，杨恕等译：《十四—十九世纪中国在中央亚细亚的外交》，兰州：兰州大学出版社，2002 年，第 212—213 页。

吉尔吉斯人则在民间史诗中将准噶尔人与满洲人合在一起并称为“契丹—卡尔梅克人（蒙古人）”，将其视为吉尔吉斯人的对立方。而在史诗的描述中，“契丹—卡尔梅克人”的衣饰特点完全相同。[①] 这实际上不仅将满洲人视为“契丹人”，甚至对满、汉、蒙古三大族群之间的差异都没有做进一步的区分。

最后再看藏区的情况。藏语中直接使用“满洲”的地方很少，常见于藏文文献的 rgya-nag（黑汉）一词兼指地理和人群意义上的汉地（汉族）和东北（满族）。故在最近披露的西藏地方官员康济鼐的书信中，出现了明确将清朝称为“汉人国”的情况。[②] 按在当时藏族的地理观念中，整个世界主要是由从雪山（喜马拉雅山）往东一直延伸到大海的大地组成，其中相对偏北的草原地区是霍尔（蒙古），本民族所在的雪域高原则是藏区，后者再往东即为汉地。由此从藏人的地理观念上看，包括关外东北在内的广袤地域都属于汉地的范围之内。

通过对以上四大地域的考察，笔者认为，待到清朝稳定统治内亚地区的 18 世纪以后，多数情况下内亚各大族群并不注重区分“满汉之别”，更不会去进一步留意所谓的“旗民之分”，因此被“新清史”学者们包装推出，大书特书的满洲统治者凭借与内亚各族共享的文化—血统上的“内亚性”，从而成功地怀柔笼络住他们的命题在很大程度上仅是缺乏有力证据支撑的无本之木或无源之水。

## 对“新清史”构建的殖民征服叙事的批驳

在本序言的最后，笔者针对当下“新清史”强调的清朝也是殖民帝国

---

① A. T. Hatto, “Mongols in mid-nineteenth-century kirghiz epic”, in. W. Heissig etc eds. *Gedanke und Wirkung. Festschrift zum* 90. *Geburtstag von Nikolaus Poppe*, Wiesbaden: Harrassowitz, 1989, pp. 139—145.

② 齐光：《大清帝国时期蒙古的政治与社会——以阿拉善和硕特部研究为中心》，上海：复旦大学出版社，2013 年，第 147、第 169 页。

的说法，从理论和史实的角度均持异议。以下试做初步的提示：

从世界史的角度进行观察，可以将地理大发现以后兴起的殖民帝国初步分为海基型和陆基型两类，前者以西班牙、葡萄牙、英国等为代表，后者以沙皇俄国为代表。而殖民帝国的一大突出特征是人口的流动通常均具有单向性，即人口从殖民母国不断流向新征服的殖民地。这正如英国的本土人口大量流入北美及大洋洲等海外各地，直至完全改变了那些地区的人口比例，造成土著的世居居民无论是在人口数量上还是生活条件上均沦为边缘化的弱势人群。同样沙俄自16世纪开始向西伯利亚进行的大举扩张过程，也直接导致大量说俄语的人群流入西伯利亚地区，及至19世纪，西伯利亚的许多土著人群在数量上已经陷入濒危境地。与之相反，在殖民时代从来没有发生殖民地的世居居民大举外流到殖民“母国”并在那里定居乐业的情形。现在我们通常熟悉的欧洲各发达国家出现数量可观的外来移民的情况其实只是第二次世界大战结束后殖民体系日益瓦解，同时这些西方国家因自然出生率持续下降而严重匮乏基本劳动力才合力导致了其政府愿意在一定条件下接纳外来移民这种全新的社会现象。

至于清朝的基本现实则与欧洲的殖民列强截然不同。简言之，当时中国的人口流动特征是一种有别于殖民背景下的双向流动。以东北和关内为例，随着清中期以后封禁政策的渐趋松弛，大量汉人逐渐有机会移居东北谋生繁衍，终至彻底改变了此地的人口比例。根据彼时一直觊觎满洲的俄国人在1842年对东北当地的人口估算，平均每3.5万个满洲人就需要面对足足160万汉人（原文是中国人），比例近乎1∶50。[①] 按照“新清史”的主流叙事，汉人在清朝并不是统治民族，内地则属于“被殖民”的对象，但是现在被统治民族反而成功地“殖民”了本为“龙兴之地”的东北，不知这对他们而论，又该如何自圆其说？如果说汉人在关外等地的移入具有“殖民性”的话，那么另一方面在清朝入关后，大量满洲士兵及其眷属蜂拥涌入内地，在以北京为代表的若干内地驻防城中确实出现了小范围改变当地人口比重的新现象。故有清一代既有过汉人大批移往关外或口外的内亚边疆地

① ［俄］伊·费·巴布科夫著，王之相译：《我在西西伯利亚服务的回忆（1859—1875年）》（上册），北京：商务印书馆，1973年，第91页。

区，也存在像满族这样的内亚民族大举内迁的情况，所以是一种完全有别于殖民背景下的人口双向流动，而无论是汉人的外迁还是满人的入关，都不具有殖民的基本特性，这也是长期以来中国历史上屡见不鲜的一个规律性现象，即同时存在少数民族入居内地和汉人徙往边疆的双向人口流动情况。相反如果像“新清史”那样，一味教条主义地照搬挪用殖民征服叙事来解释清代的历史特性，无疑会遇到上述从学理上根本无法克服的障碍。

当然“新清史”的学者还会以新疆为例来对清帝国的“殖民性”津津乐道。在这些学者看来，“新疆”一词本身就是“殖民主义”的最好写照，因为它不正好就是“新（征服）的边疆”（new forntiers）的含义吗？其实这种自以为是的理解纯属望文生义，因为“新疆”一词作为地域专名早在雍正时期就已见于清朝官方记载，其指代的是当时朝廷正大力推进改土归流运动的贵州境内多地，朝廷之所以发明“新疆”一名来指代这些地区，是因为它们此前主要由本地土司世袭统治，中央朝廷只能对之间接控制，而经过改土归流以后，则由朝廷派出随时可以更换的流官来直接管理，相当于在行政事务上逐渐与内地的制度接轨，故“新疆”的真实含义意味着原来只是中央间接统治的边疆区域现在成为朝廷的直辖之地。[①] 如果按照“新清史”的以上定义，那么同样身为“新疆”的贵州多地岂非在雍正时期才第一次成为中国的领土？故其说的误导性可见一斑。

更为重要的是，非汉文史料显示出，在中亚人的地理观念中，天山南北两路长期属于“契丹”或“秦”（皆为中国的代名词）的一部分，因此今新疆地区和中原内地等皆为空间共同体“契丹—秦”（中国）的一部分，只不过在18世纪中期之前，这个空间共同体尚未转变为国家一统的政治共同体，但这并不妨碍中亚的人士同样将控制天山北路的准噶尔汗国视为中国，例如在18世纪前期驰骋西亚及中亚的被称为“亚洲大陆最后的征服者”的伊朗君主纳迪尔沙，即将准噶尔汗国视为秦（中国），且当时的清朝和准噶尔部都常常被看作秦—契丹的组成部分，从这一点来考察，双方的冲突只是尚未统一的同一国家里的内战，而绝非殖民帝国对殖民地的扩张与征服。关于非汉文史料所揭示的这类问题，本书后面的章节将要详细展开讨论。

---

① 肖之兴：《清代的几个新疆》，《历史研究》1979年第8期。

# 第一章　北美“新清史”研究兴起的学科背景及其学风

自 20 世纪 90 年代以来，以标榜使用非汉文史料作为研究基础而著称，同时还十分强调清朝统治中的满洲乃至内亚因素以解构传统“汉化”命题的所谓“新清史”研究流派渐渐在北美中国学界的帝制晚期历史研究中占据了重要位置，并对于美、加之外的学术共同体也开始发挥出持续而有效的影响。以中国大陆历史学界为例，正如最近观察者所指出的那样，尽管“新清史”在其流行之初并未对国内清史界产生显著影响，因当时的中国学者仍多致力于对孔飞力（Ph A. Kuhn）、魏斐德（Fr Jr. Wakeman）等老一辈学者的研究著述的译介与回应；但是随着最近十多年学术界所悄然发生的新旧更替，“新清史”的研究成果已经开始更多地受到年轻一代学人的重视乃至热捧。① 的确，稍稍浏览最近国内主流文化媒体如《东方早报·上海书评》上的访谈文字即可证明上述观察信实不虚。可以说目前大陆学人对于“新清史”的评价主要源自两个在学科属性上迥异但又兼有联系的群体——清史（含满族史）学者群和专治国际汉学或海外中国学研究的学者群。这两大群体固然对于其所评议的对象在认知上不尽相同，但另

① 定宜庄、胡鸿保：《被译介的“新清史”——以“族”为中心的讨论》，《清史论丛（2012 年号）》，北京：中国广播电视出版社，2011 年，第 12 页。

一方面也存在着明显的共识之处。①

总的来说，这两派学者均趋向肯定“新清史”学派通过引入采纳以满文为主的非汉文史料群做出了超过前辈学者的实质性学术贡献，同时也多认为该学派所重视提倡的从内亚看清朝的新颖视角有助于矫正克服此前仅以中国内地为中心的传统性清史叙事模式的单一和自蔽。② 其中有的学者还特地表彰了“新清史”对既有的强调帝制王朝谱系传承的“清承明制”学术思路的冲击和扬弃。而在另一方面，参与“新清史”讨论的中国学者也多对该学派突出宣扬的“清朝不等于中国”这一命题以及完全回避“汉化”的刚性立场持有保留性意见。以上概括可谓迄今国内学界关于“新清史”评价的基本出发点。

笔者在阅读了相关“新清史”著述以后，结合自己平素对国外内亚史研究（含满学）的基本了解，逐渐产生了一些与上述主流性评价存在较大分歧和差异的认识与看法，由于笔者此前的学术旨趣与所受的专业训练既非传统的清史研究，也异于时下兴起的国际汉学或海外中国学治学范式，因此或许所做的相关思考能有助于学界更加全面地理解“新清史”的学术理路。唯鉴于笔者目前所掌握的语言工具的限制和学术资讯的不够充裕，至多仅能指望这些浅见能够稍许起到抛砖引玉之用。当然倘能因此得到专业人士的商榷指点，自是笔者亟盼得至的望外之幸。在切入正题之前，尚有几点须做适当澄清，以免读者产生误解：

一，首先就“新清史”的定义范围而论，现在还存在着“狭义”与

---

① 出自清史学者之手的关于“新清史”的评论之作中较富代表性的有：定宜庄：《由美国的“新清史”研究引发的感想》，《清华大学学报》（哲学社会科学版）2008 年第 1 期；贾建飞：《“新清史”刍议》，《中国社会科学报》2010 年 3 月 16 日；刘小萌：《清朝史中的八旗研究》，《清史研究》2010 年第 2 期；杨念群：《超越“汉化论”与“满洲特性论”：清史研究能否走出第三条道路?》，《中国人民大学学报》2011 年第 2 期。而从事海外中国学研究的学者撰写的相关著述则有：党为：《美国新清史三十年：拒绝汉中心的中国史观的兴起与发展》，上海：上海人民出版社，2012 年；同作者《何为满洲——美国“新清史”中的满洲及族群研究》，收入苍铭主编：《首届中国民族史研究生论坛论文集》，北京：中央民族大学出版社，2011 年，第 348—377 页；李爱勇：《新清史与“中华帝国”问题——又一次冲击与反应?》，《史学月刊》2012 年第 4 期等。

② 较为综合性的表述参见刘文鹏：《从内亚到江南——评张勉治〈马背上的王朝〉》，收入刘凤云等编：《清朝的国家认同：“新清史”研究与争鸣》，北京：中国人民大学出版社，2010 年，第 372—374 页；还可参见同一作者为上述论文集撰写的后记。

“广义”之别。“狭义”性质的“新清史”研究特点即如前面所述。而“广义”性质的“新清史”研究涉及的方面则极其广阔，甚至延伸囊括了经济史、社会史、妇女史等领域。① 而笔者此章所讨论的对象将严格限定在“狭义”的“新清史”的范围中，具体而言，即将关注的焦点置于那些以清属内陆亚洲地区（东北、蒙古、新疆等）为主题的研究著述中。

二，对于哪些著述属于“新清史”成果的范畴或者说哪些作者才符合“新清史”学术共同体的特定身份，这显然是一个需要事先认真界定以避免概念含混不清的考察前提。应该承认从学术训练和职场经历上看，不管多么借重于非汉文资料进行研究，“新清史”学者群终究还是属于西方学科定性中学术意义上专门处理中华帝制晚期历史问题的中国学家，而非身居中国学之外的阿尔泰学家、藏学家、日本学家或者伊斯兰研究专家等，当然这并不排除该学派中的不少学者会声称自己同时也接受了汉学以外的辅助性专业训练。从这种职业素养上判定，那些源自专业的阿尔泰学家或藏学家之类（对于他们来说，古今汉语及中国历史文化的学习至多被列在辅修的次要地位上）的研究清代内亚历史的成果其实是不应被划入“新清史”名目下的，因为在学术交往与职业生涯中，这批作者的社会身份显然不会被人们混淆为中国学家，其所承担的教职与科研也多在传统的汉学或中国学领域之外，即使他们的著述完全有可能被从事汉学研究的师生们阅读引用，而其本人也确实和某些中国学家存在专业知识上的沟通合作。

三，据此可知，典型的如蒙古学家艾鸿章（J. Elverskog）的著述即非“新清史”之作，虽然从形式和主题上看，其成果和某些“新清史”著作存在着一些表面上的相似点。② 另外适于被定性为“新清史”的研究著述多产生于 20 世纪 80 年代以后，而其对应的作者队伍的年龄结构基本上稳定在 20 世纪 50 年代前后出生的那一代人中（仅罗友枝年龄显著偏大），他们所供职的机构也均处在广义下的北美区域。衡诸以上标准，像 2004 年

---

① 上引党为的专著《美国新清史三十年：拒绝汉中心的中国史观的兴起与发展》讨论的即是这种“广义”下的“新清史”。

② J. Elverskog, *Our Great Qing: The Mongols, Buddhism and the State in Late Imperial China*, Univ. of Hawaii Press, 2006.

由斯坦福大学出版社推出的韩籍学者金浩东所撰的讨论阿古柏入侵问题的专著同样不宜归入“新清史”范畴。[①] 首先，金氏此书是根据其在20世纪80年代前中期在哈佛大学东亚语言文明系的傅礼初（J F. Fletcher）教授指导下通过答辩的博士学位论文增补修订而成，故从全书主体部分的产生背景来看则与日后才出现兴起的“新清史”研究潮流并无学术上的渊源影响关联。其次，金浩东在获取博士学位后即回国应聘大学教席而没有选择留在北美的学术环境下继续其职业生涯。最后，金氏本人多年来从事的是长时段的内亚史研究，根据笔者的了解，他更多的学术成果还是集中在13—14世纪的蒙古帝国时期及继承其政治遗产的控制中亚绿洲的游牧政权上，远不限于该英文专著所展现的清代新疆史一域。笔者之所以特地以艾鸿章和金浩东为例说明“新清史”涵盖的范围具有内在的边界性，是因为有论者已经径直将他们也划入“新清史”的学者群中。这样一种简单化的做法似乎没有很好地考虑国外学术生态下具体存在的学科属性差别和研究者本人所秉持承担的职业身份。以此类推，同样像狄宇宙（N. di Cosmo）这样的从长时段维度整体研究内亚史的学者也不宜被当作“新清史”的一员，因其研究在很大程度上还涉及匈奴史和蒙古史。还有的学者如白彬菊（B S. Bartlett）、陆西华（G. Roth Li）等虽然在其著述中能够使用满文史料，但其年齿辈分明显与20世纪80年代以后异军突起的“新清史”学者群不属同辈，差不多和早已去世多年的傅礼初（1934—1984）同庚或有过同事关系，而且在学术观点上她们对于“汉化”的观点也更富包容性和开放性。[②] 综上所述，不宜凡见到近20年来出版的北美学者运用非汉文史料研究清代边疆民族的著作便一概视之为“新清史”学术成就的具体彰显。

四，被纳入本书解读视野的“新清史”著述将同时包括著作和论文两类。有别于以往的分析之作多围绕各类专著展开，笔者特采取“详人所略，略人所详”的遴选原则，更多地将关注的视线聚焦在相关的专题论文

---

① Kim Ho-dong, *Holy War in China: the Muslim rebellion and state in Chinese Central Asia*, Stanford Univ. Press, 2004.

② 参见陆西华对清入关以前汉人对于满洲政治体制作用评估的论文，G. Roth，“The Manchu-Chinese Relationship, 1618-1636”, in. J D. Spence etc eds. *From Ming to Ch'ing*, Yale Univ. Press, 1979, pp. 1—38. 白氏的代表作即 B S. Bartlett, *Monarchs and Ministers: The Grand Council in mid-Ch'ing China*, 1723-1820, Univ. of California Press, 1991.

上。毕竟国外的程序化学术审查机制决定了论文类的出版概率往往小于著作被接受的可能性，而同时对于专业读者来说，论文常常直接转化成他们的精读对象，故其潜在学术影响力并不逊于所谓专书。此外为了便于更加清晰地勾勒出“新清史”所处的学术位置，本书在选取学术参照物时将较多地引征其他外文研究成果以资比较。这种做法并非对国内学术研究工作有意忽略，而是意在表明，“新清史”远远不能等同于国际化，且遗漏了不少本应参考的外文著作，因此我们应该客观地将之视为百家争鸣中的一家才是，不必因其海外影响力处于增长之中就放大他们的学术成就。

## 第一节　“新清史”崛起前的学术背景：“旧清史”研究的一度辉煌和旋即衰落

在考察“新清史”出现的复杂学术背景时，有一个问题不能不首先提出，即它和此前的美国的“旧清史”研究在学术渊源上究竟存在着一种什么样的关系？在现在不少读者的眼里，“旧清史”的研究成果似乎已经被重重贴上了“清承明制”的过时学术标签，只堪作为“新清史”研究推陈出新的有力反衬。这一判断取向除了前面述及的国内学者的某些正面赞扬“新清史”的评论之外，更明晰地反映在“新清史”运动的重要成员罗友枝（E S. Rawski）在为近期出版的一部全面反映北美中国学研究的中文工具书中所供稿的介绍清史研究的专章中。与之形成鲜明反差的是，该书中论及其他中国断代史（从先秦至明朝）研究状况的学者在文章中对于20世纪90年代以前的早期研究成果均安排了可观的写作篇幅，并附注相对详尽的参考文献名称。而唯独在罗友枝提供的清史一章中，正文部分仅仅在开头列举了费正清等几位中国读者早就耳熟能详的学者的名字，而在随后的具体介绍中就直接一步跨进了20世纪90年代，对这20年来美国在清代经济史、社会史、民族史、妇女史、文化史等方面的进展与成绩大书特书。正文最后可以视为结论的部分则重在强调满洲的统治机构及社会体制明显脱离了明朝模式的观察结论。因此该章后面所附的近60则注释中几乎没有出现20世纪90年代以前研究书目的相关信息，反之“新清史”的代表性著述却大都巨细不遗地显现于其中。① 故此章写作结构的安排对于欲凭借它了解美国清史研究动向的读者已经释放出了足够明朗的学术信息，即此前的“旧清史”著述显然在澄清清朝不同于前代的特异性上努力不够，以致学术贡献乏善可陈。然而真实的情况确系如此吗?

事实上，与罗氏撰稿中的有意淡化甚至全然忽略恰好相反，也正是在20世纪60—70年代，美国当时的一代清史学人通过推出其学术著述，在扫除一度笼罩学界的“清承明制”的旧有观念上迈出了一大步，从而向学界贡献出一批扎实有力的政治史—制度史研究成果。这些实证性研究以后在很大程度上构成了由裴德生（W J. Peterson）担任主编的《剑桥清代前中期史》得以最终完卷的论述基础。② 典范性的成果有史景迁（J D. Spence）1966年出版的《曹寅与康熙：包衣和主子关系的印证》、吴秀良在1970年和1979年分别推出的《1693—1735年清廷奏折制度的演进》和《通向权力之路：康熙及其继承人》、康无为（H L. Kahn）1971年刊布的《皇帝眼中的君主制：乾隆朝的印象与现实》、黄培1974年付梓的《乾纲独断：雍正朝历史研究》、安熙龙（R. Oxnam）1975年出版的《1661—1669年鳌拜辅政研究》、陶博（P M. Torbert）1977年问世的《1662—1796年清朝内务府研究》等。③ 上述著作的学术共性即在于作者们均有全新而清晰的问题意识，即不再把清朝前中期的政治机制和人事运作看作对于前

---

① 罗友枝著，张海惠译：《北美清史研究、教学及其文献资源》，收入张海惠主编：《北美中国学——研究概述与文献资源》，北京：中华书局，2010年，第195—208页。

② W J. Peterson ed. *The Cambridge History of China*, *Volume* 9 *Part One*: *The Ch'ing Empire to* 1800, Cambridge Univ. Press, 2002.

③ J D. Spence, *Ts'ao Yin and the K'ang-his emperor*: *Bondservant and master*, Yale Univ. Press, 1966; Wu Silas, *Communication and imperial control in China*: *Evolution of the palace memorial system*, 1693-1735, Harvard Univ. Press, 1970; *Passage to Power*: *K'ang-hsi and his heir apparent*, 1661-1722, Harvard Univ. Press, 1979; H L. Kahn, *Monarchy in the emperor's eyes*: *Image and reality in the Ch'ien-lung reign*, Harvard Univ. Press, 1971; R. Oxnam, *Ruling from horseback*: *Manchu politics in the Oboi regency*, 1661-1669; Univ. of Chicago, 1975; P M. Torbert, *The Ch'ing Imperial Household Department*: *A study of its organization and principal function*, 1662-1796, Mass. and London: Harvard Univ. Council on East Asian Studies, 1977. 考虑到中文理解习惯，正文中的上述书名多采取了意译方式。

朝体制的简单继承和机械模仿，而高度重视发掘内中那些清朝创制但却不见于明朝的历史要素。从方法论上推敲，这些成果的闪光之处即在于倚赖实证研究从政治史—制度史的层面准确地揭示出清朝独有的历史特性，反映在沟通君臣信息交流渠道的密折制度、取代和分解前朝宦官政治职能的内务府机构、任用军功卓著的武人作为代理幼主行使权力的辅政大臣（与明朝著名的文官施政色彩浓厚的“三杨辅政”形成极大反差）、嫡长子皇位继承制度的难产以及由此导致的持久性党争后果（再次与传统的汉族王朝权力继承模式构成比较）。甚至像乾隆帝这样的皇帝也被赋予了与汉族皇帝形象大不一样的多重化复合身份。正是由于这样一批选题新颖、识见不俗的成果涌现，方促使清史研究在20世纪70年代的整个美国汉学或中国学领域中占有了不容忽视的一席之地。对于这种以政治史—制度史为主线的研究模式在当时的流行程度即便不能用“繁荣”一语作为概括，但其表现出的活跃趋势至少使人有理由对其在20世纪80年代的发展前景依然抱以相对乐观的预测。

然而进入20世纪80年代以后，上述清史研究模式却陡然转入低谷，传统的政治史—制度史选题几乎是在一夜之间不再受到研究者的青睐而陷入学术落伍的尴尬境地中。虽然有的资深学者如魏斐德和孔飞力在经过多年的知识积累和精心准备之后，终究推出了以政治史为主题的新著《洪业》（*The great enterprise*：*The Manchu reconstruction of imperial order in seventeenth-century China*，1985）和《叫魂者》（*Soulstealers*：*The Chinese sorcery scare of* 1768，1990），但明显已经无力改变这种政治史日渐衰微的大趋势。更令人惋惜的是，这两位清史功力深厚的大家很快也都放弃了专业意义上的清史研究，使上述两书成为那个年龄段的学者奉献给清史读者的天鹅之鸣。此后魏氏将其早先在研治清史过程中逐渐练就的高超叙事本领移用于民国史和城市史的新领域，最终作为这方面的权威盖棺论定，尽管许多国内的读者还是对其译成中文的清史旧作更为看好。而孔氏在20世纪90年代之后则逐步转入对海外华人的研究中，与他此前沉浸有年的清史研究也已渐行渐远。至于前述那个在20世纪70年代凭借专著得以崭露头角的清史学者群体则几乎在整个长达20年的20世纪80—90年代都未能在学术上更上一层楼，再推著作，予人以陷入集体失语之感。个别学者如史景迁刊出的新书《利马窦的记忆宫殿》（*The memory palace of Matten Ricci*，1985）虽然仍受学界褒赏，但早就明显溢出了清史研究的域限。

上述看来似乎不太合理甚至有些反常的学术现象的产生其实是多方面的因素共同造成的。一方面就清史研究本身来说，当原有的学术范式在20世纪70年代逢遇显著成功之后，自身随即面临着学术转型的潜在考验，是百尺竿头，更进一步，还是原地停滞乃至逐级下滑？这一学术自身发展难以避免的规律原本对于各种模式均不例外，可惜当时刚刚经历了收获与成功的那一代美国清史学者却似乎没有及时预见到这种挑战与机遇并存的潜在风险，导致其作为一个知识群体在更新问题意识以拓展研究课题，加强跨学科合作进而吸引新人方面未能做出切实有力的学术回应，最终其成果与模式不免沦为遭到青年一代冷落与轻视的“旧清史”，以至多年以后不少更为年轻的读者还是通过阅读姗姗来迟的《剑桥清代前中期史》（2002年推出，此时距离当初《剑桥晚清史》的出版已经隔了20余年之久）的正文叙述和引用书目方才恍然发现，原来理论上应该被视作最前沿的这一巨著竟然在政治史的层面上还是主要立足于20世纪60—70年代的“旧清史”研究所奠定的成果基础上，故仅就政治史—制度史研究而言，那个早已被人淡忘的20世纪70年代才是其真正经历过的辉煌时期。[①] 此外对“旧清史”来说同样遗憾的是，恰值其学兴盛之际，却因受制于时代大环境，无法和中国大陆史学界建立起正常交流与相互学习的良性互动机制，使这批本来在实证性上很有希望得到大陆同行承认的成果长期以来在国内反响平平。[②] 这和现在“新清史”学派大力借助各种中外交流渠道开展的强势学术宣传，在声势效果上确系不可相提并论。

另一方面政治史等的日渐失势也与各种研究模式之间存在的激烈学术

---

① 从《剑桥清代前中期史》全书各章所对应的作者情况来看，大体上20世纪60—70年代即已进入专业领域的“旧清史”学者和在20世纪80年代前期之后才开始发表专著的新一代学者各占一半，基本的分工原则是前一个学者群多承担关于政治史的写作，而后一群体负责新兴研究领域如社会史、民族史等部分的撰稿任务。作为主编的裴德生则在导言中试图将两者综合为一体，故对双方的代表性观点均有选择地加以汲取。

② 笔者孤陋，仅知这批著作中被完整译成中文并出版的只有吴秀良的《康熙朝储位斗争记实》（吴伯娅等译，中国社会科学出版社，1988年）与史景迁的《曹寅与康熙》（陈引弛等译，上海远东出版社，2005年）。

竞争直接有关。20 世纪 70 年代的那些研究成果虽然在材料的发掘与运用上显得较为扎实，而其立论也平实稳健、讲究分寸，故给人以学风厚重笃实的印象。不过如果在当时以挑剔的眼光来看，这种模式已经存在着过于倚赖传统的汉学研究方法而与当时已经开始对史学产生影响的社科理论结合不够紧密的潜在弱点。虽然这些著作对于早已习惯了汉学训练的较为年长的学人来说，接受起来毫无问题，但是对于那些不再对传统汉学训练抱有浓厚兴趣却越来越关注理论应用的新人而言，其学术上的吸引力就大为逊色了。此外这些成果处理的时限均位于 1800 年以前的清代前、中期，这同样让那些亟欲在研究的时段上有较大扩展，以至于能够从整个帝制晚期（明、清）或近代早期来观察中国历史的学人感到局促狭隘。而正是从 20 世纪 70 年代开始，先是受到施坚雅（G. W. Skinner）区系系统理论的推动，以后又得益于伊懋可（M. Elvin）从更长的时段检讨中国社会自宋代以来直至近代的变迁规律的观察模式，更易于和各种社科理论接轨的经济—社会史研究模式逐渐发展成为推动清史研究的新增长点。相比于随后趋于萎缩的“旧清史”，上述新模式的强劲发展趋势一直贯穿到整个 20 世纪 80 年代。而且致力于这一努力方向的学者们通常注重将研究的时限前后推移，不再限于清代的某一时期，并体现出明晰的区域化操作特色。绝非巧合的是，后来成为狭义“新清史”研究中坚的罗友枝和濮德培（P C. Perdue）起初恰恰是在 20 世纪 70—80 年代时先后投身于区域经济史（汉水流域与湖南地区）探索的学者。

同等重要的学界动向是自 20 世纪 70、80 年代之交，艾尔曼（B A. Elman）的清代思想文化史研究已开始趋于成熟，最终在 20 世纪 80 年代中期随着其成名作《从理学到朴学：中华帝国晚期思想与社会文化面面观》（*From philosophy to philology*：*Intellectual and social aspects of change in late imperial China*，1984）的出版，形成了另一条足以和经济—社会史齐头并进的主流学术路线。以上两派的治学倾向是均以理论运用见长，只是各自侧重点有所不同。经济—社会史的学者们关注的是偏重于技术性的理论模型的提出与推演，而思想文化史学者看重的则是人文理论的思辨性与刺激性。[1] 同时两者均一致倾向于采用时代意义更为宽泛的“帝制晚期”而非传统政治史研究所注重的清朝定义其研究对象所处的时代语境。在这两大流派下的多数学者看来，放宽历史视野以宏观探究中华帝国的整个晚期社会文化变迁轨迹远比缩短战线、只斤斤于有清一代以发掘其政治特性重要得多。正是这一明显的学风兴替，导致原来集中发表清史论作的学术期刊《清史问题》（*Ch'ing-shih-wen-t'i*）在 20 世纪 80 年代正式改名作《晚期中华帝国》（*Late Imperial China*），从此一直延续至今。刊名的改易直观地折射出传统的清代政治-制度史研究已渐渐让出了主流的位置。具有反讽意味的是，当年罗友枝以“帝制晚期”而非清史的视角从事经济史研究时，她又何尝会料到多年以后竟然还会将祛除“清承明制”之类陈见以强调清朝特性的论调置于自己文中？要知道“旧清史”研究群体当初恰恰是因为致力于用政治史的方法挖掘清朝特性以凸显明清差异而遭到了罗氏所属的这一派以打通整个帝制晚期中国历史为己任的时髦学者们的扬弃。

综上所论，现在“新清史”所强调的明清之间的巨大“断裂”实际上早在多年之前，就已经被“旧清史”学者从政治史和制度史的角度做了颇有历史深度的阐述与澄清。而两者的真正差异在于后者大多并未像前者那样，就“汉化”问题对于时间更早的 20 世纪 40—50 年代的学术观点（梅谷、芮玛丽等）予以尖锐抨击，而是在一定程度上承认了这种文化变迁的历史真实性，但同时也注意吸收魏复古（K. Wittfogel）在构建“征服王朝”政治框架时提出的“涵化”（acculturation）概念，以在“同化”（assimilation）与“涵化”之间找到一种适度的平衡。当然“新清史”的支持者也许会通过宣称该学派在使用非汉文史料上的巨大进展与“旧清史”彻底划清界限，而且“新清史”的不少成员还会进一步强调本学派所引入的内亚史立场或“阿尔泰模式”（Altaic model）以标识自己学派的学风特

---

① 即以艾尔曼为例，他不仅在 80 年代前期写出了《尼采与佛教》这样的思辨性文章，还在《华裔学志》（*Monumenta Serica*）1980 年卷上发表了对比王国维与鲁迅的早年生涯的论文。

征。① 对此笔者并不否认“旧清史”学者群体确实在使用非汉文史料上有着某种程度的欠缺和不足，原因当然可以追溯到其受到的学术训练和所培育的知识结构的相对单一性上。然而在另一方面，仍然有两个问题须做彻底追问，第一是西方专业意义上的“内亚史”研究是否在立场上就一定和中国王朝史相距甚远以至完全无法调和？第二，就整体而言，“新清史”在开发前人未加措意的非汉文史料上是否已经把“旧清史”学者远远甩在身后？本文随后的分析将紧密围绕这两个论题进行。

## 第二节　内亚史的知识—立场就与“汉化论”截然对立和冲突吗？

### ——来自伯希和等学者的反证

由于“新清史”学派在宣传其学术成就时刻意强调将其成果与非汉文史料的运用对应联系起来，故间接导致旁观者很容易产生这样一种先入为主的推论前提，即如果学者对非汉文史料掌握得越深越多，那么他就会对立足于王朝史的“汉化”观点倾向于持批判态度；反之，如果他对此类史料了解得越是有限，则越易于接受旧派的“汉化”主张。这种规律原则上适用于从辽至清的多个“征服王朝”上。换言之，学者对于“汉化”所持的立场倾向实际上主要取决于他个人对于非汉文史料的语言把握能力。此种观念确实有一定的道理，譬如某些仅限于少量引用汉文史料（尚多为译文）却以解读非汉文材料为专长的西方蒙古学家（如 J. Elverskog、D. Sneath 等）或藏学家（如 E. Sperling、Ch I. Beckwith 等）往往会在知识和情感上对于“汉化”产生一种近乎职业本能的不信任感和拒斥情绪，这

---

① ［美］欧立德著，华立译：《清代满洲人的民族主体意识与满洲人的中国统治》，《清史研究》2002 年第 4 期；Peter C. Perdue, *China Marches West: the Qing Conquest of Central Eurasia*, Harvard Univ. Press, 2005, pp. 542—543.

种“移情”倾向也导致他们常把成为其研究对象的非汉族政权同汉族建立的以中原为本位的王朝明确区分甚至将两者对立看待。[①] 这些学者所秉持的中国 VS 内亚的二分立场及思维习惯诚然代表了西方内亚史研究不可忽略的一大流派。然而，同样不应忽视的还有内亚史中另外一派致力于将汉文和非汉文联系起来相互勘证以揭示中国内地与内亚边疆互动关系的学者。从总体上看，后一派学者尽管也可以被看作内亚史研究者，但他们对“汉化”的认识相对就要缓和与包容得多，其著述中也没有流露出明显的“中国 VS 内亚”的二元冲突痕迹。下面即以相关人物实例来证实所做的这一判断。

如果回顾20世纪的西方内亚史研究，那么第一个浮现在人们脑海中的符号化人物显然是法国学者伯希和（P. Pelliot，1878—1945）。他不但是西方汉学界的“亚历山大大帝”（D B. Honey 语），而且在内亚史上的造诣也堪称首屈一指。用其生前栽培过的弟子，后来在半个世纪内成为美国内亚史研究的领军人物塞诺（D. Sinor，1916—2011）的评价来说——他在中央欧亚历史（即内亚史）领域根绝的错误比任何人都多。[②] 而同时在阿尔泰学与印度学领域中均有精深造诣的芬兰学者阿勒托（P. Aalto）更是认为，即使考虑上20世纪的全部西方国家的东方学界专业人才，伯希和也应该是

---

① 学者们的这种治学倾向有时确会影响到他们的现实政治认同以致其学术活动最终严重地偏离实证式的治学路线。最典型的是白桂思在2009年出版的内亚通史（*Empire of the Silk Road*：*A History of Central Eurasia from the Bronze Age to the Present*，Princeton Univ. Press，2009）的封底所附地图中赫然将新疆、内蒙古、西藏三个少数民族自治区全都标上“被占领”（occupied）的提示以公开挑衅中国的国家主权。相比之下，大概怕引起俄国学界的激烈反应（或听取了推出此书的普林斯顿大学出版机构的建议），同图在几个俄属蒙古-突厥人共和国上仅仅标出“自治”（autonomous）这样政治色彩明显较为温和的中立字眼。需要指出的是，虽然白氏在其吐蕃史著作中列举了涉及吐蕃史的唐代汉文文献（看起来很像那么回事），但是根据中国学者对其研究成果的检证，显示其汉文阅读理解能力实在可疑，以致有时只好用“汉语缺乏过去完成时只能增加混乱”这样可笑的理由来为自己不能畅读原文搪塞开脱。（参见王小甫：《唐・吐蕃・大食政治关系史》，北京大学出版社，1992年，第49页。）读者不妨思考一下，同样是西方学者，为何劳费尔、伯希和等却从不抒发此类指责汉语缺乏科学性（实际上是暗贬汉语使用者的头脑对于时间意识流混沌不清）的怨天尤人之辞？关于对西方学者的这种二分立场和“泛内亚”情结（需要与日本长期流行的满蒙史观相区分）的学术路径形成经纬的考察，因限于主题，此处暂且从略。

② 塞诺著，王小甫译：《论中央欧亚》，收入北京大学历史系民族史教研室译：《丹尼斯・塞诺内亚研究文选》，北京：中华书局，2006年，第19页。

其中学术成就最为伟大的一人。① 此外自视甚高的日本学人在回溯 20 世纪上半期的西方学界对于前伊斯兰化中亚研究的学术史时，也把伯氏列为当时三位贡献最突出的巨匠中的首位（另两位是劳费尔和巴托尔德）。② 证以后来出版的长达 150 页的伯氏著述全目，这些评论或许稍带个人感情色彩，但总体上仍不失客观与公允。③ 伯希和身后能够得到如此之高的学术赞誉，显然与他所拥有的几乎无人可比的多语种史料对勘互证能力分不开。即使在其去世后的半个多世纪里，整个西方的学术界再也没有培养出一位能够在多语种史料的鉴别与使用上全面追步这位大师的学人，尽管在内亚史的某些具体领域内一直英才辈出。既然伯氏在内亚史研究上的水准如此之高，语言掌握能力又如此之强，那么毕生出入畅游于胡汉文献之间的他对于“汉化”究竟持一种什么样的立场显然是一件很让人感兴趣的事。

伯希和对“汉化”的态度清楚地表现在他于 1931 年为法国中亚探险队撰写的导论性介绍小册子《高地亚洲》内。此书是他平生所作的为数甚少的带有普及性的概论性著作，但也更易窥知他对内亚古代历史的一般性看法。他在书中以契丹人为例，指出其历史归宿正如其他入主中国的所有游牧人一样，最后还是不免于被中华文明环抱与征服。总之，经过好几代人之后，契丹人趋于文明化（policés）和汉化（chinoisés）。④ 由此可知，伯氏对于“汉化”的适用性是持明确赞同立场的。在他看来，北方民族只要欲在中国内地长期有效地统治下去，物质精神生活上的“文明化”和民族属性上的“汉化”就难以避免。以他渊博的北方民族史知识，显然熟悉契丹人在元代已经完全归并入“汉人”的事实以及这种历史融合所导致的在蒙古语、部分突厥语甚至斯拉夫诸语言中广泛采用“契丹人”一词以指代汉人的史实。可惜过去以魏复古和岛田正郎为代表的学者在批判“契丹

---

① H. Halén, “Mannerheim and the French Expedition of Paul Pelliot”, in P. Zieme ed. *Aspects of Research into Central Asian Buddhism: In memoriam Kōgi Kudara*, Brepols, 2008, p33.

② 森安孝夫：《イスラム以前の中央アジア史研究の现况について》，《史学杂志》第 89 编 10 号，1980 年。

③ H. Walravens, *Paul Pelliot* (1879—1945): *His Life and Works—a Bibliography*, Indiana Univ. 2001.

④ 伯希和（P. Pelliot）著：《高地亚洲》，收入耿世民译：《中亚简史》，北京：中华书局，2005 年，第 195 页。其法文原著（*Haute Asie*）于 1931 年刊印于巴黎。

汉化论”时并未对此明显的史实加以考虑，仅仅以辽亡之前的契丹人尚保持着与汉人的某些差别为由就片面地论定“汉化论”的无效。既然一位在精通内亚史与胡语文献方面冠绝学界的大师最终选择坚定地站在“汉化论”的一边，那这项事实本身难道还不够耐人寻味吗？

更重要的是，伯希和的这一立场在不少治学旨趣和知识结构与之类似的学者中均有体现，故绝非孤例。譬如与他大致同时代的劳费尔（B. Laufer）、海尼士（E. Haenisch）等硕学大家对于“汉化”观点一样不持批评立场，[①] 更不用说比他们年长一代的英国学者裕尔（H. Yule），[②] 后者极其渊博的东方学语言知识可以从其以极大精力编撰的至今仍受到学界高度评价的辑录印地语中的波斯语、突厥语等外来语汇成分的专业性工具书中得到清晰无疑的反映。[③] 上述几人可谓19—20世纪前期西方学界涌现出的最擅长处理多语种史料同时也精熟于内亚史的代表性学者，但他们一致对“汉化”持正面或积极的评价。这就令人信服地证明对非汉文史料的熟悉与运用并非就必然导致从知识和观念上排斥“汉化”学说。

20世纪上半期的这些通晓多种语文的学科巨人将他们的治学方法与思维习惯进一步传给了其学术上的接班人。在考证学风和语言功力上最为接近伯氏的柯立夫（F. W. Cleaves）花费半生精力钻研《孝经》的中古蒙古语译本，使之成为他去世后刊出的唯一遗著。[④] 这一研究课题的选取反映了他对蒙古人汉化或涵化问题的极大兴趣。而海尼士的弟子傅海波（H. Franke，1914—2011）在西方学术界以金史和元史研究的权威著称，他在为《剑桥辽金夏元史》（1994年出版）所作的导言中，将满洲人的祖先女真人所建立的金朝定性为一个货真价实的中国王朝，同时又将中国式的官僚统治在整个东亚的推广看作非汉人对于吸收中国制度与文化体系的

---

① B. Laufer, “China no dead nation”, in. H. Walravens ed. *Kleinere Schriften von Berthold Laufer Teil* 1：*publikationen aus der zeit von* 1894 *bis* 1910, Wiesbaden, 1976, pp. 922—924.

② H. Yule, *Cathay and the Way Thither*, vol1, London：The Hakluyt Society, 1913, p. 147. 他同样是以契丹人为例说明北方民族的汉化现象。

③ H. Yule, *Hobson-Jobson*, *A Glossary of Colloquial Indian Words and Phrases*, London, 1866. 这一巨著由于其无可替代的学术价值，以后多次再版重印。过去曾有学者提出的近代汉语“苦力”一词源于突厥语 qul（“奴隶”）的推测性假说其实早在此书中就已遭到了否定并澄清。可惜中国学界长期以来对此书的学术性估计不够。

④ F. W. Cleaves, *An early Mongolian version of the Hsiao Ching*, Bloomington：Ind. 2001.

重要表现形式。[①] 美国学者司徒琳（L. Struve）在世纪之交曾经对傅氏主编的这一卷英文题名作 *Alien Regimes and Border States*（《非汉族王朝和边疆政权》）的剑桥中国史分册没有将清朝也纳入这一序列深表异议，蠡测这反映出汉学家未能正确识别出满洲政权的“非汉”特性，而只注意到了后者中的那些对汉学家来说更为熟悉的中国传统。[②] 的确，在傅氏看来，满洲人建立的清朝在“汉化”程度上比其祖先建立的金朝更有过之而无不及，他的观点或许正像司徒琳推断的，清朝早已被汉学家看作中国传统统治的顶峰而非草原帝国。因为恰好是在一篇考察元朝皇帝汉语文修养逐渐提高的论文的结论处，傅氏感慨元末起义的爆发打断了元朝最高统治者成长为像清朝康熙或乾隆那样的汉文化修养更高的君主的进程。[③] 但是另一方面，司徒琳也许并不知道，吸收了海尼士学风特长的傅氏又绝非只能使用汉文史料的狭义汉学家，而是同样具备多语种史料研习考释能力的大家。从其著述目录上看，仅他发表的蒙古语文献释读和考证的专业论文即在 20 篇以上，此外傅氏还撰写了多篇讨论契丹、女真、西夏、满语词汇考释的历史语言学论文，故在涉及语种上业已突破了其师的樊笼。正缘于傅海波的学问如此浩博无涯，远不限于狭义汉学的范畴，所以由其同行发起的献给他的 65 岁祝寿论文集才以《汉学—蒙古学》为标题，里面刊载了鲍培（N. Poppe）、海希西（W. Heissig）、鲍登（Ch R. Bawden）等当代蒙古学名流的贺寿文章。[④] 而在以后为庆祝其 90 大寿而出版的另一部论文集中更是直接以“中亚法律史概观”为书名，内附的 15 篇论文在主题上涉及从唐代的突厥汗国到 20 世纪的阿富汗 Waigal 峡谷地带再到当代的蒙古人民共和国等整个内陆亚洲在 1000 年以上所历经的社会历史变动。[⑤] 这突出地

---

① ［德］傅海波等编，史卫民等译：《剑桥中国辽西夏金元史：907—1368 年》，北京：中国社会科学出版社，1998 年，第 2—3 页。

② ［美］司徒琳著，范威译：《世界史及清初中国的内亚因素——美国学术界的一些观点和问题》，收入阎崇年主编：《满学研究》第五辑，北京：民族出版社，2000 年，第 204 页。

③ H. Franke, “Could the Mongol emperors read and write Chinese?” *Asia Major* new series 3/1952.

④ W. Bauer ed. *Studia Sino-Mongolica: Festschrift für Herbert Franke*, Wiesbaden: Franz Steiner, 1979. 关于傅氏详尽的个人著述总目参见 P. Zieme Hrsg. *Bibliographe Herbert Franke*（1933—2010），Istanbul 2010，SS. 7-61.

⑤ W. Johanson etc eds. *Central Asian Law: An Historical Overview—a Festschrift for the ninetieth birthday of Herbert Franke*, the Univ. of Kansas in Lawrence, 2004.

反映了傅氏在国际内亚史学界享有的崇高地位。同时这也表明，真正拥有学术原创力的学者不会因为其强调汉文化对内陆亚洲民族的深度影响累及后一领域的专业人士对他的学术贡献的推崇和称誉。“汉化”也同样不会被有识之士草率地施以“学术过时”的价值判断。另外，司徒琳的提法欠周之处，还在于为《剑桥辽金夏元史》供稿的学者阵容中好几位都不是一般意义上的汉学家，如精通伊斯兰史料的爱尔森（Th T. Allsen）、内亚史学者及中国现代民族问题专家罗萨比（M. Rossabi）和西夏学家邓如萍（R. Dunnell）等。因此，不宜简单地用汉学家来概括该卷作者队伍的构成。

此后，对“汉化”观念的捍卫一直延续到作为伯希和再传弟子的那些内亚史学家中间。“新清史”的学者也承认，范福和（D M. Farquhar，1927—1985）和傅礼初（J F. Fletcher，1934—1984）是两位语言天赋与历史学识均令人极其钦佩的阿尔泰学家。① 而这两位以语言才能见长并同出于柯立夫门下学者的“汉化观”同样发人深思。傅氏在为《剑桥晚清史》所撰的“清属内陆亚洲”部分中明确指出，到1800年时，清朝久已接受汉族的文化价值和标准，这使得其原先的政治盟友蒙古人地位下降成为其臣属。② 而在此前的一篇未刊会议论文中，他同样指出从女真人建立的金朝开始的整个中华帝国后半期，导入了内亚模式统治中国时期，但是这种统治最终却促使中国文化以空前的规模辐射到周边。③ 范福和则在他那篇研究清朝皇帝政教合一的宗教领袖形象的名作《皇帝即菩萨：清帝国统治的一侧面》中（几乎所有“新清史”的学者都熟悉该文的主要观点），一方面从多语种史料中精细地重建出清帝所具有的文殊化身形象的来源及发展，并强调其对统治蒙藏地区的政治意义，但另一方面也指出清帝在政教意识上迥异于元代，具有清醒的反对高级僧侣政治化并干政的“反宗教干政倾向”（anticlericalism），而这种世俗化的政治意识又部分来自对儒家理

① M C. Elliott, *The Manchu Way: The Eight Banners and Ethnic Identity in Late Imperial China*, Stanford Univ. Press, 2001, p. 31.

② ［美］费正清主编，中国社会科学院历史研究所编译室译：《剑桥中国晚清史 1800—1911年》（上卷），北京：中国社会科学出版社，1993年，第55页。

③ J F. Fletcher, “Bloody Tanistry: Authority and Succession in the Ottoman, Indian Muslim and later Chinese Empire”, p68；参见 R. Bin Wong, “China and World History”, *Late Imperial China* 6/2, 1985, p. 5.

学思想的汲取。同时清帝对于有关自身的菩萨化身和成就菩萨（boshisatt-vahood）的政治宣传还表示出一定的节制性，因为他们早就深知其最重要的政治和经济利益位于中国，相应地，他们最重要的个人形象展示也应该是变成中国人和儒者（to be Chinese and Confucian），而非与满洲人合作的汉人统治阶层所习惯接受的菩萨形象。[①] 这种在“汉化”与“藏传佛教化”中寻找平衡并突出中国中心论的观点无疑与目前“新清史”津津乐道的中国只是清帝国治理下的一大区域而已，其地位仅与东北、蒙古、新疆、藏地平行而重要程度甚至还不如这些内亚地区的所谓全新见解格格不入。

综合本节所论，可以论定从那些致力于将王朝史与内亚史相整合的前辈学人的研究成果上看，对非汉文史料的征引运用往往并不见得就与“汉化”观点冲突。毋宁说这批学者在总体上还对后一观点持包容与理解态度。故对“汉化”观点的批判与否，同研究者的非汉语掌握能力在学理与逻辑上均不构成对应关系。

## 第三节　并非上游

### ——北美“新清史”学派在国际满学界所处的位置

在本节论述中，笔者将尝试回答前面提出的第二个问题，即“新清史”究竟在发掘征引前人未利用的非汉文史料上相较于前辈取得了多大程度的进展？显然要全面捋清这一点，一方面需要实事求是地返回其代表性论著中加以客观检讨；而另一方面又需要将比较的视野延展到整个国际学界，以更好地观察该学派在世界性学术链中占据的位置。单从著述上看，“新清史”学者确实发表了一些澄清非汉文史料（基本均为满语）学术价

---

① D M. Farquhar, “Emperor As Bodhisattva: in the Governance of the Ch'ing Empire”, *Harvard Journal of Asiatic Studies* 38/1978, p. 22, pp. 33—34.

值的评价性文章，它们对于我们准确认识满语资料的独有价值自有其学术意义。[①] 故“新清史”学者的这类论作值得参考借鉴。不过欲证实该学派学术成果与满文资料间的契合程度，最有效的途径还是直接调查该学派的代表性著作对于新见满文材料的利用率。在这一方面，首先纳入考察视野的是被称作“新清史”研究“四书”的几大著作——柯娇燕的《透镜：清朝皇室意识形态的历史与认同》、罗友枝的《清代宫廷社会史》、路康乐的《满与汉：清末民初的族群关系与政治权力（1861—1928）》、欧立德的《满洲之道：八旗制度和中华帝国晚期的族群认同》。[②]

上列“四书”确实在较大程度上代表了“新清史”学派目前所及的研究高度，这可以部分地从柯娇燕和路康乐的著作先后荣膺专门授予北美中国学研究顶尖之作的列文森中国研究最杰出著作奖中得到证实。感谢国内学界的积极推动，最近罗友枝和路康乐两书的全译本终于有机会和中国读者见面了。[③] 现在先来关注罗书的史料引用情况。是书最后的参考文献部分详尽地列举了正文中使用材料的出处，然而出人意料的是，并没有出现任何满文档案及其他类型资料的名称。[④] 再核以正文论述，可以认为其确实是一部建立在新见档案材料（来自北京的中国第一历史档案馆）基础上

---

① 代表性的有 P K. Crossley and E. Rawski，“A Profile of the Manchu Language in Ch'ing History”，*Harvard Journal of Asiatic Studies*53/1，1993；M C. Elliott，“The Manchu-Language Archives of the Qing Dynasty and the Origins of the Palace Memorial System”，*Late Imperial China* 22/1，2001；［美］欧立德《满文档案与“新清史”》，收入刘凤云等编：《清朝的国家认同：“新清史”研究与争鸣》，第 377—393 页（此文初刊于 2006 年）等。

② P K. Crossley，*A translucent Mirror*：*History and Identity in Qing Imperial Ideology*，Univ. of California Press，1999；E. Rawski，*The Last Emperors*：*A Social History of the Qing Imperial Institutions*，Univ. of California Press，1998；E. Rhoads，*Manchus and Han*：*Ethnic Relations and Political Power in Late Qing and Early Republic of China*，1861-1928，Univ. of Washington Press，2000.“四书”的提法始于 K. Guy，”Who Were the Machus? A Review Essay”，*Journal of Asian Studies* 61/1，2002. 中译本参见［美］盖博坚著，王湘云译：《西方学者近期对“满洲”之释义》，收入朱诚如主编：《清史论集：庆贺王锺翰教授九十华诞》，北京：紫禁城出版社，2003 年，第 499—509 页。

③ ［美］罗友枝著，周卫平译：《清代宫廷社会史》，北京：中国人民大学出版社，2009 年；［美］路康乐著，王琴等译：《满与汉：清末民初的族群关系与政治权力（1861—1928）》，北京：中国人民大学出版社，2010 年。

④ ［美］罗友枝著，周卫平译：《清代宫廷社会史》，第 377—378 页。

的学术著作，但没有汉文对照部分的新见满文材料对于此书的贡献却寥寥无几。① 简言之，如果承认该书在取材上确有其优势和特点的话，那完全应该归结为作者在查找汉文档案时所付出的辛劳与努力，而非她的满文阅读能力。既然人们对当初罗友枝在与何炳棣的论战中大力强调满语史料的极其重要性这一事实仍记忆犹新，那么此书立论处处倚赖汉文档案方得以成文的学术风格不仅很难说与“新清史”学派共同发出的开发满文资料这一资源宝库的学术号召有任何相符之处，而且也与作为其中主要成员之一的作者本人的一贯学术抱负两不相期。

相对于罗友枝在宣传满文史料价值上的高调行事，路康乐对于满文的兴趣显然要低调而淡薄得多。其中原因在于路氏的研究方向一直划定在晚清立宪与革命运动前后的那 20 年内，人们在书后参考文献中列出的其人先期研究成果中不难窥知此点。② 而无论是在北美还是在其他地区，要求一位研究辛亥革命前后非边疆地区历史问题的学者大量使用满文材料作为自己的论证基础显然已经远远超出了人们对这一领域的通常学术期望，这至少在路著撰写问世之际对于此专业方向的从业者来说尚不具备学术操作的可行性。因此，通览全书注释而无法发现任何来自满文材料的提示信息也就不足为奇。当然如果作者确曾受过满文阅读方面的良好专业训练而又对相关学界动向有所了解的话，满文材料仍然可以对其从事的课题研究产生锦上添花的效果。从满学家斯达理（G. Stary）的有关论文可知，辛亥革命前后满族知识界曾出版过若干用满文印刷的报刊，其中有的报刊上登载的政论性文章虽然是译自汉文，但对于今人考察当时满汉之间的民族关系以及满族急欲了解新生民国有关政策的迫切心理却有着不容低估的学术意义。③ 故如果对这 20 多年间出版的满文报刊登载的信息进行系统发掘与分类整理的话，或会促使研究者产生全新的问题意识和独特的观察视角。

---

① 无汉译的单独满文材料的引用据粗略统计仅有一例，参见［美］罗友枝著，周卫平译：《清代宫廷社会史》，第 364 页注 2。

② ［美］路康乐著，王琴等译：《满与汉：清末民初的族群关系与政治权力（1861—1928）》，第 387—388 页。

③ G. Stary, “Manchu Journals and Newspapers: Some Bibliographical Notes”, in. G. Stary ed. *Proceedings of the* ⅩⅩⅧ *Permanent International Altaistic Conference*. *Venice* 8-14. *July*. 1985, Wiesbaden: Otto Harrassowitz, 1989, pp. 217—220.

下面再看柯娇燕的《透镜》一书，相较于其他三部著作，柯氏此书在时空上涵盖的范围更长更大，其讨论的主题从明末后金兴起一直下延到清末民初章太炎、梁启超之间的政治论辩，同时又以皇权意识形态的变迁为主线，涉及后金和清朝极为繁复的历史史实。可以说就向读者提供的知识信息量而论，它在“四书”中首屈一指。按理说这样一幅描绘300年间满洲统治集团君权形态的历史长卷巨制，正好是“新清史”学者展现自己所具有的超出前人的多语种研究能力的绝佳舞台，并且也恰是凸显满文史料珍贵价值最为适宜的课题。然而，令人同样十分遗憾的是，该书使用的满文史料仅限于反映入关以前满洲历史的《旧满洲档》和《满文老档》，对于在全书中几乎占到八成的入关以后的历史叙事却没有任何有效满文材料的征引。况且《满文老档》从20世纪30年代前后已经得到中日两国学者的翻译整理，并进而用于史实考察。而《旧满洲档》发现的时间稍晚，但从20世纪60年代末开始，先是由台北“故宫博物院”影印出版，以后又继续出版了其部分译文。[①] 所以这两种史料至少对于主攻清前史的中日两国学者来说，早已成了研究这段历史务必使用掌握的最为基础性的材料，远非其价值才刚刚为人所知的那种出土碑志似的“新史料”。何况柯氏在引用这类满文史料时，也未就目前学界通行的日译本或汉译本做出任何释读与翻译上的纠正与改进，故很难凭此判断其满文阅读与理解能力究竟如何。姑且说与罗友枝相似，柯娇燕的著作同样让那些对“新清史”学者群的满语应用能力抱有颇高期望值的人士大为失望了。

既然“新清史”代表作内“四中有其三”都与新见满文材料的运用关系甚微，那么现在似乎已经可以就本节之初提出的问题做一小结，不过在此还是有必要先来检视“四书”中最后一部出自欧立德之手的《满洲之道》为宜，这样可以使读者对这一学派学术成果的了解更为全面。应该承认，就学术训练而言，欧氏确实在“新清史”作者群中具有出类拔萃的满

① 现在学界通常使用的《满文老档》标准译本是［日］满文老档研究会译注：《满文老档》七卷本，东京：东洋文库，1955—1963；该套著作不仅有详细的逐词转写、对译、直译，还附有部分原文图版，非常符合文献整理的学术规范。而关于《旧满洲档》中若干与《满文老档》不尽重合的内容，则有台湾学者陆续刊布的译注，即广禄、李学智译注：《清太祖朝老满文原档》二册，台北：中研院历史语言研究所，1971年；张葳：《旧满洲档译注：清太宗朝》（一）（二），台北“故宫博物院”，1977年，1980年。

语阅读能力（很大程度上归功于他在日本相关学术机构的长期专业化履历）。仅从作者此书引用的满文史料看，不仅有前面提到的入关之前的两种原始资料，更有在入关以后相继形成的康熙、雍正、乾隆三朝满文朱批奏折，故就使用材料来说，《满洲之道》可以说是在“四书”（甚至就笔者管见所及，有可能是在整个“新清史”著作群中）中唯一尝试利用满文资料作为研究基础的学术著作。不过我们还需将讨论的话题引向深入，即这些材料中有多少是国内清史—满族史学界此前未曾系统刊布和利用过的。尤其考虑到国内学术界对满语材料的关注及使用由来已久而收藏各类满文资料的机构单位又分布较广，故现在的问题要害早已不是在相关研究中有无使用满文史料，而是在多大程度上征引了前人所不知晓的这类原始材料。单从发行时间上看，在欧氏大作推出的3—5年前，《康熙朝满文朱批奏折全译》和《雍正朝满文朱批奏折全译》分别在1996年和1998年由中国社会科学出版社和黄山书社出版。因此，就材料的新颖度来说，《满洲之道》所使用的大量朱批奏折同样也非罕见而全新的史料。虽然有的国外评论者很细心地点出了两件欧著中引用的康熙朝奏折并不见于相关《全译》中，但这仅是翻译者一时疏忽造成的极个别现象。①

再从对《满洲之道》有关上述三朝满文奏折的征引情况的粗略统计看，明显存在着引用率并不均匀的特点，具体来说即以雍正朝满文朱批奏折的引用数量最多，而乾隆朝满文朱批奏折的引用量明显偏少，并且以上引用多为文字简短的大意概括，附有较详细译文的情况极为个别（如书中第435页注109）。考虑到作者一直在不同场合下强调使用翻译过的满文档案即不能算作使用满文档案并极力贬低前面一种做法，那么欧氏的有关态度就有些让人百思不解了。首先翻译是包括满文在内的所有少数民族文献

---

① ［美］米华健著，董建中译：《评〈满洲之道〉》，收入刘凤云等编：《清朝的国家认同：“新清史”研究与争鸣》，第413页。其英文原作发表于2002年。关于对书评原作者提出的产生这一现象的推测（怀疑这些奏折的内容因涉及现实民族类的“敏感”问题而有意回避不译）的反驳参见该页下面的译注说明。关于个别翻译不彻底的批评参见マーク＝ェリホソト（M. C. Elliott）原著，楠木贤道等译：《康熙・雍正朝の満文硃批奏折に关する觉ぇき书》，《满族史研究通信》第9号，2000年。毕竟在翻译工作量如此巨大的《朱批奏折》的全译准备过程中出现某些文件漏译的现象并非难以理解，尤其是顾及翻译团队在组织协调分工上面临的难度和实际工作程序上的技术复杂性。

整理刊布过程中的最后一道也是最为重要的程序，对此项工作的意义无须贬低，因为它可以让一部分有能力阅读文献但又不能亲睹原件的学者相对清晰地掌握该项文献的基本信息，更不用说对于一般不具备阅读该类文献能力的读者了。其次，规范化的少数民族文献整理在翻译之前，通常还须有逐词拉丁字母转写与对译两道程序，并附加原文图版以备查（针对专业人士而言）。堪为典范的做法即20世纪50—60年代陆续刊布，后来还得到日本最高学术荣誉奖赏的满文老档研究会推出的七卷本《满文老档》译注，长期以来因其整理之规范，译文理解之准确而得到了各国学者的高度评价与广泛引用。如果完全按照作者的逻辑，那么这一译文的刊布岂不也是恰恰扼杀了《满文老档》的生命力？最后也是至为关键的问题在于从《满洲之道》的新见档案引用情况来看，往往仅限于作者在正文中用简短语句对整件奏折做一解题式的说明，既无逐词的拉丁字母转写与对译，同时也几乎不提供完整的译文（考虑到作者不大可能得到原件收藏单位的摄影出版许可，故附加图版的要求自可免提），当然也就更谈不上能够对此前已经出版的朱批奏折译文起到任何改正和完善的作用。既然作者曾一再强调不宜使用翻译过的满文档案的观点，那么为何不利用这一良机将自己所发现的现已出版的档案汉译文本出现的种种问题和盘托出，这样既可彰显自己具有不俗的满语阅读理解能力，同时也能为其观点提供最为直接有力的证明。总之，出现在研究著作中的如此做法既不符合满文文献整理征引的通常规范，也无法传递给专业读者以清晰而完整的知识信息。事实上专业读者若非亲睹原件，根本就不可能仅根据少许解题类文字就对作者的满文阅读理解能力得出明确的判断结论。故就文献征引的规范性和技术性来说，对于《满洲之道》一书在使用新见满文史料方面的成绩显然不宜高估。本来关于像此书这类大量引证满语档案的著作，作者应该将引用的有关内容详尽地进行技术处理（最好使之与正文分列或单独成卷以开创出一种新型学术著作的模范体例）以充分展现其本人对于满语的驾驭能力，从而使专业读者对于其从阅读满文材料所引申出的种种结论持有审慎的信任感。至于现在这种做法，恐怕只能认为，相较于其他“新清史”著作而言，此书在尝试引用满文材料以论述历史问题方面确实付出过一番辛劳和努力而已。

除了以上“四书”之外，还有三部专著也符合本文所讨论的狭义“新清史”定义。它们分别是柯娇燕的《孤军——满洲三代家族与清世界之灭亡》、米华健（J A. Millward）的《嘉峪关外：清属中亚地区的经济、族性与帝国（1759—1864）》、濮德培（P C. Perdue）的《中国之西征：清朝对中央欧亚地带的征服》。① 这些著作对于非汉文史料的引用情况构成了判断“新清史”学派在这一方面有无取得实质性进展的另一来源。先看柯氏的《孤军》一书，此书集中在杭州苏完瓜尔佳家族的观成（约 1790—1843）、凤瑞（1824—1906）、金梁（1879—1962）祖孙三代人的生活经历的还原与解读上，以论证为何满洲的族性（ethnicity）恰恰是发生在清朝国势日渐衰落的晚期而非统治相对巩固的前、中期的历史命题，同时通过对其族性的逐步“显性化”凸显满洲人对于“汉化”的有意识抵制。试阅正文后面的书目注释可知，本书的论证基础完全建立在对汉文材料特别是晚清旗人自撰的汉文别集的解读上，并未出现直接的满文材料的释读与征引。这就无疑给读者发出了一个清楚的知识信号，即柯氏多年来一直坚持主张的中国各民族族性的产生是在近代（1840 年以后）来临之际的重要命题其实根本就不是以非汉文材料的使用来开辟研究缺口的，毋宁说来自她本人对于西方人类学界流行的“族性”（ethnicity）话语的个人化思考并将之移用于满洲等民族群体。故在柯氏身上，社会科学概念与理论的运用远比非汉文史料更能起到直接的构建命题并支配观点的综合组织作用。而对于这一点，本文以后的章节还要继续结合其论著详细论证。

米华健的《嘉峪关外》则是“新清史”学派首部尝试系统研究清朝统治新疆历史的著作，故对于以后的国外研究自然具有了一种里程碑式的示范作用。该书主要研究的时限是在乾隆、嘉庆、道光三朝，故从文献征引情况看，《清实录》依旧成为全书引用率最高的史料来源。此外归功于作者在北京的中国第一历史档案馆等专业机构的调查工作，本书还使用了数

---

① P K. Crossley, *Orphan Warriors: Three Generations and the End of the Qing*, Princeton Univ. Press, 1991（中译本参见陈兆肆译：《孤军——满人一家三代与清帝国的终结》，北京：人民出版社，2016 年）；J A. Millward, *Beyond the Pass, Economy, Ethnicity, and Empire in Qing Central Asia*, 1759-1864, Stanford Univ. Press, 1998; Peter C. Perdue, *China Marches West: the Qing Conquest of Central Eurasia*, 2005.

量可观的新见档案类史料，既有当时尚未完全刊布的朱批奏折，同时还有像内务府来文之类的前人利用不多的珍贵资料。因此，作者在选取使用研究素材上确较前人涉足同一主题的著作有所突破。不过，同样需要指出的是，以上庞大史料群仍然均为汉文，而“新清史”多年来始终宣传的在研究像新疆、蒙古之类的边疆地区时，除了引用汉、满文材料外，还务必不可忽略使用当地文字书写的相关材料（具体到新疆，即指用察合台文拼写的掺有一定当地方言因素的流行于新疆和中亚的晚期书面突厥语）的研究主张依然未能得到有效贯彻。当然使用察合台文史料需要接受相当长的专业训练才能奏效，而这种训练的难度之大恐怕远远超出了倡议者的原初设想。以这种史料的较为成熟而系统的使用情况看，目前主要还只限于俄、日等国的专业突厥学界。即以国内学界而论，能够流畅阅读征引该类型原始史料（尤其是字母拆分辨识极为困难的清代手写本）的汉、维等各族学者均为少数。① 故“新清史”学者在这方面缺乏过人的表现亦属正常，不过这也间接反映出其学术宣传与现实操作之间存在着不易逾越的鸿沟，而现实的研究情况仍决定了在目前的清代新疆史研究中，要推出叙事脉络清晰完整、结构布局自成体系的专著主要还得倚靠当时留下的汉文史料。②

最后来看濮德培的《中国之西征》的史料运用情况。此书在体系架构上堪称庞大，涉及的史实层面也颇为壮阔，还设计有专门的理论阐述章节，可以说是一部融巨量史实于宏大理论体系中的高信息量之作，至少在论证的篇幅上已经超过了此前专论17—18世纪清朝—准噶尔汗国双边历史的多数旧著。而该书在论证中较多引用的档案类史料基本源自台北“故宫

---

① 在大陆学界，曾供职于中国社会科学院民族研究所的已故柯尔克孜族历史学者安瓦尔·巴依图尔是一位富有经验的察合台文释读专家。有关利用察合台文研究新疆历史的一线著述当属何星亮的《边界与民族——清代勘分中俄西北边界大臣的察合台、满、汉五件文书研究》（北京：中国社会科学出版社，1998年）。

② 在此或可比较日本东洋史学界关于这一领域的两位著名学者佐口透和滨田正美的学风特点，前者的研究以使用汉文史料为主而较少顾及察合台文史料，为此曾受到王柯等学者的委婉批评。后者则是目前世界上为数极少的真正深通19世纪新疆中亚非汉文史料的专家之一，对察合台史料的鉴别运用颇具眼光与功力，并形成了自己在研究中的特色优势。不过前者在将自己发表的论文稍加编排后，自然汇集成一部部专著，并最终构建起其关于清代新疆史的完整学术体系；而后者的论文虽然文献学水平甚高，揭示的史实也颇有价值，常能填补以往研究留出的空白，并由此受到了法国突厥学界的赞许，但系统性和综合性均明显逊色。

博物院”从20世纪70—80年代先后影印刊布的多卷册《宫中档康、雍、乾三朝奏折》（1977—1988）等，所引用的相关具体内容均为汉文奏折。此外，本书中其他大量征引的史料仍属汉文系统的康、雍、乾三朝的《清实录》《亲征平定朔漠方略》《平定准噶尔方略》等官方史料。实际上，该书中的多数章节均与作者此前发表的相关论文有内容上的重合之处。而无论是作为先期研究成果的论文，还是最终完卷的著作，均以汉文史料作为研究基础。这一研究路线与作者志在贯通清朝史与以准噶尔汗国为中心的中央欧亚史的学术计划难免存在差距。毕竟对后者的研究需要运用多种非汉语史料作为补充才易奏效，至少应该有选择地利用当时流行的几种主要其他语种史料，如旧俄语、蒙古语（含托忒文）、藏语、察合台文以及清朝官方使用的满文。不妨说研究准噶尔汗国史正因为需要掌握如此之多的语种史料，再加上对于二手性的法、德、俄、日等国研究成果同样不可偏废，最终促使此项课题在研究难度上甚至可以和13—14世纪的元史并驾齐驱，共同构成了10世纪以后内亚史上的两大突出难点，这在学界早有定评。而其中不同史料之间牵涉到的史实之繁复冗杂与头绪散乱可以从考据大师伯希和的遗著《卡尔梅克史评注》的相关内容中得到彰显。[①] 虽然濮氏在此书的理论阐述部分确曾有意将清朝史与内亚史糅合会通，可惜语言能力的局限却导致其观察视角仍不免时时落在以内地为中心的窠臼中，尤其是对准噶尔汗国本身在这两百年经历的各种内部变化缺少深度分析。[②] 也就是说“中心VS边缘”与“冲击—反应”的传统结构图式在全书的撰述中始终挥之不去，再加上作者的专业本行属于经济史领域，故过度重视经济与环境要素的思维习惯自会影响到他从当时的政治全局上看待历史的

① ［法］伯希和著，耿昇译：《卡尔梅克史评注》，北京：中华书局，1994年。其法文原著出版于1960年。

② 不无遗憾的是，著名的德籍俄国—东欧史专家Schorkowitz分析17—19世纪西蒙古人政治体制发展与社会变迁的鸿著未被作者参考引证。参见D. Schorkowitz, *Die soziale und politische Organisation bei den Kalmücken（Oiraten）und Prozesse der Akkulturation vom 17. Jahrhundert bis zur Mitte des 19. Jahrhunderts*. Frankfurt am Main：Peter Lang，1992.

大势走向。① 同时作者对非汉语史料的历史知识准备明显不足，也无可避免地导致其在此书和更早发表的先期成果中出现史实误判，这一点笔者将在以后的章节中举例说明。当然一位华南经济史出身的专家在将其治学方向骤然改向内亚史时，在学术转型过程中面临的恶补新知数量之巨也不难想象，故要凭借从纯粹的史实重建着手再步步为营地导出结论的传统治学方法恐难克其功，相反先前早已定型的以经济要素为中心的思考习惯则可以启发他从不同于前人的角度对这一传统课题产生新的问题意识，因此“经济决定论”有时会被他放大成为一种学术方法上的路径依赖。②

以上概述了“新清史”代表性专著中有关非汉文史料的称引情况，最后对此略做补充的是上述学者群在其著作之外的论文中使用这类材料的情况。限于笔者所知，他们发表的全新文献释读与翔实考证类论文似寥寥无几，较有参考价值者仍为欧立德 1992 年发表的考释清朝入关前后在盛京修建的黄教法轮寺四体碑文（汉、满、蒙古、藏）的论文。③ 该文指出了碑文内容受《头陀寺碑》的影响以及满文碑文在先而汉文碑文在后且两者的某些具体表达差异，并讨论了这种合璧格式所具有的政治意义。论文的附录部分则将碑文的满、蒙古、藏部分分别进行了逐词转写和全文翻译（其中蒙古、藏部分得到了其老师冈田英弘的悉心指导）。此文大概称得上是“新清史”学者群涉足文献研究的罕见之作。故综合以上的概括归纳，可知从整体上看，“新清史”学者群在满语等非汉文史料的开发与利用上并未较“旧清史”学派取得多么重大的突破性进展，自然也就谈不上进一步采用多语种史料对比互勘的方法在史实的考证重建上会产生多少彻底改变

① 例如作者认为，清朝虽然致力于用军事手段解决噶尔丹之后的准噶尔汗国，但因为从内地到前线的军需路程过于遥远而难于奏效，故转图西藏以打开僵局。对此说的批评参见姚念慈：《准噶尔之役与玄烨的兴兵之由》，《燕京学报》新二十九期，北京：北京大学出版社，2010 年，第 192—195 页。

② 王小甫教授尝指出，“国外有的学者喜欢从经济原因分析历史问题，大概与他们在殖民时期形成的文化传统有关，其实未必都中肯”。参见王氏著《唐·吐蕃·大食政治关系史》，第 222 页。

③ M. Elliott，“Turning a Phrase：Translation in the Early Qing Through a Temple Inscription of 1645”，in. M. Grimm hrsg. *Historische und bibliographische Studien zur Mandschuforschung*，Weisbaden：Harrassowitz，1992，pp. 12—41. 国内学者李勤璞也发表过讨论这一多语碑文的论文，部分研究结论则与欧氏相反。

人们旧知的创见。既然“新清史”学派并不以开发非汉文史料这类“采铜于山”的功夫见长，那么其在国际满学界究竟处在什么样的位置上呢？

若以满文史料近20—30年的刊布译注来看（与“新清史”兴起的历史在时间上大致平行），显然无疑要数大陆学界做出的贡献最巨。仅据粗略统计，正式出版的这类重要史料现已突破20种，有的如前述康雍两朝满文朱批奏折数量之巨大，在满文汉译的学术史上可以说是规模空前的文化工程，一定程度上也确实给广大清史研究者提供了取之不竭的史料源泉。① 即使对使用汉译档案持严峻批评立场的欧立德，在接受《东方早报·上海书评》采访时也承认现已出版的汉译朱批奏折并不存在不堪引证的翻译质量问题，只是随后他就将话题转移到直接读满文才能培养起史料感觉的层面上。当然限于出版条件和经济成本，多数这类汉译资料无法做到图版、转写、对译、直译四者俱全，故在整理的技术规范性上距离前述东洋文库版《满文老档》日译本尚有一定程度的差距。而翻译过程中出现各种差池和疑问也在所难免。对于学界来说，审慎而可取的态度是不要把满文汉译材料的刊布看作释读工作的结束，而应视为崭新的研究起点。事实上满文材料中的许多富含学术价值的细节问题往往需要学术界经过长时期的共同艰苦努力，才能得到大致的澄清。这种情况在国外满学界也完全一样，不足以单单苛责国内学界。但无论还存在多少不足，都可以认为中国的满学界在开发满语资料这座历史宝库的工作上已经取得了辉煌成就，至少是为将来的深化研究奠定了一个坚实的基础，并确确实实在国际满学界已争得了上游的位置。因此，对比“新清史”的满文史料整理与研究现状，作为研究清史和民族史的中国学者，完全没有必要妄自菲薄，褒扬高估前者在这方面的成果，而对本国学者付出的辛劳和取得的成绩却视而不见。

当然考虑到学术背景和学科积累（包括满文资料的收藏现状）的显著差异，诚然不宜简单地以中国或日本学界整理出版满文材料的进度要求北美“新清史”学界也做出同样贡献。甚至也许还有人会以按照美国现行的社会体制，根本就不可能存在像设在一档馆下的满文部这样得到政府政策

① 代表性的关于满文史料汉译情况的概括参见阎崇年：《中国满学研究五十年（1949—1999）》，收入阎氏编：《满学研究》第五辑，第25—26页；赵令志：《满族史研究》，收入达力扎布主编：《中国民族史研究60年》，北京：中央民族大学出版社，2010年，第138—139页。

与财力支持的常态化进行满文资料翻译的事业性机构为由，为其在满文资料上的进展现状进一步做出回护。这种看法不无道理，不过笔者更相信主要还是由于学风的差异和知识结构方面的因素导致“新清史”学派普遍并未真正将非汉文资料的整理与应用放到其科研的中心位置上来。作为对照，或可稍稍浏览一下近20多年来欧洲满学界对满文资料整理和研究的成果简况。

欧洲的满学研究应该说具有两重性：即兼具汉学和阿尔泰学的双重特色。从满学在19世纪的起步上看，欧洲知识界在当时接触到的书面满语资料并不是现在历史学界看重的没有汉文对译文本的奏折档案等原始材料，而是作为翻译文学的儒家典籍和白话小说的满文译本。这就决定了阅读满语著作的前提条件是通晓其汉文原本，故最早的满学家同时也多来自汉学家群体，譬如当时的德国学者芍兑（W. Schott 1807—1889）、贾柏莲（G. von der Gablentz 1840—1893）等。以后这种汉学家与满学家身份彼此重合的情况经过顾鲁柏（W. Grube）、郝爱礼（E. Hauer）、海尼士、福华德（W. Fuchs）等前后数代的传承一直延续到了现在。故汉学的训练对于欧洲从事满学教研的学者来说不可或缺，对他们来说，汉语的重要性及用处可以说仅次于甚至有时不亚于满语。而另一方面，毕竟满语按照语言的学科分类原则，从属于阿尔泰语系的满—通古斯语族，故满学的研究又在很大程度上与所谓的阿尔泰研究关系甚深。这种情况决定了欧洲的满学家团体需要同时与国际汉学界和偏重内亚的国际阿尔泰学界均保持密切的学术交往，而其研究成果的发表常常也散布在这两大阵营的学术期刊和专业论文集中。只是随着国际汉学界期刊办刊方向与重点的变化，20世纪90年代以来像《通报》（*T'oung Pao*）、《大亚洲》（*Asia Major*）等已基本不再刊登满学论文，仅余《华裔学志》（*Monumenta Serica*）有时还发表这方面的著述。而相对集中的满学成果需要在主要以德国威斯巴登的出版机构推出的反映阿尔泰学暨内亚研究的期刊《中亚杂志》（*Central Asiatic Journal*）、年刊或两年刊《中亚研究》（*Zentralasiatische Studien*）与不定期出版的《满学专辑系列》（*Aetas Manjurica*）、《通古斯—西伯利亚专著系列》（*Tunguso-Sibirica*）、国际阿尔泰学年会论文集系列（*PIAC*）等中寻找。如果对20余年来这些学术出版物的内容做一大致披阅的话，可知“新清史”

学者的研究成果极少见于其中。像前述欧立德处理四体碑文的文献学论文刊载于《满学专辑系列》之一的现象实属个别情况。

出现这一局面的原因其实非常简单。欧洲阿尔泰学下的内亚史研究毕竟在战后半个多世纪里依然延续了由伯希和、海尼士等拓展深化的强调语言训练、注重考据史实，淡化理论运用等相对求真笃实的学风，虽然后起者在多语种史料互证对勘方面难以达到伯氏等前辈学人的研究深度。相比之下，“新清史”的学风却与之差别迥异，与“旧清史”的分道扬镳及对其的忽视与批评就已经暗示出“新清史”不会再像“旧清史”那样以实证研究为中心，而是改为更加注重社科理论的运用（此点以后还要详细剖析)。虽然“新清史”确已提出了要重视运用以满语为主的非汉语史料的响亮口号，但要落实到具体学术研究中仍面临诸多知识上的困难。因20世纪70年代以后北美大学中国学专业训练的重心普遍趋向社科理论化，再加上北美考据学风积累的程度本来就不如欧陆深厚，同时其高校在读博士生的阅读节奏又显得过快，以适应阅读量飞速增长的教学要求，遂导致像劳费尔、伯希和等大师的务须耗时精读方可入门的考据学成果早已淡出多数学生的阅读视野,① 对于即将进入学术职业市场并面临成果发表压力的他们来说，社科理论显然比专深考据之作更有助于在短时期内将自己习得的书面知识体系化，为将来作为晋身之阶的专著写作奠定不可缺失的理论基础，同时也省去学习巨量历史与语言知识（尤其是涉及内亚与中国互动这样令人生畏的研究领域）所必需耗费的宝贵时间。故我们一方面看到，“新清史”学者群多出道不久，即能在美国的大学出版社中推出以自己博士论文为基础的专著，使之成为个人职业生涯中的重要里程碑，为将来在职场上的更大成功树立较高起点；而他们的前辈如范福和与傅礼初即使天资聪颖得让人羡慕不已甚至五体投地，却在生前均无任何专书传世；更不用说其学问更为精深的老师柯立夫去世之前也只有一册《蒙古秘史》的译本聊以行世。然而另一方面，他们采取的这种明显有别于厚积薄发的成长途径虽然能够更便捷地通向事业上的成功，却终究使自己严重地偏离了以

---

① 薛爱华晚年曾对美国中国学界的忽略伯希和治学模式的风气有过反思性评论，参见 E. Schafer, “What and How is Sinology?” *Tang Studies* 8/9, 1990-1991, pp. 23—44.

考据为主的实证路线，因此其成果也就很少能发表在较受欧洲满学界认可的前面那些学术出版物上。此为既兴一利则必生一弊。

在“新清史”快速发展的最近 20 多年，欧洲的满学界研究阵容相对稳定，就笔者对前述刊物和论集泛览之后的总体印象，个人发表成果最多的三位学者应该是斯达理、魏汉茂和俄国学者庞晓梅（T. A. Pang）。1946 年出生的意大利学者斯达理是职业满学家，同时还长期担任《中亚杂志》的主编之职，为推动包括中国学者在内的国际满学界的前沿性研究成果在该专业刊物上的发表做出了积极努力。斯氏曾于 20 世纪 70 年代前去西德师从已届晚年的福华德（1902—1979），后者是对于第二次世界大战之后的西方满学界的发展贡献与影响最大的学者。他的科研与教学活动使得西德作为西方世界满学研究中心的地位在半个多世纪内没有受到任何实质性的挑战。而就学风而论，其最大的特点就是严格追随伯希和的研究路数，高度关注文献学和语言学的考证类题目，并在清代满汉舆图的研究上开风气之先。同样他也像伯氏一样，论文纯为解决某个具体科研疑难而作，几乎从不针对普通读者发表普及性文字。[①] 从学风承袭的角度上看，伯希和等更老一代学者的实证风格正是通过福氏传承给了战后欧洲的满学界。而自 20 世纪 80 年代以来，斯氏已逐渐成为欧洲满学界最高产的满学家，到 2005 年时已用英文、德文、意大利文等公开发表论文上百篇（不含书评），而其刊布的各类著作（含合著、翻译、编著）现已超过 20 部。其涉猎范围囊括了满族的历史、语言、宗教、文化等多个方面，所发表的论述也多为实证性的研究成果。[②] 如此恢弘可观的数量恐怕在整个国外满学界都不做第二人想。

而比斯氏还大两岁的魏汉茂则在 20 世纪 70 年代毕业于科隆大学东亚学系，主修汉学，并兼习满语，就掌握的语言工具之多之熟而言，应当是那 10 年来德国培养出的汉学高级人才中的佼佼者。魏氏毕业以后长期在汉

---

① W. Franke, “Walter Fuchs in Memoriam”. *Oriens Extremus* 27/1980, SS141-150. 参见［德］傅吾康（W. Franke）著，欧阳甦译：《为中国着迷：一位汉学家的自传》，北京：社会科学文献出版社，2013 年，第 143 页。

② 有关其个人的履历介绍及 2005 年之前的成果目录参见 A. Pozzi，“Giovanni Stary：Imperturbable und Very Patient”；“Bibliography of Giovanni Stary”，in. A. Pozzi etc eds. *Tumen jalafun jecen akū：Manchu Studies in Honour of Giovanni Stary*，Wiesbaden：Harrassowitz，2006，pp. 15—20；21—42.

堡和柏林的图书馆等机构工作，从事汉学书目、索引的编撰与汉学史研究，可说是目前全世界对 18 世纪以来西方汉学史最为熟悉的专家。劳费尔、伯希和与符拉基米尔佐夫、艾伯华等的详细著述目录均系其个人凭一己之力编撰完成。如此浩大工作量的创举竟然出自同一人之手，这在当代学界简直可以用“奇迹”一词形容。此外他本人的汉学功力深厚，尤精于明代小说版本的鉴定研究，以至其在此领域的不凡造诣曾得到一线专家的肯定与赞赏。[①] 值得满学界庆幸的是，自 20 世纪 90 年代以来，其个人的科研兴趣已较多地从传统汉学调整到满学领域内，其成果以调查研究欧洲各大藏书机构所藏满文典籍情况的书志学论文居多，很好地继承了当初福华德开辟的德国满学研究中的一大传统强项。魏氏这一时期发表的满学论文在数量上甚至已经超过了另两位更为资深的德国满学家嵇穆（M. Grimm）和冯门德（E. von Mende）。他所撰写的中等篇幅的论文多刊载于国际阿尔泰学会的年会论文集（*PIAC*）系列中，可以说和斯达理一起成为参加此项学术活动（即该学会年会）并提交论文最频繁的学者之一。其篇幅更长的论文则投稿给专业学术期刊，例如在《中亚杂志》上发表的论满文《大藏经》中《甘珠尔》目录的长文以及与鲁德福（R C. Rudolph）联合署名在《华裔学志》上以近乎专书篇幅刊登的论满学研究参考文献的著述。[②]

俄国学者庞晓梅（T A. Pang）则是欧洲中生代满学家中的最杰出代表，其年龄大约与“新清史”学者群同辈。她的个人研究方向也集中在对欧洲各国收藏的满语文献的整理、刊布与文献学研究上，同样仍是一位经常参加 PIAC 学会活动并在年会论文集上提交学术报告的学者。其用俄文撰写的文献学著作《关于 17—18 世纪清代历史与文化的满语文献》已于 2006 年在圣彼得堡出版，最近又出版了德语译本。[③] 此前她还单独完成了圣彼得堡东方学所收藏满文写本—印本和巴黎所藏满文铭记实物的目录编

① 马幼垣：《水浒论衡》，北京：生活·读书·新知三联书店，2007 年，第 56—58 页。

② H. Walravens, “Der Mandjurische Kandjur”, *Central Asiatic Journal* 51/1, 2007, SS77-153; R C. Rudolph (1909-2003) /H. Walravens, “Comprehensive Bibliography of Manchu Studies”, *Monumenta Serica* 2009, pp. 231—494.

③ 斯达理对此著的评介参见 *Central Asiatic Journal* 51/2, 2007, p300-305. 由他主持的该书德译本参见 T A. Pang, *Schriftliche mandschurische Quellen zur Geschichte und Kultur des Qing-Reiches des 17. And 18. Jahrhunderts*, Weisbaden: Otto Harrassowitz, 2015.

制工作以及整理了一部俄国人早年在新疆搜集到的清末锡伯族萨满教文献，均相继以专著的形式将这些成果发表。① 她还因其专深的满文素养，现已成为斯达理在学术上的重要合作者。两人共同整理发表了不少对于满族历史研究非常重要的原始文献。② 应当说庞氏的科研水准在整个西方中青年满学家群体中一直是处于遥遥领先的地位。

通过对欧洲满学家代表性人物在这 20 多年来的研究成果的简要概括，可以直观地感受到其中以满文原始材料的整理与文献学研究为中心的学术工作依旧占据着主流的地位，或可称作对文献本身的高度关注仍然是西方满学家视野中的首选课题。这和前述“新清史”的学术关怀和研究倾向的差异之大，显然属于两种截然不同学风下的平行产物。而就开发利用原始满语文献来说，欧洲满学界依然牢固地掌握着学术的主导话语权，“新清史”在这方面尚无力与之一争长短，故在整个国际满学的学术链中仍处于相对下游的位置。这一点无需为之讳言。不过需要指出的是，恰如魏汉茂在 20 多年前即已清醒意识到的，欧洲的满学研究面临着后继乏人的学科危机。这一局面迄今也未得到明显改观，可以说研究人员的高龄化和学术梯队的日渐萎缩成为困扰欧洲满学发展的最大问题。相比之下，经过“新清史”的一番宣传推动，近年来北美高校的满语教学却出现了欣欣向荣的乐观势头。那么若假以时日，将来是否有可能北美高校培养出来的更为年轻的学人会成功地从现在欧洲的年长满学家们手中接过学术传承的薪火，并且发展出一种既不同于传统的欧陆式满学研究，又有别于日下“新清史”学术路线的特有研究模式来，对此当然还需要由时间来证明。

综合以上所论，现在似可对目前国内关于“新清史”的若干评价意见做一小结性反思。既然“新清史”学派其实并不以开发利用新见满文等非

---

① T A. Pang, *Der Schamanenhof: die sibemandschurische Handschrift "Saman kūwaran-I bithe" aus der Sammlung N. Krotkov*, Wiesbaden: Harrassowitz, 1992; *A Catalogue of Manchu Materials in Paris: Manuscripts, Blockprints, Scrolls Rubbings, Weapons*, Wiesbaden: Harrassowitz, 1998; *Descriptive Catalogue of Manchu Manuscripts and Blockprints in the St. Petersburg Branch of the Institute of Oriental Studies, Russian Academy of Sciences Issue2*, Wiesbaden: Harrassowitz, 2001.

② T A. Pang/G. Stary, *New light on Manchu historiography and literature: the discovery of three documents in old Manchu script*, Wiesbaden: Harrassowitz, 1998; *Manchu versus Ming: Qing Taizu Nurhaci's "Proclamation" to the Ming dynasty*, Wiesbaden: Harrassowitz, 2010.

汉文史料见长，在国际满学界也只是处于相对下游的位置，那么现在流行的某些观点譬如“随着大陆一档馆等机构所藏满文档案的开放，再加上受柯文‘在中国发现历史’观念的影响，‘新清史’的诞生也就指日可待了”显然也就缺乏成立的前提和基础了。至于还有评论者提出的，“虽然此前中日学者已经开始在研究中注意使用满文材料，但却并未达到‘新清史’学者所注重的高度”，同样也未得到客观证据的任何支持。眼下之所以存在对“新清史”学者利用非汉文史料持普遍高估的评价趋向，或是缘于人们未能将其学术宣传与实际成果做切实认真的比照区分，因此在评议中难免会不自觉地产生一种放大效应，以致几重夸大之后距离事实本相已有很大出入。

# 第二章 “新清史”学者构建的历史命题平议

## ——从族性晚生论到东北亚本位论

## 第一节 “新清史”究竟“新”在何处?

在分析了“新清史”的学科背景和学风特色以后，本书拟具体就该学派构建的有关族性与空间的学术命题深入讨论。需要指出的是，近年来国内学者发表了一系列关于“新清史”研究成果的评析论著。这些文章虽然切入视角各异，阐释观点也间有异同，但都对读者深入思考“新清史”学术话题起到了开阔眼界与整合思路的启迪作用，充分彰显出目前中国史学界百家争鸣的民主氛围和学人之间质疑辩难的求真精神。尤其像笔者这种非清史专业人士，更是从这种针锋相对的坦诚讨论中获益良多，从而意识到自己先前思考的盲点所在。根据上述论著的评价取向，读者大体可以将其归类为对“新清史”成果持基本肯定和批评否定的两派。[①] 显然，像如何评价“新清史”这样重要而敏感的学术议题，国内学者难免会由于各自学术背景的差异与观念立场的不同而存在分歧争论，因此在短期间无法达成一致也在情理之中，这完全符合学术讨论的自身规律。毕竟，不同观点的历史学者之间在思想认识上的碰撞交锋与理性辩难对于学科的发展多有裨益。此点想必参与讨论的双方均有共识，不致因为见解存有出入就对彼方的论点立场心怀芥蒂。

先前笔者在上一章中，通过分析该学派出现及兴起的学术背景，继而对“新清史”学派是否在发掘满语等非汉文史料方面术理多持质疑与批评态度。当然，大力宣传非汉文史料在清史研究中的重大作用毕竟不是“新清史”最突出的“新颖”之处，故对他们在这方面表现的缺失也不必为之遗憾。相对而言，该学派真正的‘新’还是在于他们已经构建出一整条环环相扣的解析中国从帝制时期到“民族国家”阶段历史演进的叙事长链，并贯穿和体现在其建构的相关学术命题中，以宏观建构从16世纪以降的帝制晚期一直到当代中国的五六百年间中国历史的基本走向。而在这批代表性的学者中，尤以柯娇燕提出的有关命题在其国学界影响最大，同时也与我国学界关于清朝历史的认知反差最为明显。例如，中国学者一般都不否认满族或再加上漠南蒙古的上层以及辽东汉人集团建立了清朝，相反柯娇燕强调的则是，并非民族建立帝国或王朝，而是清帝国的建立及其后续的

---

① 持基本肯定态度的文章有定宜庄、[美]欧立德:《21世纪如何书写中国历史:“新清史”研究的影响与回应》，收入彭卫主编:《历史学评论》第一卷，北京：社会科学文献出版社，2013年，第116—146页；姚大力:《不再说“汉化”的旧故事——可以从“新清史”学习什么》，《东方早报·上海书评》2015年4月5日；《“新清史”背后之争的民族主义》，《东方早报·上海书评》2015年4月12日；《回应汪荣祖：略芜取精，可为我用》，《澎湃新闻·私家历史》2015年5月31日；高王凌《清朝统治的满洲特性》，*Central Asiatic Journal* Vol. 58/1-2，2015. 较多地持商榷立场的论述有汪荣祖主编:《清帝国性质的再商榷：回应新清史》，台北：巨流出版公司，2014年；李治亭:《“新清史”:“新帝国主义”史学标本》，《中国社会科学报》2015年4月20日第728期；刘文鹏:《“内陆亚洲”视野下的“新清史”研究》，《历史研究》2016年第4期；汪荣祖:《为新清史辩护须先懂得新清史——敬答姚大力教授》，《东方早报·上海书评》2015年5月17日等；常建华:《祈福：康熙帝巡游五台山新探》，《历史研究》2016年第2期；徐泓:《“新清史”论争：从何炳棣、罗友枝论战说起》，《首都师范大学学报》2016年第1期；程秀金:《“新清史”统治模式之述评》，《学术研究》2015年第6期以及最近李勤璞以《乾隆帝》和清朝国号为例质疑欧立德的满语水平的评论文章等。

长期统治最终在清末孕育出真正具备族性特征的满、汉、蒙古等民族，可谓帝国在前，民族殿后。据此可见这套话语与中国学者熟悉的历史叙事差异之大。

事实上，自柯氏自20世纪80年代以来逐渐提出其说以后，已经逐渐成为该国不少清史学者认可的基本研究前提，并鲜明地体现于后来罗友枝在《亚洲研究》（*Journal of Asian Studies*）上发表的引起何炳棣回应的《再观清史》一文中。该文在行文中涉及清代前中期的满、蒙古、汉等族别时，基本上使用的是英语的“peoples”一词，而非另外两个常见的词语“ethnic group”和“nation”。虽然三者表面上在普通的词典中都有“民族”的释义，但在学术研究的语境中，通常可释为“人群”的“peoples”一词因族性特征最为淡化，故与后两个分别被译为“族群”和“民族”的术语判然有别。尤其是“nation”（民族）一词多用于在经过建构以后，民族意识业已完全具备，并与相应的民族国家认同相联系的人群共同体，故该词的适用时段一般是在近代民族主义自欧洲创出之后的特定时期。因此，罗氏对有关术语的选择性使用清楚地表明了她其实是完全赞同前述由柯娇燕提出的“民族晚生论”的。可是，在罗氏此文的中译文内，原文中的“peoples”（人群）往往被径直改译成民族，甚至其原文的“非汉人群”（non-han peoples）和“非汉地域”（non-han regions）也被有失原意地草草处理成“少数民族”和“少数民族聚居地区”，仿佛美中两国学者在选用“民族”一词去界定清朝的满、蒙古、汉等人群时存在着基本的共识。① 这对国内没有读过原著的读者造成的误导可想而知。可以说，在“新清史”话语体系的表述方式下，处于前民族阶段的“满洲人”（Manchus）往往取代了平时更为熟悉的“满族”（Manzu），甚至像欧立德这样一位在判断满洲人族性形成时间的问题上与柯氏存在分歧的学者后来也承认，截止到相当于清中期的18世纪，满洲旗人在转变为民族的长路上还只走了一

① ［美］罗友枝著，张婷译：《再观清代——论清代在中国历史上的意义》，刘凤云等编：《清朝的国家认同：“新清史”研究与争鸣》，北京：中国人民大学出版社，2010年，第1—18页。

半的路程，以后在20世纪才完全成为真正意义上的满族。[①]

那么下面就来仔细分析柯娇燕是如何具体讲述满、蒙古人群在清帝国中向着成为“民族”的终极目标一路挺进的。她关于蒙古人从人群转变为民族的观点从其发表的专文“制造蒙古人”（Making Mongols）的标题上即可窥知。不过细读之下，不难发现其中在关键之处存在生搬硬套时髦理论结果南辕北辙的硬伤。例如政治学家安德森关于近代民族主义在欧洲及其以外传播发展的经典《想象的共同体》中曾经提出了著名的“印刷资本主义催生民族意识”的学术：即重构民族历史文化传统的书籍作品的大量刊印会为民族主义的传播发展起到播种孕育的催产作用。[②] 柯氏显然很熟悉这一理论，故才迫不及待地在蒙古人的案例中寻找相似的证据。而另一方面作者对于蒙古史学史知识的一知半解又驱使她想当然地以为现在已经人尽皆知的13世纪成书的《蒙古秘史》必然是最符合条件的“民族主义著作”，因此她才无限拔高此书在清代对于蒙古人民族意识形成所起到的陶冶作用，竟然臆造说它在当时被重校和重印多次，以其流传广泛从而成为大多数清代蒙古史著作的蓝本。同时她还把另一部史籍《蒙古源流》的成书时间1662年说成是《蒙古秘史》的刊刻年份。[③] 事实上《蒙古秘史》直到清亡前夕的1908年才由湖南乡绅叶德辉在内地首次刊印出版，此前只有为数十分有限的写本流行，根本来不及为相关民族主义的火焰点燃提供任何基本的薪柴。千里之堤溃于蚁穴，由于整个命题的史实基石轰然坍塌，柯氏赖以立论的蒙古人族性晚生说也就成为空中楼阁了。

或许在“新清史”的辩护者看来，涉及蒙古人历史的领域毕竟不是柯氏用力最深的方向，因此在该问题上的论述不周未必就能彻底动摇乃至摧毁“族性晚生论”的根基。实际上柯娇燕倡导主张的满洲人由最初明清之际的文化共同体，到乾隆朝转变为种族（race），再到清末发展成为民族的

---

① M C. Elliot, “Ethnicity in the Qing Eight Banners”, in. P K. Crossley, H F. Siu etc eds. *Empire at the Margins: Culture, Ethnicity and Frontier in Early Modern China*, Univ. of California Press, 2006, p. 51.

② ［美］本尼迪克特·安德森著，《想象的共同体：民族主义的起源与散布》，上海：上海人民出版社，2005年，第38—47页（原书出版于1983年）。

③ P K. Crossley, “Making Mongols”, in. P K. Crossley, H. F, Siu and D. S. Sutton eds. *Empire at the Margins: Culture, Ethnicity, and Frontier in Early Modern China*, p. 72.

“三部曲”式的满洲民族生成模式，确实被有的学者认定为深具说服力和启发性的历史叙事，尽管被评价为在史实的具体运用上未臻精致与完美。然而对于这一模式，刘小萌研究员已在一篇概述性文章内简要分析指出：“有学者套用美国族群理论诠释满族形成，声称满族先是文化共同体，后来成为血缘共同体，与满族的历史实际显然凿枘不合。”① 那么柯娇燕原创的“三部曲”模式究竟是能够得到有效证据支撑的科学假说，还是如“制造蒙古人”一样，依然只是作者单凭一己私意憧憬畅想的空中楼阁呢？

以下笔者拟依据“论从史出，无征不信”的实证原则以对柯氏的这一民族生成的“三部曲”模式及相关命题进行检讨。首先，应当指出的是，在对有关模式进行解析时，有必要将催生这些宏大命题的学术渊源上溯到其发轫之初。此即柯娇燕在20世纪80年代相继发表的一组环环相扣、彼此关联的论文群。事实上，它们的基本结论完全构成了她在1989年以后出版的《孤军》（*Orphan Warrior*）和《透镜》（*A Translucent Mirror*）两书的立论基础，常常被她当作定论化的前期成果而在书中大篇幅地直接引用，并且还得到了深度的详尽发挥和拓展延伸。不夸张地说，如果没有这些结论做叙事铺垫的话，《孤军》《透镜》恐怕双双无以立说成书。因此，如果不对她的这些早期论述进行认真细密的省察，实际上就无法对两著所涉命题的适效性做出中肯有力的准确评判。可惜目前笔者读到的相关书评却毫无例外地对于这些早期论文的学术价值均未认真探析，仅仅局限于单就本书的内容开展归纳平议，可谓不寻其源，难求其末；不究其往，难测其来。为了纠正这一认知偏向，在起底“新清史”的学术渊源时，自有必要先返溯至20世纪80年代初。这相比或被称作“新清史”开端的罗有枝和何炳棣论战所发生的20世纪90年代中后期，无疑在时间上要早出许多。这些构成了《孤军》（此书最近已有中译本发行）和《透镜》叙事的源头活水的论文是（依发表时间早晚而定）：

1.《两个世界中的佟氏：13—17世纪的辽东—奴儿干地区的文化认同》。②

---

① 刘小萌：《清朝史中的八旗研究》，《清史研究》2010年第2期。

② P K. Crossley，“The Tong in Two Worlds：Cultural Identities in Liaodong and Nurgan during the 13th–17th centuries”，*Ch'ing-Shih Wen-t'i*. Vol. 4，No. 9，1983，pp. 21—46.

2.《清朝始祖神话序论》。①

3.《〈满洲源流考〉与满洲传统之定型化》。②

4.《乾隆朝对于汉军旗人的出身回溯》。③

## 第二节　试析《两个佟氏》所建构的历史叙事及其谬误

在这组论文中，正是其中的首篇之作《两个世界中的佟氏：13—17世纪的辽东—奴儿干地区的文化认同》（以下简称《两个佟氏》）成为奠定作者后来相关专著极力表述的满洲民族“三部曲”模式的第一块重磅基石。该文正标题是考察东北的佟氏家族，副标题则是揭示清朝入关以前围绕东北人群的文化认同问题。实际上，按其内容叙述，恰恰副标题概括的才是作者试图论证的中心观点，而佟氏家族在明清之交的际遇则是说明这一论点的最有效个案。该论点强调在明代东北地区，女真人和汉人（尼堪）的人群认同差异在于文化而非种族，女真人的特点是按照部落方式生活，多分布在辽东都司以北的奴儿干都司的地域内，使用女真语；汉人则与之相反，过着定居化的城居生活，主要位于在辽东都司辖区内，通行汉语。正因为双方的差别不在种族，所以被女真人称作尼堪的那些城居人口中实际上包括了众多在起源上和他们同出一脉（均为金元女真人后裔）的近亲，可是仅仅因为后者已经“去部落化”生活在辽东汉城内，又改操汉语，所以在奴儿干的女真人看来，他们已经不再和自己具有一种类似同胞族人般的亲缘关系，而是变成了名副其实的“尼堪”（汉人），表现在其文

① P. K. Crossley, “An Introduction to the Qing Foundation Myth”, *Late Imperial China*. Vol. 6, No. 2, 1985, pp. 13—23.

② P. K. Crossley, “*Manzhou yuanliu kao* and the Formalization of the Manchu Heritage”, *The Journal of Asian Studies*. Vol. 46, No. 4, 1987, pp. 761—790.

③ P. K. Crossley, “The Qianlong Retrospect on the Chinese-Martial (hanjun) Banners”, *Late Imperial China*. Vol. 10, No. 1, 1989, pp. 63—107.

化特征上处处与女真传统格格不入。其中最典型的此类案例就是后来在清朝康熙年间活跃一时的佟国维、佟国纲兄弟在明代的佟姓远祖。既然入关之前的女真（满洲）人是根据文化认同来维持其人群内部边界的，那么这一时期的他们应当被视作一个文化共同体，相应地处在作者概括总结的民族生成模式“三部曲”的第一阶段。

那么柯氏此文究竟是经过了哪些中间性的论证步骤才最终得出这一结论的？这些中间环节的推导从考证上来说是否严密呢？澄清这些疑点正是本文下面需要检讨解决的问题。首先从推理逻辑上看，柯氏命题的整个推导过程有些类似于形式逻辑中最为常见的三段论推理法，所谓的女真人趋于汉人化近似于三段论中的大前提，而佟氏先祖的个案则属于三段论中的小前提，大小前提密切啮合方才能够促使作为结论的相关命题矗立稳固。以下先来审查她是如何论证其中的大前提的。柯氏的论文架构为了证明部分女真人的汉人化，采取了以下的论述步骤：一，她认为明朝前期以今黑龙江省依兰县为中心的三万卫野人女真先是经历了一次大的分流，一部分女真人迁徙到了辽东，并以抚顺为中心形成定居的规模。二，而在同一期间，尚未内迁的另一部分原属于三万卫野人女真则继续向东转移到奴儿干之地，并维持部落化的形态，形成了继续保持女真文化传统的建州三卫。可以说，正是三万卫野人女真这一迁徙形成了她整个推理链条中的第一张骨牌。那么其史料依据何在呢？她所引用的文献证据系《明实录》卷一八九洪武二十一年（1388）三月“徙置三万卫于开元”条的有关记事：

> 先是，诏指挥佥事刘显等至铁岭立站，招抚鸭绿江以东夷民。会卫指挥佥事侯史家奴领步骑二千，抵斡朵里立卫，以粮饷难继，奏请退师，还至开元。野人刘怜哈等集众屯于溪塔之口，邀击官军。刘显等督军奋杀百余人，败之，抚安其余众，遂置卫于开元。

上引史料说得非常明确，明朝原本计划在今依兰县一带的斡朵里设置所谓的三万卫，可是由于粮饷补给难于实现，最后不得不改设于开元。按照明制，这里的三万卫属于卫所军事编制下面的一级单位，其直属人口则由世袭制下的军户成员（包含其家属）组成。对照该史料可知，原计划设置在斡朵里的三万卫是由调拨给侯史家奴的两千步骑士兵组成，其兵员来源实与世居此地的野人女真三万户无关。当然那里如果条件适宜的话，那么这两千人或将按照命令长驻斡朵里并安家定居，这样才能逐渐建立起“抚安”当地土著女真人的常态化卫所驻防体制。① 事实上却由于出现了难以克服的补给困难，这两千人马根本就未能在斡朵里完成戍守的任务，结果在1388年全部撤回到开元，设立了一个从地理位置上看名实不符的三万卫，故这里的三万卫绝非作为当地土著的女真三万户。后者是指元朝合兰府水鞑靼等路下的在今依兰县一带的斡朵里、胡里改、桃温三军民万户府，女真语称作移阑豆漫（“三万”之意）。而明朝和朝鲜方面也沿用三万户一名笼统称之。② 综上所述，《明实录》记载的此次内迁开元的事件仅关乎两千明朝卫所官兵而已，这与作为当地土著居民的斡朵里等女真三万户何干？故当时根本没有发生大量野人女真成员跟随明朝官兵一同迁徙来到辽东开元定居的情况。柯氏对《明实录》的解释全凭随心所欲，将由明朝戍边官兵组成的卫所体制下的三万卫与作为该地土著的女真三万户混为一谈，以为前者的内迁即意味着后者的西移入边，结果制造出一桩子虚乌有的野人女真大举迁徙内附的不实史实。③

作者认为同时（1388）所发生的另一部分女真三万户东移到奴儿干并形成了建州女真部落联盟的论断也系误解。实际上努尔哈赤的远祖，建州

---

① 关于明朝卫所制度对于疆土的实际管辖作用，参见顾诚：《明帝国的疆土管理体制》，《历史研究》1989年第3期。有关三万卫的代表性研究参看鞠德源：《从〈三万卫选簿〉看明朝政府对奴儿干地区的经营》，《文物集刊》1980年第2期；李鸿彬：《简论三万卫》，《社会科学战线》1990年第1期等。

② 贾敬颜：《〈龙飞御天歌〉所记的女真首领》，收入贾氏著：《东北古代民族古代地理丛考》，北京：中国社会科学出版社，1993年，第181—182页。需要指出的是，元代斡朵里等军民万户府的水鞑靼女真是不被看作野人女真的，而入明以后随着水鞑靼女真一名在明朝和朝鲜的史料中逐渐消失，相应地这些女真人也开始被泛称为野人女真。因此，元明时期所谓“野人”的所指各有不同。元代的水鞑靼女真和野人女真在分布地望的差别参看姚大力：《元辽阳行省各族的分布》，《元史及北方民族史研究集刊》第8辑，1984年。

③ 关于《明实录》三万卫所在的开元的位置，学界除了辽东开原城说外，还有将其比定在今吉林市东南方的他说。后者参看王锺翰：《明代女真人的分布》（初刊于1956年），收入王氏著：《清史新考》，沈阳：辽宁大学出版社，1997年，第6页。该文还认为三万卫是兀者野人、乞列迷、女真人三万卫的简称。

左卫都指挥使猛哥帖木儿早在洪武二十一年（1388）以前就开始向东迁徙到靠近朝鲜边界的地方，所以永乐三年（1405）《李朝实录》的记事称其人自述“我等顺事朝鲜二十余年矣”。大约在洪武十五年（1382）前后，他已经被明朝封为斡朵怜万户。[①] 因此，建州女真集团开始形成的时间明显早于1388年，只是被明朝正式设置为管控从今黑龙江省东南部到吉林省东北部及其东侧的建州卫（具有半羁縻性质）是在后来的永乐初年（1403）。而这些女真人无论是早先从依兰出发东迁还是后来成为奴儿干都司下的建州卫都与1388年的三万卫回撤开元无关。因此，柯娇燕整个推理环节的大前提完全落空。

下面再看所谓的小前提也即佟氏源流问题。柯氏引用了清初顺治年间佟国器重印的其先人《幽愤录》后附的目前所知时间最早的佟氏家谱史料：

> 始祖讳达礼，洪武十六年充小旗迤北征进。二十一年，赍开设铁岭卫榜文，前去高丽张榜，升总旗，节次招安奴儿干野人有功，奉钦依升与试百户，调三万卫右所。二十八年，前去忽剌温地面杀死野人一名，元配王氏。二世祖讳敬，袭授百户……

从中知其家族最早可溯至明初在东北卫所中效力的军官佟达礼。此人生平履历如下：他首先于洪武十六年（1383）明军北征时入伍并担任小旗，随后在洪武二十一年（1388）改戍铁岭卫，升任总旗，因担任镇抚奴儿干野人女真的百户军职，改戍三万卫右所，并于洪武二十八年（1395）在忽剌温参与剿灭野人女真。洪武十六年以前明朝在东北的势力范围尚局促于辽东一隅，到该年四月时由于原为元朝的海西右丞阿鲁灰差人到辽东请求内附，明朝始着手考虑经略阿鲁灰占据的松花江流域，但对于当时尚在海西以东的野人女真仍无暇顾及。其实直到洪武二十年（1387）六月纳哈出归降为止，明朝在东北投入的军事力量多用来对付作为北元残余的该

① 贾敬颜：《〈龙飞御天歌〉所记的女真首领》，收入贾氏著：《东北古代民族古代地理丛考》，第182页；王锺翰：《满族先世的发祥地问题》（初刊于1990年），收入王氏著：《清史续考》，台北：华世出版社，1993年，第13页。

股军阀势力。此后明朝方开始正式经略野人女真，继而于次年发生了在斡朵里设置三万卫未果故回撤开元的事。[①] 因此，直接导致佟达礼于洪武十六年（1383）入伍的历史背景系明军当时正着力用军事手段解决北元在东北的残余势力，并非用兵野人女真。

然而柯娇燕对佟达礼履历的分析结果却是，其人明显出自三万卫的女真人，而被明朝方面允许定居在辽东（Tong dali was clearly one of the Jurchen from the Sanwan wei who was permitted by the Ming government to settle in Liaodong）。此处柯氏又一次把明朝官兵组成的三万卫和野人女真三万户混为一谈，再加上她深信 1388 年发生了野人女真集体迁入辽东这件里程碑式的大事，所以才会设想作为清初佟氏一门的始祖佟达礼当年正是从依兰一带迁徙到辽东的众多野人女真人中的一员。事实上，根据其个人履历，佟达礼早先入伍应是参加明朝清除东北的蒙古残余势力的战事，降至 1388 年因这些残部已于上年最后投诚方被改派到铁岭卫去镇抚野人女真，此后则在镇压野人女真的反抗中有所作为。因此，早在洪武十六年（1383）已入伍服役的佟达礼即使本人确实源出女真，那么他的原籍地理应来自当时明朝早已控制多年的辽东或者正拟着手经略的海西，而绝非还远未与明朝发生直接关系的野人女真。所以，按照其履历所叙，明明是佟达礼先在辽东一带入伍服役，在对蒙古的战事结束后才被改派去管控野人女真，供职于奴儿干等地。而现在柯氏为了附会其说，竟然罔顾事实，宣称他一开始即出自野人女真，1388 年后才随着三万卫的内迁入籍辽东，纯属颠倒时空，漏洞百出，与已知史料的记载及有关历史背景完全矛盾，从基本观点到论证细节皆无一可取。

柯娇燕精心演绎的所谓佟氏家族史这才刚刚起程，随后她注意到明末后金崛起之际，佟氏名人多出于抚顺，所以她先是极其武断地把该地看作佟氏在辽东的唯一入籍城市，论文中动辄使用抚顺佟氏一语加以概括，而实际上该系佟氏族人在开原、辽阳也有支脉分布。[②] 不过她也意识到，《明

---

① 王锺翰：《明代女真人的分布》，收入王氏著：《清史新考》，沈阳：辽宁大学出版社，1997 年，第 5—6 页。

② 郑天挺：《清代皇室之氏族与血系》（原著于 1944 年），收入郑氏著：《清史探微》，北京：北京大学出版社，1999 年，第 22—27 页。

实录》的记事只是提到 1388 年的三万卫内迁开元，并无任何记载揭示抚顺与这次迁徙存在关系。于是，柯氏只好尽情发挥她以想象力治史的本领，浮想联翩地声称这些内迁的野人女真在到了开原、铁岭以后，又陆续转移到像抚顺这样更小、更远的城镇，甚至包括辽东的一些村庄里。在这一过程中，他们的职业身份不再局限于从军入伍一途，而是呈现出多元化发展的一面，尤以投资商业贸易，牟取丰厚利润著称，善于经商的抚顺佟氏即其中之一。以上演绎不啻创作出原系野人女真的佟氏先人继从斡朵里来到开原、铁岭以后又辗转入居抚顺安家的徙家三部曲，最后又从龙入关，权重一时。可惜正缘于没有史料来支撑，所以她精心编织的这一佟氏入关之前的历史叙事在正文下面始终无法列举出哪怕一则足证其说的参考文献注释，无论是基础性原始文献还是二手性研究成果。①

柯氏文中另外一处使人相当惊诧的论断是她认定以佟答礼为始祖的抚顺佟氏和努尔哈赤家族存在血缘上的远亲关系，两者的族源均是 1388 年三万卫女真"大迁徙"之前斡朵里万户府下的某一女真大族，这也无怪乎她会选用"两个佟氏"这样的表述作为其文的正标题。这一论证除了依托一场并不真实存在的三万卫"大迁徙"的民族分流作为历史背景之外，更主要的是她以文献中提到的努尔哈赤起初曾自称佟姓和其远祖猛哥帖木儿冠

---

① 顺治以后，清代佟氏后人的传记谱牒中多称发迹于后金时代的佟养正（真）家族是在其祖达尔哈齐时因从事贸易寓居开原，而后迁来抚顺。唯在达尔哈齐的生活时代上却说法不一，有的称其为佟养正祖父（钱大昕《潜研堂集》卷三七所收其在史馆所做的《佟国纲传》），还有的则上溯到时间更早的 15 世纪前期，称其始祖达尔汉图墨图，同东旺（康旺）、王肇舟和索胜格等来往近边贸易，先后寓居开原、抚顺（雍正十年镶黄旗汉军世职家谱等），虽然互相抵牾不合，但均在刻意回避早期顺治年间佟氏祖谱中因籍贯出身莫详，无以确定为女真族属的始祖佟达礼。其中后说漏洞尤其明显。查考《东夷考略》，永乐元年奴儿干野人四酋康旺、佟答剌哈、王肇州、琐胜哥一同归附明朝，以后朝廷遂设奴儿干都司。是知顺治以降，佟氏后人为了坐实其家族的女真背景，极力把祖先攀附成原为奴儿干本地酋长以后成为都司武官的佟答剌哈，从而试图掩盖洪武年间三万卫军官佟达礼本为其先祖的事实。然而晚期佟氏族人所述的达儿哈齐的身份、经历、居地皆与佟答剌哈的本人情况无以勘合，傅会缝合痕迹历历可见。其实郑天挺早就推定达儿哈齐的始祖事迹出于佟氏后人伪托，所作辨析参看郑天挺：《清代皇室之氏族与血系》，第 23—24 页。稍前朱希祖也已指出《八旗满洲氏族通谱》所记佟氏源出佟答剌哈的记载有误，应当修正为佟达礼。参看朱氏著：《后金国汗姓氏考》，收入《庆祝蔡元培先生六十五岁论文集》（上），南京：中央研究院，1933 年，第 44—45 页。唯康熙四十年序《佟氏宗谱》仍将佟达礼列为始祖，该宗谱以后在民间一直收藏流传到民国时期，所记佟家人物的谱系关系参看冈本さえ：《清代禁书の研究》，东京：东洋文化研究所，1996 年，第 556 页。看来在叙及祖源时，佟氏后裔保存流通的内部族谱与其对外上报宣称的官方性世系并不一致。

以童姓为立论基础，遂以相信努尔哈赤家族本为佟姓为出发点，按照早先朱希祖“佟姓同源论”的推理提示，断定这支佟氏和佟达礼族人在血缘上共承一脉，只不过在经历了1388年的那次明代女真历史上分水岭似的大分流之后，一支入明发展为“尼堪”，终以抚顺佟氏闻名；另一支却成为继续保持其部落文化传统的建州女真，直到其后裔建立后金国，改姓从佟氏名称中衍化出来的爱新觉罗氏。

撇开其赖以奠基的1388年“大迁徙”之说的虚幻性不谈，柯氏这里的所有论证都是经不起任何推敲的。首先，无论是汉族或少数民族，“同姓不同宗”的情况比比皆是，但凡经过严格学术训练的历史学者很少会采取仅以姓氏定其同源的推理思路，以大胆构建人群流动迁徙的历史。朱希祖早年因所见佟氏人物资料十分有限，故仓促结论为“明代辽东著名之佟氏，仅有三派，其远祖必相同也”[①]。其实翻检稍后张鸿翔根据明朝东北卫所选簿所作的非汉人军官姓氏统计，可以清晰地发现明朝东北籍的佟氏武官人数众多，源流家世出身各异，乃至出自不同家支而姓名雷同者也数见不鲜，甚至还有一些佟姓人物的出身被选簿记作与女真相区别的“山后人”。[②] 凡此种种，皆可证实朱氏当初推测之非。相反，当佟达礼的八世子孙佟卜年因故被捕下狱并面临与建州努酋同出一源的嫌疑指控时，自陈力辟同宗一说之非：“卜年之姓，如姓张姓王之类。辽东二十五卫姓佟者，不下数十家，已非一族”，仅供认“卜年不幸，与佟养性同族”，此皆庶近佟姓之真相。而为柯娇燕所张大的朱希祖的卜年辩解均系遁词一说则未得其实。事实上，明廷后来在议定卜年罪名时，卒以佟养真近族论以流刑，迄未坐实其与努酋同宗的指控，是“明廷上下深知佟氏之世居辽东，确为汉人，不能以诬”。[③] 柯氏不察，反以为随后其人病死狱中系相关指控证据有力之后果，诚属误解史料记载。

---

① 朱希祖：《后金国汗姓氏考》，收入《庆祝蔡元培先生六十五岁论文集》，第52—53页。

② 张鸿翔：《明代各民族人士入仕中原考》（完成于1936年），北京：中央民族大学出版社，1999年，第107—110页。其中的山后人或指金元以来华北地区因邻近草原而深受北族文化影响，故娴熟弓马、惯于征战的边地汉人，故在明初作为和普通汉人不同的群体屡屡被纳入卫所体制下服役。参见奇文瑛：《明代卫所归附人研究》，北京：中央民族大学出版社，2011年，第17—19页、第31—34页。因佟达礼在洪武十六年（1383）即早早入伍，似乎也不排除有来自山后的可能。

③ 郑天挺：《清代皇室之氏族与血系》，第25—26页。

此外在涉及辽东佟氏的问题上，即以主张猛哥帖木儿本为童（佟）氏的三田村泰助而言，他指出该支建州佟氏实际上的正确名称应该是董氏，译自女真人的 donggo，这与部分佟氏可能出自的佟佳氏（dunggiya）在起源上完全不同。而且，所谓的佟佳氏在东北分布范围甚广，按照其原居地至少可以分为四大支系，很难说他们皆出一源。[①] 其次，现在学界一般认为，猛哥帖木儿一系的真正姓氏就是觉罗氏，而其冠名的童（佟）氏属于冒姓而已，后来在万历四十年（1612）创制了和一般觉罗氏存在人为区别的爱新觉罗氏。[②] 觉罗氏的起源或可上溯到金代女真的交鲁氏。[③] 而猛哥帖木儿一族的发源地虽然学界存在争议，但不出黑龙江中游和长白山两说。[④] 这在地理上和各支佟氏的世居地也不吻合。至于柯氏将觉罗（Gioro）一名在对音上和金代的夹谷氏（金元时相继改作彼此音近的同氏与仝氏，清人将其看作瓜尔佳氏前身）勘同也系穿凿附会，因两者的读音根本不同。故觉罗一名绝非从佟氏中演化而来，两者的源流截然不同。所谓“两个佟氏”的立论不啻捕风捉影。

还要强调的是，柯氏其文对15世纪建州女真的史实叙述也多有舛误。她认为在1388年女真三万户的大分流中，斡朵里部的阿哈出（李思诚）率众南下图门江流域。后来当1403年建州卫设立即主要依靠其子释家奴（李显忠）。而在1388年的迁徙中，后来形成的建州女真斡朵里和桃温分裂成了两大集团，一部分由佟猛哥帖木儿统率向东徙居到珲春，而阿哈出带的另一支则西移婆猪江流域。前者在15世纪早期进一步迁入朝鲜北境的斡木河流域。当他与其子在1433年被七姓野人所杀后，其同父异母弟凡察

① 三田村泰助：《清朝の开国传说とその世系》，收入三田村氏著：《清朝前史の研究》，京都：同朋舍，1965年，第10—17页。

② 神田信夫：《爱新觉罗考》（初刊于1990年），收入神田氏著：《清朝史论考》，东京：山川出版社，2005年，第3—11页。

③ 金启孮：《爱新觉罗姓氏之谜》，收入金氏著：《沈水集》，呼和浩特：内蒙古大学出版社，1992年，第195—198页。还有学者认为，努氏一系实际来自觉罗氏下的觉尔察支系，参见敦冰河：《清太祖努尔哈赤族属考——兼论觉尔察氏与爱新觉罗氏的历史渊源》，《清史研究》1999年第3期。

④ 关于以上两说，分别参见 Matsumura Jun（松村润），“On the Founding Legend of the Ch'ing Dynasty”, *Acta Asiatica* 53/1988, pp. 19—22；王锺翰：《满族先世的发祥地问题》，第15—19页。也参见敦冰河：《努尔哈赤祖居地考》，《满族研究》1996年第4期。

带领余众在1436年抵达了婆猪江，经过了一番权力之争后长久地归附于建州李满住及其后人。随后不久，建州卫再度分裂成猛哥帖木儿之子董山的左所和凡察的右所。而佟佳氏即肇源于这些入居婆猪江的佟猛哥帖木儿族人后裔。

她所重构的这段历史叙事需要纠正的错讹极多。首先阿哈出不是斡朵里万户府而是胡里改万户府的首领，他在朝鲜史料《龙飞御天歌》中被称作火儿阿（胡里改）豆漫古论阿哈出。[①] 因此，认为后来的建州卫只是以斡朵里和桃温两万户府为基础的说法亦误。其次，以阿哈出为指挥使的建州卫在1403年设置时，地望即在今珲春以东的中俄边境一带的故元开元万户府。[②] 建州卫在此地的时间一直延续到1423年。而猛哥帖木儿在洪武十余年时从依兰迁徙到今朝鲜咸镜道阿木河流域之前并未在今珲春一带中途停留过。[③] 柯氏由于笃信1388年大迁徙之说，因此在猛哥帖木儿迁徙的时间和方位上连续出现了误判。故15世纪初期建州女真的两大集团李氏和童氏分别活动在故元开元万户府和朝鲜咸镜道阿木河流域。稍后在永乐十年（1410）前后又形成了以猛哥帖木儿为首的自立于李氏建州卫以外的建州左卫。[④] 由此形成了建州卫与建州左卫两相并立的态势。最后建州卫迁徙入驻婆猪江则是李满住担任首领的1423—1424年，远非其祖阿哈出的时代。在1433年猛哥帖木儿被杀以后，李满住加紧了对其余部的笼络和争取的工作，积极吸引建州左卫前来婆猪江定居，并最终在1440年而非柯氏宣称的1436年迎来了原左卫余部凡察等人的投奔。[⑤] 在建州左卫迁来婆猪江一带后，其内部又发生了凡察和猛哥帖木儿另一子董山的争印纠纷，最终导致明朝于正统七年（1442）复从左卫中分出右卫专任凡察统领，其辖地

① 贾敬颜：《〈龙飞御天歌〉所记的女真首领》，收入贾氏著：《东北古代民族古代地理丛考》，第182—183页。

② 孟森：《建州卫地址变迁考》（初刊于1932年），收入孟氏著：《明清史论著集刊正续编》，石家庄：河北教育出版社，2002年，第22—31页；郭毅生：《明代建州卫新探》，《北方论丛》1979年第3期。

③ 董万仑：《建州女真定居阿木河研究》，《黑龙江民族丛刊》1990年第3期。

④ 孟森：《建州卫地址变迁考》（初刊于1932年），收入孟氏著：《明清史论著集刊正续编》，石家庄：河北教育出版社，2002年，第35—37页。

⑤ 吴晗：《〈朝鲜李朝实录〉中之李满住》（初刊于1935年），收入《吴晗史学论著选集》第一卷，北京：人民出版社，1984年，第524—527页。

即以后努尔哈赤家族发迹的兴京一带。柯娇燕大概对建州卫所制度及其演变皆不了解，误将均从建州左卫分出的左右两卫理解为从建州卫分出的左右所。而佟佳氏实非猛哥帖木儿的所谓佟氏，前引三田村泰助文已详辨之。

柯氏在她自视圆满地解决了抚顺佟氏的渊源关系后，迫不及待地将这一认识加以推广。由于抚顺佟氏在明清之际被编入八旗汉军，所以她极为自信地宣布皇太极时期成立的以辽东汉人为主的汉军中有很大一部分人都和佟氏一样，他们的祖先本是女真，但因后来迁居辽东并经历了文化转型而成为“尼堪”，所以在东北地区，汉人和女真仅具有文化上的差别。其实“辽东之地，自古以来，为夷、汉杂居地区。佟氏最初本为夷族，后来渐受汉化，家族既众，其中自有受汉化深浅之分别。佟卜年一家能由科举出身，必是汉化甚深之支派，佟养性、佟养真等为明边将，当是偏于武勇，受汉化不深之房派”。[①] 陈寅恪先生的独具只眼相较柯娇燕因刻意求新却在论据上网漏吞舟的观点来说，在立论上更显平实稳健，也更为深刻有力。其一，陈先生明确揭示了辽东自元明以来长期存在的汉人女真人混居融合的背景特征，这一解说完全符合基本历史事实，而没有像柯氏那样极其主观地虚构出一场把大量野人女真裹挟卷入辽东地区的迁移风暴。其二，他同时准确概括出辽东地区民族融合中所出现的以汉化为主流的社会现象，并切实做到整饬之下，又有区分。相比之下，柯氏却自始至终回避正视这种文化交往中的汉化主流，所以在解释女真人变成“尼堪”的原因时，只能套用几个公式化的暧昧术语敷衍了事：定居、城市化、去部落化等，仿佛在辽东以外的东北地区，女真人及其先民自古以来都只过着一种游牧化、部落化、不知城居为何物的原始生活一样。而只要稍稍留意有关渤海国和金朝时期，吉林、黑龙江两省和俄国滨海地区的蔚为大观的考古发现，就能发现这种看法有多么无稽。同样当她任意使用“部落化”这样的词语时，似乎并不清楚女真—满洲人的最具民族特征的社会组织形式是以氏族为基础的哈拉—穆昆制（hala mukūn），而非一般意义上的部落。当然就更不可能指望其像陈氏那样结合佟氏族人的具体史实深加辨析并总结

① 陈寅恪：《柳如是别传》（下），上海：上海古籍出版社，1980年，第981页。

规律。因此，尽管柯氏的文化共同体理论粗看之下和陈先生平生主张的“种族文化观”在某些提法上似曾相识，但实际上却多呈拼凑证据、架空立说、不得要领、结论苍白。两种史观的学术境界和批判精神高下分明，难以等量齐观。

柯氏本文中重构的佟氏家族历史的最后一站则是入关以后其作为汉军大族所经历的回归满洲，也即“三部曲”中第二部的上演，以此说明满洲文化共同体所发生的裂变。作者精心选取的历史场景是康熙二十七年（1688）佟国纲上疏以先祖达尔哈齐原系女真为由，请求将其家由汉军改回满洲，最后得到允准，但仅限于佟国纲、佟国维两家。作者对此事的解读可概括为：一，这一请求的获准实际上是以后乾隆朝弃绝文化标准，改以种族来重新定义满洲做法的前奏，显示入关以后清朝在族性意识形态的建构中，已经开始寻求全新的人群认同标准。二，佟氏申请改回满洲其实正是所谓“抚顺尼堪”汉军群体希求重获满洲身份的一个缩影。该群体成员大多和佟氏具有相同的家世背景：种族上起源于女真，来到明属辽东以后成为尼堪。虽在康熙一朝只有佟氏兄弟等个别特殊家庭如愿以偿，但到乾隆朝则正式确定了以种族起源作为满洲身份的新认同标准后，他们通通改隶返归满洲旗分。随着乾隆年间新旧标准一举完成了彼此的相互取代，终于导致满洲由文化共同体改造为种族共同体。不妨说她主张的“三部曲”的第二部奏响于康熙，终曲于乾隆，几与整个“康乾盛世”相始终。

令人遗憾的是，以上解读皆为误读。清史学界在佟国纲请求改隶满洲一事上已有深入研究并多存共识，最基本的结论是将此事定性为开以后“抬旗”之先例，根本无关满洲认同标准的变化。[①] 试析如下：首先，将佟氏此举归入“抬旗”的类型之一始自清人吴振棫的概括，可见清人对此事性质已有明晰认识。[②] 其次，柯氏相信这次改隶使佟氏兄弟由汉军旗分进入满洲镶黄旗下。然而郑天挺先生早就指出，当康熙将此议交户部处理解决时，户部的处置方案是将国纲族人改归满洲，却仍留于汉军旗下。此点显示朝廷实际上采取的是折中处理佟氏的请求，且不取以其先祖血统来界

① 王锺翰：《满族八旗中的满汉民族成分问题》，收入王氏著：《清史续考》，第 62—63 页；杜家骥：《八旗与清朝政治论稿》，北京：人民出版社，2008 年，第 325—328 页。

② 吴振棫：《养吉斋丛录》，北京：北京古籍出版社，1983 年，卷 1，第 2 页。

定满洲旗人的做法，因为若照此标准实行，则佟氏其他各支族人势必都将享受抬旗对待。皇帝的恩准也只是考虑到佟氏兄弟当时具有的外戚舅氏身份，故将相关殊遇推于乃父佟图赖一支，并不泽及其余族人（因康熙生母即图赖之女）。[①] 而且郑氏在写作此文时已经看出晚出清朝文献中关于佟图赖一支最终归属的旗分记载颇有含混，改入满洲镶黄旗的说法尚待确证。惜囿于其时史料所见，未能得出确凿结论。辨析至此，即知仅以柯氏此文发表的时间而论，其说已落伍于当时清史研究的水准，所谓的认同标准转移之说断难成立。不过，对其观点最致命的证据还是后来侯寿昌先生终于从现存旗务档案中查考出，佟图赖一支的“抬旗”事实上发生在佟国纲上疏之前近20年的康熙八年（1669），系从原属下五旗的正蓝旗汉军抬入上三旗下的镶黄旗汉军而已。而康熙二十七年（1688）上疏的结果只是朝廷允许该支佟氏改称满洲，但在所归旗分上仍然使其附于镶黄旗汉军名下，事实上成为无具体的满洲旗分可以对应隶属的纯粹名义上的“满洲”。换言之，朝廷对之是仅赏其名而拒予其实，以致其后人镶黄旗汉军身份降至清末亦无变更。故有些文献记载中的该支佟氏改隶镶黄旗满洲的说法实属讹传。[②] 这一重要发现既完全消除了先前郑先生产生的疑惑，更使柯娇燕的前述观点彻底丧失了被纳入学术考虑的可能性。

除此之外，柯娇燕将抚顺佟氏与所谓的“抚顺尼堪”相联系的解读也属谬误。首先应该明确的是，抚顺佟氏虽然支脉众多，但在明清之际多被编入外八旗汉军的旗分，遂形成一般意义上所说的汉军正身旗人（乌真超哈），不入满洲旗分之列。然而，所谓乾隆年间通过官方修谱被正式接纳的“抚顺尼堪”却恰恰相反，按照此时成书的《八旗满洲氏族通谱·凡例》所述：“蒙古、高丽、尼堪、台尼堪、抚顺尼堪等人员，从前入于满洲旗分内历年久远者，注明伊等情由，附于满洲姓氏之后”，可知有资格列入《通谱》的这些有汉人背景的尼堪、台尼堪、抚顺尼堪家族一直都是满洲旗分下的具有一定人身依附性的旗人群体，这与外八旗汉军的身份性质截然不同。因此，以上三类“尼堪”并非与佟氏境遇相似的汉军正身旗

① 郑天挺：《清代皇室之氏族与血系》，第26—28页。

② 侯寿昌：《辽东佟氏族属旗籍考辨》，收入中国第一历史档案馆编：《明清档案与历史研究》（上），北京：中华书局，1988年，第367—369页。

人（乌真超哈），其中的“抚顺尼堪”显系后金当初占领抚顺后曾劫掠为奴，编入满洲八旗的那一部分汉人的后裔。同时也缺乏证据显示这些丧失了人身自由的抚顺平民多像佟氏族人那样，原系已经汉化的女真后裔。正因为这些“尼堪”从始至终生活在满洲旗分下，所以《八旗满洲氏族通谱》编修时才将他们也列入其中，算是正式承认该群体具有一种“准满洲”的身份地位，故当时逐渐实施的“出旗为民”的规定也不适用于他们。因此，柯氏设想的乾隆时期“抚顺尼堪”群体最终从汉军各旗改隶满洲旗分的判断又与事实完全相左。这样她所苦心构建的满洲民族生成模式“三部曲”的第二部，正如此前的第一部那样，一旦与基本的历史史实当堂对质，即显现出空中楼阁的原形，沦为绝无指望成立的谬见。

现在终于可以给柯娇燕“新清史”工程的首块奠基石“两个佟氏”下一简明结论：她的“三部曲”模式固然设想恢宏，可惜就该文的具体实践来看，委实与实证史学存在着天渊之别。其构建的整个历史叙事最初竟肇始于一场虚妄不实的1388年野人女真分流大迁徙，而在随后的一连串递进推导过程中，几乎每个中间环节都出自作者对史料的严重误读或一厢情愿的任意臆想，以致每每推理到下一关节时，就会无法避免地滋生出新的错误论据，并且前面环节的种种失误照样延续甚至还被衍生放大。不妨说这一看似雄辩诱人的宏大叙事完全是凭借多重错误数据链彼此叠加啮合才得以累积形成的，从而“蝴蝶效应”般地产生出作者寄予厚望的“三部曲”结论，多年以后再进一步延伸为《孤军》和《透镜》的立论基础和再出发点。故前引刘小萌先生对该模式的观察评价是客观、平实而精准的。

## 第三节 试析《清朝始祖神话序论》所建构的历史叙事及其谬误

柯氏随后发表的《清朝始祖神话序论》（以下简称《始祖神话》）也是一篇对于其后续论著相当重要的前期成果。正如题目本身所揭示的，该文考察的是清朝始祖神话问题。对于探寻清朝前史来说，本课题的重要性毋庸置疑。不过，该文因其引用史料的二手性，难免会在学术性上让专业人士深感意外。显然，既然是分析研究清朝始祖神话，那么研究者自有必要追溯出记载该神话的最早史源。然而柯氏通篇行文中引用的关于这一神话的最基本史料却是迟迟于民国年间才成书的《清史稿》卷一的有关部分，仅在个别注释中才略微提及《东华录》和《满洲实录》的对应记载。《清史稿》的清朝始祖神话文本不仅成书时间最晚，而且在具体介绍从始祖布库里雍顺到肇祖孟特穆的传说事迹时，相关内容也失于简略，明显属于一种后出的文本删节类型。对于任何专业领域的研究者来说，在有选择余地的条件下，径直选取成书时间最晚（虽然也许是最方便到手）的史料作为自己的立说基础，实乃史学研究之大忌。具体到清史领域，即以其文发表的1985年而论，作者在处理本课题时所采取的以上做法能够反映当时清史专业的研究水准吗？

答案自然是否定的。首先记载清朝始祖神话的传统史料自以《太祖实录》为基础。这一点从20世纪早期，清史研究起步不久后即成为学者之共识。而要正确评估始祖神话所蕴含的史学价值，当然离不开对《太祖实录》成书过程的研究。到20世纪中期，中日学者基本从传统史料学的角度理清了其成书的经过及现存的版本情况。[①] 在此基础上，学界普遍重视北京故宫博物院20世纪30年代初期排印的成书时间较早的汉文本《清太祖武皇帝实录》，其次才是更为通行的修成时间晚至乾隆初年的《清太祖高皇帝实录》。当时孟森即主要以前者为据，专门研究过其中的布库里雍

① 代表性论文有：内藤虎次郎：《清朝开国期の史料》（1）—（2），《艺文》卷3，11—12号，1912年；今西春秋：《清三朝实录の纂修》，《史林》第20卷第3号，1935年；方甦生：《清太祖实录纂修考》，《辅仁学志》卷七，1938年；《清实录修改问题》，《辅仁学志》卷八，1939年；鸳渊一，户田茂喜：《罗氏所藏の草本日记档に就いて——努尔哈赤实录改修过程の一稿本の研究》，《满洲学报》第8—9合期，1944年；三田村泰助：《清太祖实录の纂修》（初刊于1959年），收入三田村氏著：《清朝前史の研究》，第363—380页；达力扎布：《〈清太祖武皇帝实录〉版本浅议》，收入王锺翰主编：《满学朝鲜学论集》，北京：中国城市出版社，1995年，第25—56页等。其中今西春秋1935年发表的论文大致奠定了清史学界讨论这一问题的基础。

顺始祖神话和清太祖告天“七大恨”之内容。① 此外乾隆时期的三体合璧《满洲实录》实际上是根据入关前的崇德本重抄，并参照了顺治本才最终成书的，尤其是其中的满文对照部分，对于研究始祖神话颇富征引价值。因此，即以20世纪前中期的清史研究现状而言，考察清朝始祖神话当以顺治本《武皇帝实录》的相关记载为主，兼采对比乾隆时的《满洲实录》和《高皇帝实录》的同类记述。这才可以说符合最基本的史源学要求。相比之下，柯氏以《清史稿》为主的做法就显得在史料选取上太不专业，而这又源于她对学术界关于《太祖实录》成书与版本流变的相应知识了解得过于稀少。

其次或更为关键的是，至20世纪70年代前后，非常珍贵的满文原始史料《天聪九年档》的再发现与利用使国际清史学界对于该神话的研究步入全新的境界。② 松村润最先认识到《天聪九年档》五月初六的记事中完整叙述了清始祖布库里雍顺来历的传说，③ 此即刚刚归顺了后金的虎尔喀人穆克西科所述：

> 吾之父祖世代生活于布库里山下布勒霍里湖。吾之地方未有档册，古时生活情形全赖世代传说流传至今。彼布勒霍里湖有天女三人——恩库伦、哲库伦、佛库伦前来沐浴，时有一鹊衔来朱果一，为三女中最小者佛库伦得之，含于口中吞下，遂有身孕，生布库里雍顺。其同族即满洲部是也。布勒霍里湖周百里，距黑龙江一百二三十里……

松村润将其与《武皇帝实录》等中的同一故事做了比较，指出顺治重

---

① 孟森：《清始祖布库里英雄考》，《中央研究院历史语言研究所集刊》3卷3期，1932年；《清太祖告天七大恨之真本研究》，《北京大学史学》第1期，1935年。唯孟森相信原藏北京故宫，后被排印出版的武皇帝实录即崇德初纂本，实际上该本属于顺治重修或重缮本。

② 记录完整的《天聪九年》档于1935年发现于北京故宫博物院，后来被运往台湾。台北故宫博物院在1969年将其与1930年代发现的其他满文原档一同以《旧满洲档》的书名刊行。以后日本东洋文库本在1972、1975年连续出版了两册译注本。国内于1987年出版了其汉译本，即关嘉录、佟永功、关照宏合译：《天聪九年档》，天津：天津古籍出版社，1987年。

③ 其汉译本参看关嘉录、佟永功、关照宏合译：《天聪九年档》，第55—56页。

修《太祖实录》中的开国神话的原型即《天聪九年档》中的该故事，同时也有可能更早的崇德初纂本业已将此故事纳入其中，惜已无法证实。他还根据清代舆图资料推断所谓的布库里山是在黑龙江中游北岸。① 稍后他又发表论太祖武皇帝实录编纂的专文，继续重申补充先前的有关看法。② 松村氏的总体倾向是认为皇太极以前，努尔哈赤家族可能并不掌握相对完整的布库里雍顺起源神话，因此《天聪九年档》记录的该故事应当是它最早的文本形态，其成为日后实录纂修时编写开国神话的基础。

包括《天聪九年档》在内的《旧满洲档》的刊布和松村润论文的发表，很快引起了美国专治中国古代先秦文学史及满学的汉学家杜润德的注意。他于 1979 年发表论文，概述翻译了这一新材料，并简要介绍了松村润的研究。该文重点比较了《天聪九年档》和《满洲实录》中布库里雍顺故事的详略差异，在总结该故事母题特征的基础上，从口承故事和书面文学的各自特点对其相关差异进行了解释。文中最后对于皇太极此前不知晓这一故事的论断持保留观点。③ 杜氏大概是最早研究这一新资料的欧美学者。意大利满学家斯达理随后也发表相关札记参加讨论，他基本认可松村润的研究结论，倾向于在天聪九年（1635）以前，后金统治集团确实有可能并不知道这一传说，而在穆克西科向皇太极讲述之后，才着手将其整合入自己的国史中。④ 因此，在柯氏论文发表的 1985 年之前，单以欧美学术界而论，已经出现了用英语和德语详细介绍《天聪九年档》相关传说的专业论文，更不用说时间更早的日文研究了。令人十分不解的是，这些极其重要的研究报告连同已经刊布了十多年的《天聪九年档》本身竟然都没有出现

① Matsumura Jun, “The Ancestral Legend of the Manchu Imperial House”, in. Ch'en Chieh-hsien（陈捷先）ed. *Proceedings of the Fourth East Asian Altaistic Conference*, *Taipei*, *Dec.* 26 - 31, 1971, pp. 192—195；松村润：《清朝の开国说话について》，收入《山本博士还历记念东洋史论丛》，东京：山川出版社，1972 年，第 431—442 页。

② 松村润：《清太祖武皇帝实录の编纂について》，收入《榎博士还历记念东洋史论丛》，东京：山川出版社，1975 年，第 425—428 页。

③ Stephen W. Durrant, “Repetition in The Manchu Origin Myth as A Feature of Oral Narrative”, *Central Asiatic Journal* 23/1979, pp. 72—83.

④ G. Stary, “Mandschurische Miszellen. Ⅰ: Über die Fälschung des Ursprungs-Mythos des mandschurischen Kaiserhauses ”, in. *Florilegia Manjurica in Memoriam Walter Fuchs*, Wiesbaden: Harrassowitz, 1982, pp. 76—79.

在柯氏此文的正文及注释中。按照常理，即使柯娇燕因语言关系不大熟悉日、德语论文，那么她至少应该对本国学者杜润德的英文成果并不陌生。事实却是，她连后者的文章也未提到。① 看来，柯氏对国际满学界进展动向的掌握实在是太过有限。难以想象，如此做派会出现在一位平素向来以强调满文资料重要性过于汉文的资深的专业满学家身上。读者或有理由质疑，她对满文资料的真实态度是否带有叶公好龙的色彩？要之，作者在本课题上以《清史稿》为基本史料的做法直接暴露出其在清史尤其是满学修养和训练上的薄弱与欠缺。

以下再来分析其文具体得出的相关结论。柯氏此文最基本的论点是，在明代辽东以北的东北地区，女真（满洲）与蒙古在文化与种族上的混杂现象十分严重，以致有时几乎不能明辨孰为前者，孰为后者。有必要强调的是，正是这个可以视作变相的“族性（ethnicity）晚生论”的观点一直贯穿到20多年以后她所撰写的断言蒙古民族性极晚才塑造成形的论文中，真可谓道恒不变，一以贯之。而为了“证明”当时东北地区长期具有的这种足以阻碍族性发育的人种——文化混杂性，她特地选取清开国神话作为研究的突破口。相关基本思路其实早在“两个佟氏”中就已有所表露。该文在未提供明晰证据的前提下（当然也确实无法找到），极为自信地声称位于今依兰一带的元明之际的女真三万户深受兀良哈蒙古的影响，理由是当野人女真迁徙到朝鲜边境时，李朝方面即称这些女真人为兀良哈。② 看来在处理人群源流问题上，作者这时又从当初判定“两个佟氏”同出一门的“同姓同宗论”原则向“同名同宗论”原则游移，故将朝鲜北部的兀良哈人与兀良哈三卫直接比附。

然而，自20世纪以来，研究明代东北史的学者专家虽然人数众多，但却鲜有将两者直接联系者。相反，他们大多主张朝鲜史料中的兀良哈绝非大兴安岭东—南一侧的由泰宁、朵颜、福余构成的兀良哈三卫。前者是女

---

① 仅在该文的注释25中，柯氏才提到他从中国学者孙文良、李治亭合著的《清太宗全传》（1983年出版）中获悉有满文史料称1635年“黑龙江高原”（Heilongjiang highlands）的野人（wild men）部落知晓这一传说。大概由于对其具体内容不知其详，柯氏错误地将这一史料记为根本没有记载此事的“满文老档”（*manwenlaodang*）。由此可见她对该研究信息掌握之滞后。

② P K. Crossley, “The Tong in Two Worlds: Cultural Identities in Liaodong and Nurgan during the $13^{th}$-$17^{th}$ centuries”, p. 33.

真人或其亲属，系满—通古斯语族成员；后者在元明之际已是较为典型的蒙古人。欧美明代蒙古史研究权威司律思为了防止西方读者弄混淆，在其关于明初女真人的专著中提到女真系兀良哈人时径直用“假兀良哈”(pseudo *Uriyangqad*) 这样的表述，还曾特地写了一则注释以澄清两者的区别。① 其实“兀良哈”(*Uriyangqad*) 一词并非民族专名，只是通古斯语“山林中人”之意，用来指代生活环境类似彼此却未必有关的各森林部族。② 因此，如果以同名为由，断定不同记载中的兀良哈之间必定有起源关系，那无异于宣布所有北亚—东北亚的“山林中人”皆出一源，显然经不起事实检验。何况朝鲜史料中并未像柯氏想象的那样，将兀良哈与冠以佟姓与李姓的建州卫集团随意相混，只是有时笼统地皆以野人称之。实际上关于这些频繁见于李朝史料的兀良哈部，早有学者做过专门研究，将其大体比定为明、清与朝鲜之间的女真瓦尔喀部。③ 上述瓦尔喀（兀良哈）人在明代属于毛怜卫下的女真集团，分布在从朝鲜北部到今吉林南部的区域内，对明和李朝常保持政治上的两属臣服关系。④ 他们与原居依兰一带，后来发展为建州卫的三万户女真在起源和分布上截然不同。因此，柯氏自信可为定论的出发前提一开始又是建立在完全错误的基础上的。

那么《始祖神话》在确信女真三万户与兀良哈三卫的相互混合性这一错误前提的基础上又做了哪些进一步的递推呢？她将“三万”(ilantumen) 或“三姓”(ilanhala) 中的数词‘三’作为问题切入点，极其主观地把它与兀良哈三卫中的‘三’联系起来，认定所谓的三万或三姓实际上指涉的就是兀良哈三卫联盟（Sanwan was for a time the Ming name of Ilantumen; the later Manchu name was Ilanhala. The name seem to refer to the tripartite confederacy, the Uriangqa)。对比前文，柯氏此处的推理又跳跃了一大步，现在她已经确信女真三万户和兀良哈三卫的关系不再仅是“你中有我，我中有

---

① H. Serruys, *Sino-Ĵürčed Relations during the Yung-lo Period*, Wiesbaden: Otto Harrassowitz, 1955, p. 41, p. 52n84.

② Käthe Uray-Köhalmi, “Tungusen in Der Geheimen Geschichte der Mongolen?” *Acta Orientalia Academiae Scientiarum Hungaricae* 55/1-3, 2002.

③ 田中克己：《清鲜间の兀良哈（ワルカ）问题》，《史苑》20卷2号，1959。

④ 增井宽也：《明末のワルカ部女直その集团构造について》，《立命馆文学》第562号，1999年。

你”的混溶性，而是可以不加限制条件地直接勘同，合二为一了。在取得了这一“考证成果”后，她随即将其作为前提背景来重新诠释布库里雍顺传说。于是，她终于能够理直气壮地宣布，基于开国神话中提到的将布库里雍顺奉为国主的三姓正是兀良哈三卫，所以这一始祖神话实际上反映了满洲统治家族起源于兀良哈人集团的历史史实。故布库里雍顺时期的统治基础是一个由女真人和兀良哈人共同联合组成的政治同盟。同时该神话表明爱新觉罗家族的远祖在元代的真实身份是管控三万户兀良哈人的斡朵里万户长。以上认知堪称她在清朝开国神话问题上“发前人之未发”的最好写照。其实上述惊人结论的出台不过是为她最终主张的“女真蒙古不分论”这一族性晚出命题铺路架桥而已。所以，当她在十几年后出版的《透镜》中继续引申说明代海西扈伦女真诸部被建州方面完全看作非女真的蒙古人，就完全不值得大惊小怪了。① 质言之，在柯娇燕眼中的元明东北，蒙古与女真两大人群高度混合，因此根本无法依从“族性”的标准将其从容区分。当时既不存在族别意义上的蒙古人，也不存在族别意义上的女真—满洲人。反映满洲始祖起源于兀良哈三卫的布库里雍顺传说就是证明这一论点的最佳直观例证。此认识当然和她之前在“两个佟氏”中标榜的入关以前的女真—满洲人并非民族团体，仅是文化共同体的主张毫无矛盾，并且两者还可以相互配合与支持。

此外，她关于该传说的一些其他认识也需要分析斟酌。她由于并不了解此前学界对《天聪九年档》的研究利用情况，只以《清史稿》为文献依据，所以不加考辨地得出了两点结论：一，清朝始祖传说在地望上始终是围绕长白山地区展开的，所谓的布库里山也是在广义的长白山一带。二，布库里雍顺传说故事是在努尔哈赤时期得以体系化，不仅是源于努氏借此来突出爱新觉罗氏的出身高贵，而且试图让所有归顺其统治的人群都编组为氏族的形式，所以要用布库里雍顺来为其他女真氏族提供一个祖先样板，表明努氏一族对其余女真各氏族的统治从其神话般的远祖那时就开始了，遂导致后来的《八旗满洲氏族通谱》所收的大多数氏族皆将其历史追溯到一个出现在年代无考的相当于布库里雍顺的远祖。关于第一点，松村

① P K. Crossley, A Translucent Mirror: History and Identity in Qing Imperial Ideology, p. 205.

润指出布库里山的原型应是黑龙江中游北岸的薄科里山，而《天聪九年档》中的这段故事并未提到长白山。因此要说这一始祖起源神话一开始即围绕长白山展开，显与该史料所记存在矛盾。关于第二点，尽管现在学界在皇太极之前的爱新觉罗家族是否知晓该传说的问题上存有争议，但即使其知道若干关于该传说的具体信息，也应当是远未体系化的零散片段。所谓努尔哈赤时代该传说已经被体系化的观点显然无法成立。而作者所分析的努氏利用该传说的政治动机也不具备说服力，把布库里雍顺与《八旗满洲氏族通谱》所记的各氏族祖先进行类比尤属误解。这是因为到《八旗满洲氏族通谱》编制的乾隆时期，除了少数大族以外，多数氏族根本就无以提供相当于“史前史”的其氏族最初形成时的祖先事迹，往往仅能上溯至努氏崛起之初的“国初来归”阶段，因此只好相应地把“始归顺之人”立作谱牒中的祖先，从而在时间上完全不能和布库里雍顺相提并论。柯氏因为未能掌握关于该传说的第一手资料，又没有认真阅读了解《八旗满洲氏族通谱》所记氏族祖先的一般情况，仅凭主观想象，故产生了上述不合史实的臆断。

最后，柯氏本文在对皇太极于天聪九年（1635）下令以满洲代替诸申一事评述时，仅简单地说“满洲”一词此前的用法含义皆不清楚。这又反映出他对当时清史研究动向的相对隔膜。三田村泰助依据《满文老档》中所见的满洲用法，早在1936年就撰文论证满洲实际上是努尔哈赤统一了建州女真时起的国号名称，力辩该名称绝非天聪九年（1635）才初次出现。[①] 他的观点得到一些日本学者的响应，唯一时在日本以外尚未引起足够重视。而到1972年，神田信夫通过证实分析“满洲”一词在比《满文老档》更原始的《旧满洲档》中的万历四十一年（1613）记事等的出现情况，再度坚实了三田村氏的旧说。[②] 至此以后，满洲名称的最初出现时间不始于

---

① 三田村泰助：《满珠国成立过程の一考察》（初刊于1936年），收入三田村氏著：《清朝前史の研究》，第467—492页。作者特地在相关附记中就此问题补充了自己的先前看法。类似观点也参见今西春秋：《MANJU国考》，塚本博士颂寿记念会编：《塚本博士颂寿记念仏教史学论集》，京都：1961年，第68—71页。

② 神田信夫：《满洲国号考》，收入神田《山本博士还历记念东洋史论丛》，第155—166页；后收入神田氏著：《清朝史论考》，东京：山川出版社，2005年，第22—33页，并附有作者的三则补注。

皇太极的论点大体得到了证实。① 上述研究成果在柯氏正文及注释中均无体现，显然是她对如此重要的研究资讯了无所知所致。这也再次从一个侧面照见出柯氏对满文史料在清史领域中的应用进展并不真正关注。

## 第四节　柯娇燕对《满洲源流考》的误读与其构建的学术命题之间的关联

相比前两篇论文来说，1987 年问世的《〈满洲源流考〉与满洲传统之定型化》则可以看作柯氏“清史工程”在理论探索上的大体完成。这篇论文所揭示的理论命题之多，在当时北美学者的清史成果中，可能算是最突出的代表之一，因此也就更值得我们在此详加研讨。在对其理论命题进行追问之前，拟照例先讨论其文所犯的一般知识性讹误。首先，既然柯氏一文以乾隆年间成书的《满洲源流考》（以下简称为《源流考》）为中心，那么必然涉及对该书相关内容的引用与理解。遗憾的是，其中时常可见因为断句失误等导致的文意理解乖谬。以下试以她对书中的《乾隆皇帝上谕》相关段落的具体理解为例稍加说明。②

> 若我朝乃明与国，当闯贼扰乱，明社既移之后，吴三桂迎迓王师入关，为之报仇杀贼，然后我世祖章皇帝定鼎燕京，统一寰宇，是得天下之堂堂正正，孰有如我本朝者乎？（中略）要之仍系大金部族，且天女所浴之布勒瑚哩池。即在长白山，原不外白

---

① 国内也有学者认为，《旧满洲档》中的记事足证“皇太极始创满洲说”之不确，唯对神田信夫满洲国号一直延续到后金时期的论断尚持保留态度。参见薛虹、刘厚生：《〈旧满洲档〉所记大清建号前的国号》，《社会科学辑刊》1990 年第 2 期。

② ［清］阿桂等编撰，孙文良、陆玉华点校：《满洲源流考》，沈阳：辽宁民族出版社，1988 年，“前叙”第 29 页。关于《满洲源流考》编撰的政治背景，参见 Niu Guanjie（牛贯杰），“Historical Writing and the Formation of the Qing Empire's Political Influence: Based on the 满洲源流考 *Manzhou yuanliu kao*”，*Central Asiatic Journal* Vol 58/1-2，2015.

山、黑水之境也。又《金世纪》称唐时靺鞨，有渤海王，传十余世，有文字礼乐，是金之先即有字矣。而本朝国书，则自太祖时命额尔德尼巴克什等遵制通行，或金初之字，其后因式微散佚，遂尔失传，至我朝复为创造，未可知也。

这段文字的白山黑水系东北地区自古以来的常用地理指代名称长白山和黑龙江，两者在结构上属于并列关系，对此历来没有疑问。可是，柯娇燕在译释“原不外白山、黑水之境也”时却误解为前者从属于后者的“黑龙江地区的长白山”（at Changbaishan in the region of the Amur）。实际上，长白山虽然是图们江、松花江等水系的发源地，但与远在其北的黑龙江地区绝非同一地理单元。这是只要稍微检视地图即可知道的普通常识。而柯氏对此却毫无所知，可见其对于她所研究的东北地理暗昧到何种程度。其误导性质堪比她曾在另外的论著中犯下的混淆巴尔喀什湖与贝加尔湖的错误。附带指出的是，正因为她为长白山相对黑龙江的地理方位茫然无知，又酿成她随后所作的相关诠释彻底错误的更为严重的后果。对此，我们将在以后的篇幅中续加辩证。

而在接下来的译释中，她称金史将唐代靺鞨人的情况包容在十篇以上的渤海国王传记中，他们代代以来皆有文字礼仪（The Jin annals for the Moho peoples of the Tang period include more than ten biographies of Bohai kings, who for generations has a literary script and rituals）。此处将“又《金世纪》称唐时靺鞨，有渤海王，传十余世，有文字礼乐”错断为“又《金世纪》称唐时靺鞨，有渤海王传，十余世有文字礼乐”，同时误解动词‘传’为名词“传记”。这与原文含义出入之大，一望便知。她随后又解释称，那些有文化的渤海人即金代女真人的祖先。显然，她又把“是金之先即有字矣”中的“是金之先”与后面本应连读的文字错误地断开，并与上句“有文字礼乐”相属。这样渤海人就非常荒诞地被她当成了金代女真的先人，并视之为乾隆心目中的女真起源观。作者之所以这样理解，其实是想借此证明她本文中论述的一大主题：乾隆时期的满洲人竭力塑造一种东北亚统治人群代代相传，从未中断的种族谱系（详后）。可惜她的以上释读却经不起最基本的原文核实。

而柯氏对最后一句的解释则是，乾隆以为，根据当时的常识，不能确定清朝是否已经成功地重构了早已湮灭的当初金代女真人创制的那种文字。照此一来，仿佛乾隆本人连作为国书的“清字”在起源上仿自蒙古文字的知识都不具备，以致不排除它和12世纪出现的金代女真字还有瓜葛。其实乾隆表达的意思是，金代女真人或许已创造了文字，但久已失传，而太祖开国之初命人所创的沿用至今的国书，应当被看作女真后裔在前者湮灭的前提下进行的二度文字创造工作。事实上，在《源流考》卷十七《国俗二 政教附字书》中，史臣即引经据典，将乾隆上谕中的这一见解补充论证为“金初尚用契丹字，至金太祖始制女真字……至蒙古字行，而女真字遂中辍……我太祖高皇帝创制国书，精详简括，虽语言与旧俗不殊，而文字实不相沿袭云。”① 如果乾隆上谕中确有微疑满文源自女真文之意，作为臣下怎么可能以如此决绝的语气宣布“我太祖高皇帝创制国书……而文字实不相沿袭云”，断然驳正始于皇帝的“御意”猜想呢。此外柯氏对该段文字前面中的“定鼎燕京，统一寰宇，是得天下堂堂正正，孰有我本朝乎”的译释是，本朝实现完成了一切大任，并承载着所有帝国合法性的象征物（the dynasty has accomplished all the tasks and assumed all the symbols of a legitimate empire）。这种十足当代西方学究式的蠡测未免与该段文字中所刻意表达的那种自康熙以来清朝官方不遗余力予以宣扬的“自古得天下之正莫如我朝”的政治思想相距太远，毫无相通之处。② 可以断言，她完全不了解这段表述背后的深刻政治含义，更无从触及乾隆在师法其祖，重申此论时的思想动机和历史背景。综上来看，柯氏的汉文文献理解能力明显偏低，相比专业学者应当具有的知识水准尚有相当距离。这一点构成了其在解读原始文献中的突出弱项。

按照《源流考》的编排体例，全书正文二十卷中，居首的七卷均为“部族篇”，凸显出“部族”一门在全书当中处于最为重要的中心地位。那么所谓“部族”的含义应该如何理解呢？柯娇燕给出的定义性解释是复数

① ［清］阿桂等编撰，孙文良、陆玉华点校：《满洲源流考》，沈阳：辽宁民族出版社，1988年，“正文”第329页。

② 姚念慈：《康熙盛世与帝王心术：评“自古得天下之正莫如我朝”》，北京：生活·读书·新知三联书店，2015年。

意义上的"氏族和部落"(clans and tribes),并且更为强调氏族的义项,因此才将正文中的重要一节冠以"《源流考》的起源构思在于氏族"的标题。可是《源流考》中的部族恰恰不是以氏族为主的"氏族和部落",而是近于民族的人群团体或单位的意思。对此只要稍稍浏览是书凡例对于"部族"的界定即知:

> 谨拟首立部族一门,凡在古为肃慎,在汉为三韩,在魏晋为挹娄,在元魏为勿吉,在隋唐为靺鞨、新罗、渤海、百济诸国,在金初为完颜部,及明代所设建州诸卫,并为考据异同,订析讹误,博稽史传,参证群书,分目提纲,各加按语,俾源流分合,指掌了然。①

据此可知,此书中所涉及的部族实际上皆是古代相当于民族的实体(肃慎、挹娄、勿吉、靺鞨、建州卫)或者有关政权的名称(三韩、新罗、渤海、百济),只有其中的"完颜部"似乎带有部落的色彩,但也绝非氏族一语可以概括,因为金代完颜部下面又有宗室完颜、同姓完颜、异姓完颜之分;况且核以本书正文中《部族七 完颜》的具体内容可知,其重在概述辽金女真的整体历史,绝非仅限于完颜一部的部落史。故柯氏将此处的部族解释为"氏族和部落",实属大谬不然。需要指出的是,柯氏自己曾在注释中提到"氏族"一词的满语对译词是哈拉穆昆(hala mukūn),但她却未去查考《源流考》满文本中"部族"一词的满语对译词语以澄清其义。实际上《源流考》满文本内"部族"的规范性满语对译是 aiman mukun(部—族),绝非与氏族有密切对应关系的哈拉穆昆。② 其中来自蒙古语"爱马"(aimaq)的中心词 aiman 即部落、部族等大范围地域性人群团体的含义,非指代范围相对狭仄的血缘性氏族哈拉可比。③ 关于柯氏此

---

① [清]阿桂等编撰,孙文良、陆玉华点校:《满洲源流考》,沈阳:辽宁民族出版社,1988年,"前叙"第31页。

② 前引凡例中关于"部族"解释的文字的满语对应部分参见承志:《中国における「满族史」研究》,《东洋文化研究》第10号,2008年,第332—333页。

③ E. Hauer, *Handwörterbuch der Mandschusprache*, Tokyo-Wiesbaden, 1952, S19.

处所犯错误的意识根源，本文将在下面继续探讨。

柯氏此文第 768 页还有一处解释让人觉得匪夷所思。她对牛录（niru）的解释为旗（连队）（Banner“companies”）。似乎对牛录与旗（固山或和硕）的各自定义并不清楚，以致发生了概念上本应避免的混淆。事实上，她在 2010 年出版的一部新书中再次将牛录译释为复数意义上的旗（banners）。① 显然，将牛录与旗这两个满族史研究中最基本概念的定义混为一谈不该是专业学者所出的差池。同页还有一处十分刺眼的讹误，即将鳌拜辅政结束的时间莫名其妙地确定在顺治尚在位的 1651 年，而且这处错误不像是通常粗心造成的数字上的笔误，因实际结束时间是在 1669 年。作者在第 770 页提到了皇太极在 1635 年对于源自黑龙江地区的三仙女始祖传说的关注，但是又把向其报告提供这一原始传说的虎儿哈人误解成瓦尔喀人，声称这导致皇太极憧憬爱新觉罗氏起源于瓦尔喀人等东北女真部落民。

该文第 779 页也存在并非一般性疏漏的常识性错误。她将八旗组织中的汉军对应名称释为尼堪，这显然是此前《两个佟氏》中误判尼堪身份的继续延伸。如前所述，八旗汉军的满语名称是乌真超哈，而抚顺尼堪等三类尼堪则是八旗满洲旗分下的具有汉人起源背景的依附性旗人群体，与作为正身旗人的汉军绝不相混。据此可知，柯娇燕对于当初所犯的错误毫无体察。同页还有一处虽非知识性失误，但却涉及作者学风的不能不提的细节。她在文中指出，由于乾隆时期发生了满人和汉人之间文化界限模糊的现象，直接导致乾隆对于满洲性的衰退忧心忡忡。她还在未具出处的情况下特地指出满洲性的满语对应词是 manjurarengge。如果这一词汇当时确实存在，这自然对于她的观点颇有助益。然而，早有学者对之表示怀疑，缘于清代的各种辞书并未收录该词。② 笔者也认为，所谓的表示“满洲性”的 manjurarengge 从词语的派生形态上看不像一个当时实际存在的满语词汇，它或许是作者为了论证自己观点的有力性而生造出来的。③ 不过因为

---

① Pamela K. Crossley, *The Wobbling Pivot China since* 1800: *An Interpretive History*, Wiley - Blackwell 2010, p. 22.

② 姚大力、孙静：《“满洲”如何演变为民族——论清中叶前“满洲”认同的历史变迁》，《社会科学》2006 年第 7 期，第 21 页注释 3。

③ 笔者曾就这一问题请教了相关专家，他们一致给出了否定性的意见。基于可以理解的原因，这里就不必透露个中详情。

捏造伪证促成己说对于专业学者来说，诚为学术声誉攸关之大事，所以作者此处的表述究竟属于未明示出处所造成的技术性失误抑或另有其他原因，本文不拟对此盖棺定论，只是翘首期盼“新清史”的辩护者能够为她找到该词的确切出处以及有关用例，以免让读者对其学风产生本不必要的误会与怀疑。值得补充的是，在其随后发表的有关论著中，柯氏不断强调乾隆前后“满洲性”意识对于满洲人的群体认同所促生的重要作用，同时她所提供的注释出处即是本文中的上述表述。因此并非笔者挑剔，manju-rarengge 作为“满洲性”的真实性实在是一个非同小可的不容回避的问题，柯氏也理应拥有就此疑问彻底证实自己观点的机会，哪怕这并不出自她本人的澄清也好。而在该词的可信度坐实之前，尚不宜断然肯定乾隆时的旗人具有所谓“满洲性”的观念。

同文第 780 页旧话重提，把佟卜年狱事的产生归因于明人视其为努氏同宗。此点前文已辨析过，佟卜年的最终定罪是源于他和佟养真的同族近亲关系，明廷并未认定其具有女真血统。第 782 页作者声称从乾隆朝开始，随着清朝致力于创造东北亚的政治文化认同，许多以东北地区为主题的著作应运而生。其中她举出的例子有松筠的《百二老人语录》和吴振臣的相关著作。实际上《百二老人语录》并非以东北为主题，其涉及中国历朝人物的事迹和言论的典故占了全书的最主要部分，分量明显超过边疆史地部分，这恰恰反映了 18—19 世纪之交像松筠这样的上层旗人自觉仰慕学习儒家文化与中国历史的现象。本文以后在涉及旗人汉化时，还会具体就此加以阐述。不知柯氏对于此书的满汉文本是否真的寓目，以致做出上述与内容十分不符的判断。吴振臣则是清前期康熙时代人，其在宁古塔一带流寓客居时正值 17 世纪下半叶。柯氏竟然把他当作 19 世纪的人，疏失如此明显，恐非一时失察所致。

在指出了其文所犯的一般知识性失误以后，下面需要着力检讨的就是作者其文中形形色色的知识性误判最终是如何汇聚积累成宏大叙述主题的。该文叙述的头绪诚然众多，但我们还是可以从复杂纷繁的叙事线索中清理分解出三大主题：一，历史叙事的氏族中心主义；二，政治建构的东北亚主体论；三，18 世纪以来满洲认同的标准变迁及皇室的相应对策。上述三个主题的交集之处即《源流考》的成书。先来分析其中第一个叙事主题的形成经纬。

作者此文秉持的氏族中心主义直接渊源于前一篇《始祖神话》中的一个结论：努尔哈赤将布库里雍顺神话体系化并作为政治工具，以便造成爱新觉罗家族对女真各氏族的统治源于其始祖的悠远时代。而现在柯氏又进一步在这一结论的基础上深加发挥。她强调指出，该始祖传说的政治目的在于接续金朝，其与努氏在17世纪初期筹划建立后金国的政治背景密切相关。这一时期前后努氏家族的统治对象依然是女真各氏族（虽然其与金代氏族的对应关系已有所断裂），此点影响到1616年后金建国后的基本政体仍属于氏族联合基础上的大女真联盟（the massive Jurchen federation），具有部落国家（tribal state）的特征。从国家的基层社会来看，随着努氏着手推进后金建国，旗制也开始处于形成之中，而所谓的牛录单位（如前所述，柯氏此处对旗和牛录有所混淆）即以氏族为基础建立。以上可以说是柯氏假定的后金建国前后的基本社会背景，显示出她完全是以氏族为中心展开学术思考的。那么她的这一概括与当时的基本史实又有何出入呢？

首先，前文已经对此说前提即清开国传说的体系化源自努尔哈赤时期的误导性做过探析。简言之，该传说的真正体系化当发生在皇太极统治期间。不错，努氏以金作为国号，确实彰显出其欲接续金朝的政治用意，但这并不意味着他一定要将其家族对女真人的统治推远至渺远的古代才能赢得女真各部对其的衷心拥护。何况，即使以皇太极时期定型的该传说而言，作为天女之后的爱新觉罗先人所统治的属民基本只限于女真国的三姓人（ilan halai niyalma），并不包括曾为金朝皇帝所统治的女真各部。因此，该传说的出笼根本无以证明清室远祖在历史上长期统治过所有女真人，所谓通过定型化的该传说来接续金朝正统的立论前提并不成立。这一点是我们评价柯氏此文率先需要认清的。

其次，试以从努氏起兵自立到后金建立的这二三十年的情况来看，氏族组织在其政权内部真的还能保持那么大的影响力吗？作者一方面将旗制的产生归于后金建国时期，诚然失之于晚；[①] 另一方面又着力指出氏族才是大多数牛录形成的基础以自圆其说。可是，牛录与氏族确有如此紧密的对应关系吗？作为最初行师出猎单位的牛录本来是明代女真社会的临时特定性组织，从起源上看，它是在族寨基础上编设而成的。正如《满洲实录》卷三所记，“前此，凡遇行师出猎，不论人之多寡，照依族寨而行。满洲人出猎开围之际，各出箭一枝，十人中立一总领……此总领呼为牛录厄真。”需要指出的是，这里的族对应的满文词汇并不是表示氏族的哈拉穆昆，而是具有家族、宗族之义的乌克孙（uksun）。[②] 它虽然也属于血缘性社会组织，但其涵盖范围无疑要比氏族小得多。寨是指的噶栅（gasān），基本上属于地缘性社会团体。[③] 因此，最初具有临时性的牛录在起源上并不依托氏族而成立，只是具有一定的血缘组织性。降至17世纪初，努氏通过改造牛录组织，使其逐渐转变为固定化的耕战社会组织并大大扩展了其成员人数，遂导致新成立的牛录作为地域性社会组织的特征持续增强，而与氏族等血缘组织的差别进一步加大。故在此基础上逐渐确立的八旗制度更是基本按照地域原则组建而基本不再借助血缘关系统合民众，这最终促使后金开国以后即能够水到渠成地结束氏族部落等血缘性团体在政治生活

---

① 清史学界一般认为，努氏约在1601年对传统牛录制进行体制上的整改，不久或稍晚形成了四旗，而到后金建立前夕的1615年已经完全从制度上形成八旗。另外细谷良夫提出，四旗化时期对应的是统合了建州各部的满洲固伦阶段，而后来的八旗化时期则对应统一了海西各部的女真固伦阶段。参见细谷良夫：《マンジュ・ゲルンと「满洲国」》，收入《シリーズ〈世界史へ问い〉》8《历史のなかの地域》，东京：岩波书店，1990年，第124—129页。

② 安双成主编：《满汉大词典》，沈阳：辽宁民族出版社，1993年，第189页。

③ 旗田巍：《吾都里族の部落构成——史料の绍介を中心として》，《历史学研究》第5卷2号《满洲史研究》特辑，1935年，第83—114页；鸳渊一、户田茂喜：《ジュセンの一考察》，《东洋史研究》卷5第1号，1939年；刘小萌：《明代女真的地缘组织——噶栅》，《民族研究》1991年第3期。其中旗田氏以吾都里部落为例论述的明代女真社会的部落集团已经不再是以血缘纽带为基础的社会组织的观点得到了后继学者的支持。

中发挥功能的情况。[①] 因此氏族组织在后金建立前后的历史期间，其在政治上所起的作用总体上已呈明显衰退之势，故绝对不可像柯氏那样用氏族基础上的部落联盟来定义1616年成立之初的后金国。[②] 简言之，由于她在考察明代女真社会基层组织时，只重视血缘性组织而完全忽略像噶栅这类地域性组织，甚至对于前者也仅仅关注氏族而不及乌克孙这类在实际政治生活中作用更突出的家族—宗族，同时缺乏从变动的视角来看待牛录的改组与扩大，因此提炼出的结论每与史实凿枘不合，只能服务于其原本即基于误解的既定前提。[③]

问题更为严重的是，柯氏还要将这种虚幻的“氏族中心主义”贯穿到以后的各历史时期中。这清晰无疑地体现在作者在此文序言中所做的概括：氏族及部落联盟传统所赋予的分权政治一直影响作用于清朝入关以后，成为清朝皇帝实现君主集权制与行政官僚化的最主要障碍。在她看来，在后金国成立之后，努尔哈赤固然有着削弱氏族政治影响的动机，但更为现实的需求则是将属下氏族与金代女真的联系转化为其对现在新成立的后金国的政治认同，故特意将那些对自己效忠程度较高的氏族改编为世袭佐领管控下的牛录，并积极提倡以氏族历史为中心的族谱编撰书面化工

---

① 旗田巍：《清朝八旗の成立过程に关する一考察——とくに牛录の成立について》，《东亚论丛》第2辑，东京：文求堂，1940年，第71—93页；刘小萌：《满族的部落与国家》，长春：吉林文史出版社，1995年。旗田氏着重论述了新整编的牛录在人数上已经大大超过原先血缘—地缘性社会组织族寨（部落）的平均户数，故一个新成立的牛录往往是在归并了若干族寨的基础上才形成的，而在这一过程中，旧有的社会组织关系也被打散重组，在此基础上再结合成崭新的八旗制度。陈文石也论证指出，牛录的构成是从氏族社会的废墟基础上建立而成，继而努氏从便于指挥操控的目的出发，对其加以组织制度化的调整统一。参见陈氏著《满洲八旗牛录的构成》，收入陈文石：《明清政治社会史论》，台北：学生书局，1991年，第546—548页。

② 诚如学者所指出的，努氏的建国自立，并非基于部落间的联盟，而是基于对周邻各部的征服，只不过这种通过武力征讨手段实现的强制性统治被人为地披上一层拟氏族色彩的外衣，粉饰性地称作收养（满语作 ujihe）而已，努氏本人则被相应地尊为汗父，并取得了所谓天授养育诸固伦英明汗的最高政治头衔。参见蔡美彪：《大清建国前的国号、族名和纪年》，《历史研究》1987年第3期。

③ 中山八郎指出，努氏起兵时女真社会中流行的所谓同族团结与其说是依靠范围较大的氏族，不如说是依靠小范围的家族；而同一氏族内部此时屡见不鲜的贫富分化现象也促使原先依托于同一氏族的共同经济生活渐受破坏，加上政治形势的持续动荡，使得血缘性氏族组织已显得极不稳定。总体上看，当时女真社会的基本背景是氏族基础业已崩溃，但武装冲突之类的特定场合还残存着氏族的色彩。参见中山氏著：《明末女真と八旗的统制に关する素描》，《历史学研究》第5卷2号《满洲史研究》特辑，1935年，第119—123页。

程，足称后来雍乾时期大规模官方性谱牒编撰的滥觞。这里除了依赖错误的立论前提继续推导之外，所谓努尔哈赤时期启动了族谱编撰工程云云也完全于史无证，纯属作者为了配合自己的观点而有意杜撰出来的虚假论据。

当然清朝入关以后，皇权确实和八旗制度存在着不完全和谐的一面，这主要表现在旗主对属下旗人的控制包括其对于旗下相关职务的任命具有的完全处置权均会直接影响到皇权的乾纲独断。此即雍正时期皇帝主导下的旗务改革所发生的基本历史背景。① 令人费解的是，柯氏此处闭口不谈旗制曾经起到的这类对于皇权的限制作用，只是把相关现象归结为入关前就已长期存在的氏族部落传统。产生这种解释上的本末倒置现象的原因除了前述她所依赖的错误前提之外，更为直接的原因就是她对旗（固山）与牛录的区别迄未厘清，误断牛录即旗；又以为牛录的基础在于氏族，遂导致其深信旗的基础也是由氏族构成，所以入关以后旗主与皇权的矛盾在性质上仍然属于入关以前氏族长与部落联盟首领关系的延续，因此康熙以来的皇帝出台加强君权的各项措施在她看来仅相当于在新形势下对君主与氏族关系进行再调整的过程。正因为八旗被她移换简化成氏族性牛录体制，所以她才对入关以后皇帝开始亲掌上三旗的重要事实视而不见，转而认定在康雍时期，皇帝加强其权力即通过直接掌握一部分被指定的牛录（designed niru）来实现，降至雍正时期基本清除了根植于氏族传统的所谓集体统治（corporate rule）。综上所论，不妨将柯氏对于后金—清朝的基层权力构造的错误认识用下列关系表示为：旗=牛录>氏族。而贯穿其中的思考主线即“氏族中心主义”。

那么到了随后的乾隆时期，氏族的具体作用又该如何评估定性呢？柯娇燕认为虽然氏族的政治作用在这一时期确已大为弱化，但在皇室刻意营造满洲认同的时局背景的激发下，氏族又被激活升华为维护满洲认同和清朝统治最主要的象征符号，具体反映在《源流考》等的成书上。如前所述，她特地将其中一节正文的标题拟为“《源流考》的起源构思在于氏族”，以突出氏族在全书体例中的核心地位。当然，正如前文所析，她其

① 细谷良夫：《清朝における八旗制度の推移》，《东洋学报》卷51第1号，1968年。

实是把书中的“部族”一门偷换成其个人乐于看作的氏族。这一移花接木的做法诚不足为训，不过读者难免会询问，柯氏为何会如此固执地抱定“氏族中心主义”先行观念不放，以致把含义非常简易明了的“部族”极尽周折曲解成氏族呢？这难道仅仅是因为其汉文理解能力有限所致吗？问题的关键还是出在其理论根源上。前面曾经强调过，柯氏所畅想的清史宏大叙事的核心即满洲民族生成的三部曲模式。仅仅在该模式下的第三个阶段也即19世纪中后期，真正意义上的民族共同体才得以破茧而出。按照这一理论，凡在此前的历史阶段，即不允许出现“民族”或者与之类似的人群共同体。可惜事与愿违，《源流考》“部族门”下列出的许多人群共同体，如肃慎、挹娄、勿吉、靺鞨、建州等，从历史学的角度观察，恰恰在组成内涵上较为接近于民族，或者说至少与民族不乏相通之处，而不论人们如何对民族一词进行定义。然而，如此一来，则势必将与柯氏视之为点睛妙笔的满洲民族晚出理论直接发生冲突。因此，为了保护该理论的有效性，她只得将这些“部族”统统用与民族差异巨大的氏族来定义，这样至少不会与她一直以来呵护培育的假设命题自相矛盾。所以，她所主张的《源流考》的氏族化论调不过是为了迁就先行观念而作茧自缚、削足适履的产物。在她看来，“民族化”之前的女真或满洲从社会组织规模上看，仅仅属于氏族结合体或其联盟。

柯氏构建的第二重历史叙事即政治建构的东北亚主体论。她对这一叙事的阐述始于努尔哈赤崛起的阶段，而整个叙事的中心即围绕后金—清朝的政治合法性展开。她首先认为，在努尔哈赤建国阶段，其在政体设计上完全排除了来自其敌对方的儒家化的明朝政府架构，转而向两方面汲取政治资源，一是回归金代女真的政治传统，从氏族效忠的角度赢得后者的归心输诚；二是推进所谓的时代更早的渤海政治传统。同时努氏还借布库里雍顺神话宣传其对东北地区各氏族部落的统治由来已久。因此，后金从立国之初，其政治认同的根源即在东北（the Northeast）而非中国（China），所以在政治体制上也形成了与明朝全然不同的以女真氏族联盟为特征的所谓部落国家，实为“东北 VS 中国”的二元对立论的体现。按照她的这一逻辑，后金—清朝在政治认同上对中国的排斥性从建政伊始即根深蒂固，牢不可破，这堪称“清朝非中国论”在统治意识形态上的源头。然而，不要说后金时期在体制上深受渤海政治文化影响的观点因缺乏实证而难有任何说服力，即使将其政治设计主要归结于金代女真也显得颇为牵强。正如学者所指出的，虽然固山牛录制和金代的猛安谋克制具有某些表面上的相似点，但这并不能认为前者系对后者的直承沿袭，而应归结为社会结构上的一定相近性。① 努氏后金国时的制度起源固然多与明制无关，但也不能像作者这样为了强证己说而一厢情愿地将之归于渤海和金朝。实际上只要稍稍留心学界业已取得的研究成果，即知后金政权在制度创立方面多取法师承蒙古汗国的相关制度。②

柯氏为了加强其相关命题的说服力，还具体举出了一个在她看来可谓证据确凿地作为“东北亚主体论”出台定型的例证，此即努氏于1618年与明正式决裂时作为出兵伐明理由的告天“七大恨”文告。她对此的解析可概括为：“七大恨”的内容直接反映出后金立国的地理与文化上的根源皆在东北而非中国，故努氏起初追求的政治理想是与中国实现带有关系平等性的划疆而治，志在统一东北女真而非入主明属辽东。起初明朝也确曾在1608年与努氏达成平等性的互不侵犯对方疆土的正式边界协定，正式承认了努氏作为辽东以外的整个东北的最高统治者的名分要求，但后来明朝没有遵守不得越界等有关协定内容，以致努尔哈赤深信自己正逐渐处于对方的政治拆台（表现在明朝支持与努氏为敌的其他女真各部）和经济侵蚀（听任纵容其民众越界等）的双重打压之下，从而面临着严峻的生存危机。因此，努氏转而通过夺取辽东来摆脱新生政权所遇到的政治经济危机，并大力宣扬鼓吹后金与以前的金朝在氏族、语言、传统诸多方面的一致性，通过凸显自身对金朝的继承性来提升其政权的合法性，将自己定位为领土广大的金朝的延续（辽东当初确系金朝的固有领土），从而把明朝看作又一个敌对性的“南朝”。

以上这番看似振振有词的论述实际上又因存在着两点致命缺陷而完全

---

① 三田村泰助：《初期满洲八旗の成立过程》，收入三田村氏著：《清朝前史の研究》，第317—319页。

② David M. Farquhar, “Mongolian versus Chinese Elements in the Early Manchu State”, *Ch'ing-Shih-Wen-ti*, 1971, pp. 11—23；蔡美彪：《大清建国前的国号、族名和纪年》，载《历史研究》1987年第3期；刘小萌：《满族肇兴时期所受的蒙古文化的影响》，载《社会科学战线》，1994年第6期。

不能成立。首先，柯氏对于用以阐发其说的“七大恨”文本并未标注版本出处，但明显是直接或间接来自入关以后编撰的《太祖实录》。从史源上看，它属于文字内容修饰改动较多的晚出文本，已经不能准确反映后金建立之初努氏发布的“七大恨”原本的真实情况。孟森在 1935 年即撰文指出，当时收藏于北大文科研究所的天聪年间木刻揭牓七大恨文，在内容上当较后出《太祖实录》更为接近努氏在 1618 年亲撰的原文。① 而这通时间较早的天聪年间文本恰恰在文字内容上和后来的《实录》本有着实质性差别。它不像后来的《实录》本那样，处处有意夸饰努氏一族自其祖以来，即与明朝地位对等，相反并不讳言其在历史和现实中均服从明朝的藩属称臣关系，所谓“我祖宗与南朝看边进贡，忠顺以久”“北关与建州，同是属夷……畸轻畸重，良可伤心”“我部看边之人，二百年来，俱在近边住种”“我国素顺，并不曾稍倪不轨”“辽东上司，既已尊若神明；万历皇帝，复如隔于天渊”等；并且表明当时在攻取抚顺后正式书写“七大恨”的目的只是试图“欲使万历皇帝因事询情，得审冤怀，遂详写七恨”，并由汉商转呈明帝切盼回复。甚至该文本后来增加的皇太极天聪时期的文字从内容上看，也显得较为谦卑委婉（虽然如此低调行文自有其特定的政治用意）：“无奈天启崇祯二帝，渺我益甚，逼令退地，且教削去帝号及禁用国宝。朕以为天与土地，何敢轻与？其帝号国宝，一一遵依，易汗请印。委曲至此，仍复不允。”② 总体来说，正如前人所指出的，虽然有清一代对建州方面曾长期隶属明朝的事实讳莫如深，但在建号大清之前的天命、天聪两朝却不尽然。③

---

① 孟森：《清太祖之告天七大恨之真本研究》，载《北京大学史学》，1935 年第 1 期。后收入文集时增补了对于今西春秋相关商榷的补充性答疑。按今西氏的连续两篇回应文章相继发表在《东洋史研究》1936 年卷 1 的 4—5 号。

② 与后来崇德年间在政治与军事上日益形成的蚕食鲸吞明朝的有利形势不同，即位不久的皇太极之所以在天聪前期愿意提出相较以后条件尚属宽大的议和请求，主要与后金当时正遭逢严重的经济困难，亟需摆脱内外交困的时局形势有关，故其在致明方的书信中言辞卑恭，暂不谋求与明朝完全对等的与国关系，甚至言称“如和事一成，普天之下，尽为你朝廷所有”，期望明朝能够比照先前俺答封贡的标准，给予后金以相应的政治待遇和一定的经济补偿。参见李光涛：《清人入关前求款之真象——兼论袁崇焕陈新甲之死》，收入李氏著《明清档案论文集》，台北：联经出版公司，1986 年，第 393—429 页。

③ 薛虹、刘厚生：《〈旧满洲档〉所记大清建号前的国号》，载《社会科学辑刊》，1990 年第 2 期。

故努尔哈赤当初是在承认建州隶属明朝藩臣的前提下撰写所谓“七大恨”一文的，而其诉求的政治目标主要还是祈求明朝皇帝能够正视建州方面的要求，以妥善解决多年以来存在于建州女真和明朝辽东官府之间的一些悬而未决的纷争积怨；绝未提出既要在政治名分上和万历帝平起平坐，还要在领土疆域上也和朝廷分庭抗礼的苛刻要求。[①] 实际上，当时熟悉边务的明人对此也心知肚明。王在晋在《三朝辽事实录》中转述“七大恨”的最后一项，即“我与北关、朝鲜，同为藩臣，他厚我薄”，这里出现的建州身份的自我表述，则与前述天聪文本的相关内容如出一辙。[②] 稍后前来中国的意大利耶稣会士卫匡国（M. Martini）也记述说，努氏在攻占了辽东边城开原（按当为抚顺）后，并未继续进军，而是用鞑靼文（疑指满文或蒙古文）写了一封长信，由喇嘛转交明朝以求答复。信中内容即陈述他的兴兵出师实乃蒙受冤屈之后仅仅针对地方长官的复仇之举，只要皇帝能够接受他的申诉请求，即可还地退兵以息事宁人。可惜由于明廷一贯采取敷衍应付的处置策略，导致局势不断恶化与升级，最终达到无法收拾的地步。[③] 然而现存入关以后改定的《太祖实录》中，所谓的“七大恨”的写作时间即由原来的努氏攻占抚顺之后被刻意前移到此次征讨行动开始之前，以表明后金对明军事行动的义无反顾、莫之能御和此前双边政治从属关系的一刀两断，彻底决裂。至于原文中那些努氏承认建州为明之臣属，尊敬仰慕明廷为天朝等违碍内容更是被删改得痕迹全无，通篇文字展现的多是建州统治者自从努氏父祖时代起，就与明朝互为平等敌国的政治

---

① 当然努氏所说的“七大恨”虽然内容多属实，但也不无渲染夸大之处，例如早先发生的努氏父祖被李成梁误杀之事，明朝辽东方面即出于理亏而及时给予了补偿，而且当时羽翼远未丰满的努氏对于相关善后处理也未持异议。故努氏多年之后重提此事，并置其于“七大恨”之首实有翻旧账之嫌。另外自从万历初年以来，包括建州在内的女真各部常常越过边墙俘掠辽民为奴，这给辽东地区的正常社会秩序带来很大破坏，故越境之举更是不得专咎明朝一方。

② 鸳渊一等认为，王在晋所记的第七款虽然看似和《满文老档》中的相关内容明显不符而显得可疑，但考虑到清朝官方史料一向不提努氏和明朝本来的关系，而这一款内容的中心恰好与视明为天下共主的观点一脉相通，因此可能正是出自最初努氏寄送明朝的七大恨汉文原文，而与之存在差异的满文内容则是后来改作。此解释虽然在细节上与下面卫匡国的说法有所不合，但也可备一说。参看鸳渊一、户田茂喜：《清の太祖の七宗恼恨に就いて》，《史学研究》第6卷3号，1935年。

③ 卫匡国著，何高济译：《鞑靼战纪》，收入［葡］安文思著，何高济、李申译：《中国新史》，郑州：大象出版社，2004年，第196—197页。

诉求。

其次，柯氏文中着重强调的 1608 年明朝与建州之间缔结的双边平等协定及努氏由此取得了和明朝对等地位的观点也是出自对史料的严重误读。从历史背景上看，1608 年的努氏还只是征服了海西四部的哈达和辉发而已，另外的乌拉、叶赫两部尚保持着自己独立的地位。而松花江流域以北以东的原野人女真各部更是保存着相当的自主性。试问，在这个局势走向还远远未见最终分晓的时刻，明朝怎么可能立即就承认了努氏对辽东以外的整个东北的统治主权呢？而就具体史料而论，“七大恨”的这一款在入关以后的《武皇帝实录》中作：

> 虽有父祖之仇，尚欲修和好，曾立石碑，盟曰“大明与满洲，皆勿越禁边，敢有越者，见之即杀；若见而不杀，殃及于不杀之人”。如此盟言，大明背之，反令兵出边卫夜黑。此其二也。

而与其对应的更接近于原文的前引天聪牓文则作：

> 先汗忠于大明，心若金石，恐因二祖被戮，南朝见疑，故同辽阳副将吴希汉，宰马牛，祭天地，立碑界铭誓曰“汉人私出境外者杀；夷人私入境内者杀”。后沿边汉人私出境外，挖参采取。念山泽之利，系我过活，屡屡申禀上司，竟若罔闻，虽有冤屈，无门控诉。不得已遵循碑约，始敢动手伤毁，实欲信盟誓，杜将来，初非有意欺背也。会值新巡抚下马，例应叩贺，遂遣干骨里、方巾纳等行礼，时上司不究出境招衅之非，反执送礼行贺之人，勒要十夷偿命。欺压如此，情何以堪！所谓恼恨者三也。

《实录》中彰显后金与明朝地位平等的“大明与满洲”等表述显然不如天聪牓文更近真相，尤其可疑的是，虽然当时建州内部极有可能已经使用满洲这一名号，但在与明朝的政治交往中使用它却显得在时间上有些过早，因为目前见到的早期满文档案史料中努氏一方对外使用满洲的场合不早于 1613 年，并且均是在和蒙古交往的情况下。而天聪牓文则相对真实地反映出，当时与努氏共同举行会盟的只是明朝辽东官署的一位下属边将，故双方会商的性质绝非明朝中央政府与建州政权之间的对等谈判，仅相当于边将与部族首领之间就特定事宜进行的当面沟通，以解决分歧。盟誓的主要成果则限于双方各自严格约束己方民众不得私自越境。这正如唐宋以来朝廷在华南山地常由地方官员与部族首领树立铜柱，举行盟誓定界，以禁彼此无故越界之事一样。所谓明朝由此承认了努氏成为东北唯一君主的说法无论是在此牓文内，还是在晚出的《实录》中均无从体现，纯属她个人空想的产物。再从牓文中透露的誓文后来的生效情况看，即使誓文中已有明确规定，但努氏对于汉人越境行为最初还得向所谓的“上司”即明朝辽东地方官府上报申诉，屡屡未得答复后，才按照誓文的规定采取相应的行动，由此招致了辽东方面随之实行的存心报复。此外相关内容还透露出，直至万历后期，每当明朝辽东巡抚新上任时，建州一方均需派人备礼叩贺。故其时明朝与建州双边地位的非平等性由此可见一斑。

柯氏随后又继续论述皇太极统治时期的统治合法性。她认为，皇太极在致袁崇焕的信件中再次引用“七大恨”重申强调明朝对当初1608年达成的边界协定的违反破坏，以谋求明朝考虑再度和后金进行和议的可行性，从而表现出继续坚持“东北亚本位论”的立国理念。这当然是在误解史实的道路上越行越远。如前所述，这一所谓的边界协定只不过是建州首领和辽东边将之间的一次特定协商而已，对朝廷中枢而言，不啻辽东边防体制内部事务的调解纠纷，因为盟誓双方的身份一为朝廷正式任命的边将，一为曾经接受龙虎将军封号及相应敕书，并不时前来京城朝贡的羁縻制度下的部族首领。现在柯氏却把它一再误读成两个对等政权之间的国际性划界协定，只能说明残存在她头脑中的成见是多么牢不可破。而当皇太极在1636年前后着手改金为清之际，柯氏又断言后者的政权性质仍旧只是一个联盟（Qing federation）而已，其成立的契机背景则是皇太极在这一时期向东北部落民发动了强度更大的扩张和吞并活动，其结果导致他将自己家族根源和瓦尔喀等黑龙江流域的部落民联系在一起。如前所述，她此处混淆了瓦尔喀人和虎尔哈人。虎尔哈首领穆克什喀将有关传说上报皇太极只是给了一个满洲上层将开国神话体系化的机会，这与重新改定国名并无直接联系。易金为清明显出于皇太极欲与明朝争夺天下，入主中原而特意采取的意在缓和汉人对其疏远感的重大政治举措，这早已成为流行于国内外清史学界的一项几无争议的共识。不过这样一来，皇太极志在统一天下（中国）的政治观念又必将同柯氏文中强调努氏父子两代皆以“东北亚本位论”为立国之本的观点无法共存，因此她不得不再度削足适履，径直宣称皇太极对东北部落民的持续性扩张征服才构成了其国名更改的政治基础。

柯氏此文对清朝入关以后继续秉持的“东北亚本位论”自然主要集中在《满洲源流考》成书的乾隆时期。对她而言，《满洲源流考》体现了以“七大恨”出台为形成标志的“东北亚本位论”在入关以后的接续发展。让人奇怪的是，她先是对业已体系化的清朝始祖神话中出现了长白山这一历来被东北各族广泛尊崇的圣山做了非常离谱的解释：当时俄国人在滨海地区（maritime region）的势力正处于发展之中，而清朝需要借助发源于长白山的祖先传说来证明这一地区自古以来即归自己所有。这一推测完全是建立在错误的空间地理前提下。第一，顺治至康熙前期，俄方在中国东北的扩张是指向黑龙江流域中游的内陆腹地，尚未抵达临近日本海的滨海地区。这从其兴建的雅克萨等侵略据点的地望可知。第二，长白山一带与当时正受到俄国入侵威胁的黑龙江中游北岸距离甚远，两地相距几乎上千公里。所谓清朝欲通过塑造祖先起源于长白山的传说来宣布对黑龙江中游一带拥有主权的想法简直荒唐至极。作者产生这一念头的根源在于我们在前面分析过的她将“白山黑水”误解为“处在黑龙江流域的长白山”，从而误以为两者必处于同一地理单元内，因此就把传说中清朝始祖起源的长白山和清初一度面临沙俄入侵的黑龙江流域串联起来，最终产生了如此不着边际的乖谬解释。而作者推出这番解说的用意也许只有一个，那就是表现清朝在东北进行的疆土扩张，恰是发生在一种国际竞争的时局背景下，当时的沙皇俄国同样急于用武力手段将这一地区据为己有。起初或许两者机会均等，但满洲人通过将长白山这样重要的东北地理元素糅合进开国神话中，从而在政治合法性的塑造上更显得棋高一筹。想必在她看来，对当时的东北而言，矢志坚持“东北亚本位论”的清朝和从西伯利亚南下不断扩张的沙俄其实都是征服者，故两大列强之间只构成一种竞争对手的关系而非中国清史学界阐述并强调的那种抵抗与侵略的关系。

而在具体定位《满洲源流考》（以下简称《源流考》）的性质时，作者的解析也是随心所欲，毫无根据。作者联系此书在《钦定四库全书》中的分类位置，指出它和同一时期成书的《满洲八旗氏族通谱》（以下简称《通谱》）均被有意列入地理类，这就直接彰显出清朝希望以此来加强满洲各氏族在其起源历史上和其东北故土的精神文化上的联系。她进一步认为，《源流考》的章节结构反映出朝廷试图强调满洲的起源及认同皆在于东北的政治动机。因此，满洲的政治认同在地理上应该与中国撇清关系，而《源流考》一书的性质则宜被看作四库丛书中的主流部分（皆以中国为对象）和满洲-东北文化典籍（集中体现东北亚认同）这一四库支流之间的结合点。首先有必要指出，《源流考》和《通谱》虽然都在史部，但各自所处的门纲子目则完全不同。不错，前者确实被安排在舆地类，可是后者在史部中的位置却是传记类下的“氏族通谱三”，属于所谓的“总录之属”，跟地理之书相隔甚远。因此，二者的具体类别截然不同。上述柯氏之说，无论是否出于对四库目录的无知，其实都是刻意将氏族中心主义这第一重历史叙事和“东北亚本位论”这第二重历史叙事相交汇，而《源流考》《通谱》则恰恰充当起贯通二者的连接点。

其次，四库馆臣将《源流考》列入舆地类究竟是否在执行“东北亚本位论”的“御意”，我们不妨来具体观察与它同在一目之下的著作还有哪些。按《源流考》位于史部地理类三“都会郡县之属”，与其同目而列在该书之前的著作依次是《吴兴备志》《钦定热河志》《钦定日下旧闻考》，而排列在其后的书目则分别是《钦定皇舆西域图志》《钦定盛京通志》《畿辅通志》。由此可见，四库馆臣将它们同列为一类仅仅是一种结合行政区划与地理方位的权衡考虑，根本不是想借此提醒观者注意“东北亚本位论”，故该目所涉的地理著作范围甚广，既有属于内地的直隶、京师、江南，又有边疆地区的东北与西域，实在看不出将《源流考》附于其下就是为了彰显有别于中国认同的“东北亚本位论”。相反，既然《源流考》所在的这一类目总称为“都会郡县之属”，那就没有把东北与西域分列在中国之外的用意，显然它们与内地一样，在行政区划上均属于“都会郡县”的范畴。综上所论，《源流考》既非柯氏所说的以氏族为核心的著作，更非一部意在强调自外于中国的标榜东北亚的认同之作。

还有一点需要提出讨论的，即柯氏行文中对“东北”和“东北亚”（Northeast Asian）的混用问题。虽然她在本文前面的大部分篇幅中以使用前者为主，但到结论性的最后两节中，却转而使用后者作为概括性结语的关键词。这也是我们将其命题称作“东北亚本位论”的原因所在。严格地讲，这两个术语的包含范围存在差别。作为历史性的地理概念时，前者或可指代从山海关到库页岛之间的广袤区域，而后者至少还应该在前者的基础上加上朝鲜半岛。那么作者为何会在结论部分中使用地理范围更大的“东北亚”一词呢？原来这和她对《源流考》中相关内容的理解是分不开的。值得注意的是，先是在作为此书编撰方针的乾隆上谕中，皇帝明确提到了他对古代三韩国名的见解（所谓韩等于君主的称号汗），同时认为百济、新罗在今吉林附近。当然作为对御意的逢迎揣摩，《源流考》的正文中也确实把三韩、百济、新罗一个不缺地都列入“部族”门。柯氏即以此判断乾隆的上述见解系先是针对古朝鲜人（ancient Koreans）而发，同时又相信吉林一地本为朝鲜人的国家新罗和百济的领土（the territory of the Korean States Silla and Paekche）。

然而，她的这一判断实际上和乾隆的本意并不契合。后者之所以要求把三韩、百济、新罗的历史沿革也归并到这部计划编撰的《源流考》中，乃是他深信上述国度的发祥之地并不在地理上的朝鲜半岛，而仍然位于传统的白山黑水之地。因此从地域和人群的同一性上考虑，他们的先民其实和满洲的先民深具渊源。确切地说，当乾隆明确指出旧史家误汗为韩时（当然这一点纯属附会），他已经将三韩的起源规划在了比朝鲜半岛位置更靠北的东北内陆区域。如果要用今天的术语来表达，那就是乾隆的心目中已经隐约形成了一个以北亚为中心的相当于“汗文化圈”的地理范围，即使三韩政权正式立国于朝鲜半岛，但其先民却肇始于这一文化圈。故从血统起源的角度上看，三韩之民并非“古朝鲜人”；这正如后来的女真-满洲人虽然在金朝和清朝都大批入关定居，但从血统上始终属于东北之民一样。百济、新罗的情况与之类似，按照乾隆的理解，“亦皆其（吉林）附近之地”，同样出自白山黑水之间，后来才扩张到了其南的朝鲜半岛。正是出于对御意的迎合，《源流考》的编撰者不得不在后面的相应正文中极尽附会之能事，论证有的百济词汇可以用满语解释，而且三韩、百济和新罗的早期辖境都包含东北的部分地区。[①] 与此形成对比反差的是，乾隆在上谕中一字未提早期与新罗和百济长期对峙的高句丽（后来宋金元时代的王氏高丽和明清时的李朝均和其有一定的渊源关系），即缘于他认为后者才是真正的朝鲜土著，故与发源于东北的三韩等族的谱系源流判然有别。惯于揣摩上意的《源流考》主撰者对此也心照不宣，在相应正文中即不给高句丽及其后继王朝以相近的待遇，所以在与满洲有关联的部族门中自然也就不见它们的踪迹。与此类似的是，宋代史书《三朝北盟会编》中曾有揭示女真人源自高丽的议论，即“（女真）本高丽朱蒙之遗种”，而在今存四库文渊阁本中，此话已被删除得干干净净。[②] 因此《源流考》编撰的宗旨，实际上是欲将起源地位于白山黑水之间的各部族均纳入其中，即使有些部族后来的活动舞台已经超出了这一区域。综上，从《源流考》对相应政治空间的构建看，以白山黑水为参照坐标的东北与地理范围上还应包括朝鲜半岛的东北亚不容混淆。故柯氏之失恰在于以现代人的“东北亚”地理观念去硬套古人的政治空间概念，从而极其冒失地把《源流考》臆断裁判为一件承载“泛东北亚情结”的地域本位主义政治宣传品。

柯氏为了配合其对《源流考》的解说，还继续围绕“东北亚本位论”进行演绎，她注意到同样是在这一时期，朝廷利用四库修史之际，以先前的辽、金、元三史多有译名讹误为由，对三史中的若干非汉语译名专称等重新厘定一事。她的解读是此举正是清朝标榜其来源于“东北亚本位论”的统治正统性的集中体现，即清廷通过它来彰显其统治并非始自1644年的清军入关或者1616年的建立后金，而是继追溯到东北亚最早有史为证的人群（如《源流考》所揭示的各“氏族”）之后，还进而在随后的历史时期里一直贯穿到相关的王朝（辽、金、元）谱系中。换言之，清的正统性是直接从辽、金、元三朝那里一脉相承下来的，这四个王朝共同构成了以坚持“东北亚本位论”而始终自处于中国的一组政权。

然而她的这一解说又是重重地误解了古人。恰恰是在《源流考》编竣前两年的乾隆四十六年（1781），清高宗就杨维桢《正统论》中排斥辽金，

---

① ［清］阿桂等编撰，孙文良、陆玉华点校：《满洲源流考》，沈阳：辽宁民族出版社，1988年，“正文”第35—36页、第51—53页。

② 邓广铭、刘浦江：《〈三朝北盟会编〉研究》，《文献》1998年第1期。

突出宋朝的正统观发表议论，正式承认了这一见解的妥当性，公开批判了那种兴起于顺康时期，并一直流行于当时的满洲必须接续辽金才有正统可言的民族狭隘观念，重新树立起清朝接续中原王朝的正统观。用他本人的话就是：“我朝为明复仇讨贼，定鼎中原，合一海宇，为自古得天下最正。（中略）然馆臣之删除杨维桢《正统论》者，其意盖以金为满洲，欲令承辽之统，故曲为之说耳。不知辽、金皆自起北方，本无所承继。非若宋、元之相承递及，为中华之主。”他将清朝正统承自辽金的观点判定为“曲为之说”再好不过地表明了皇帝本人对其的批判态度，同时他又在承认宋元正统相继的前提下，却将同样由北方民族建立的元朝擢升为与辽金性质不同的“中华之主”。至于本朝就更非“本无所承继”的辽金可比，其正统性也即统治合法性源于“为明复仇讨贼，定鼎中原，合一海宇，为自古得天下最正”。而从“定鼎中原，合一海宇”的统治标准来衡量，清朝的政权性质显然是如同元朝那样，属于中国大一统王朝。实际上，乾隆否定辽金正统论的理论性思考更早在乾隆三十八年（1773）即已定型成熟，只不过在新修辽金元三史和《源流考》相继完成的这短短两三年间又数次深化强调而已。[①] 很明显，位于四库全书编撰工程这一大背景下的上述修史工作的告一段落并即将刊布为他系统梳理自己的北族王朝正统观，继而将之作为最高官方意志正式告谕训教臣民，提供了一个非常适当的契机和场合。从乾隆的上述正统观来看，柯氏将之定位成一位致力于从史学层面孜孜打造“东北亚本位论”的符合己意的君主诚属谬托知己。[②]

此处需要补充的是，乾隆在贬低辽金在正统序列中的地位的同时，另一方面还蓄意破除那种强调华夷界限不可逾越的政治理念。两者之间并不矛盾，而是相辅相成，密切配合。他借前者来塑造强化清朝统治天下的合理性，并淡化汉人对于异族政权的抗拒敌视心理，又通过后者来消除汉族社会中挥之难去的反满民族主义潜流。正是这种对华夷对立观念倍加提防

---

① 刘浦江：《德运之争与辽金王朝的正统性问题》，《中国社会科学》，2004 年第 2 期。

② 乾隆生平热衷导引官方独断历史编撰的个人动机主要在于其执意要扮演历史判官的角色，切实左右操控其中的笔削褒贬。此举实际上是通过追求对以往历史解释的垄断权，以凸显现实中君主权威的不容置疑。参见何冠彪：《论清高宗自我吹嘘的历史判官形象》，收入何氏著《明清人物与著述》，香港：香港教育图书公司，1996 年，第 146—182 页。

的潜意识导致乾隆每以多疑警觉的心态审视相关史书，结果大大夸张了传世辽金元三史在译名问题上出现的错讹程度，终至极其武断地揣度以往的汉人史官时常故意“于对音中曲寓褒贬”，即动辄选取不雅丑字作为译名以诋毁贬斥，从而暗含森严夷夏大防之意。作为对此前这类带有种族偏见的修史工作的匡正，他重新代之以“传信示公”的口号，来具体指导新近启动的三史重修工程；表面上是要冠冕堂皇地为早已化为历史陈迹的塞北三朝讨还公道，实际上最根本的动机还是欲借此机会来清算终结传统种族观念在史学领域中的深远影响。① 以上指导方针落实在重修三史事宜中的具体表现就是“正其字，弗易其文”，即只需改正音译舛误而无须订补增删史实。②

虽然三史的正文内容未受明显刊削，但乾隆一朝所修的《四库全书》中却有相当可观的其他史籍中的违碍文字（既有整句表述，又有单个字词），遭到了史官的刻意删除或替代回避，后者的动机不免有希求“谀圣”取悦旨意的一面，同时也源于唯恐因为处置不当牵连致祸以求自保。③ 当然乾隆本人更是躬亲督导，通过批评《契丹国志》中所附的宋人充满华夷观念的议论，以指示对于圣意向来诚惶诚恐，不敢稍违的馆臣在该书的钦定重订四库本中清除删去这一敏感内容。④ 综上所述，乾隆一方面将辽金两朝置于宋元之下的偏安政权之列，断然排除清朝与二者之间的继承联系，以利于争取人心，树立正统；另一方面却又处心积虑地试图消除长期以来华夷种族思想对传统史学编撰或明或暗的深远影响，以促使汉族士人

① 何冠彪：《乾隆朝重修辽、金、元三史剖析》，《蒙古学信息》，1997 年第 1 期。

② 三史之中的辽金二史本属早已摈弃了华夷观念的元季修史的产物，当时的元人史臣多对宋辽金一视同仁，并无显著的厚此薄彼。朱明政权建立之初同样承认了元朝的正统地位，故在此政治背景下仓促成书的《元史》对于胜朝自易多有回护，故三史无需“易其文”即已符合乾隆高悬的政治标准。

③ 相较于雍正朝忌讳党争，乾隆一朝的忌讳重点则转向为种族问题及明清易代的人物及史事，由此导致禁书激增的现象以及书籍原文中大量敏感词汇及正文的削除或移换。参见王汎森：《权力的毛细管作用——清代文献中“自我压抑”的现象》，收入王氏著：《权力的毛细管作用——清代的思想、学术与心态》，台北：联经出版公司，2013 年，第 428—430 页、第 464—473 页。关于数量极其庞大的乾隆禁书内容中涉及夷狄论及明清易代的概括性分析，参见冈本さえ：《清代禁书の研究》，第 79—209 页。

④ 水盛凉一：《清人のみた契丹》，收入荒川慎太郎等编：《契丹「辽」と10-12 世纪の东部ユーラシア》，东京：勉诚出版，2013 年，第 271—272 页。

在思想深处自觉放弃种族观念，更加柔顺地配合服从清朝在汉地实施的统治。它们可以说是乾隆时期处理正统论及传统史学议题的基本出发点，也是我们理解乾隆一朝官方文化政策的关键。然而柯氏对于至为重要的上述两点恰恰缺乏最起码的了解体会，以致得出了与当时史实南辕北辙的认知。

最后作为对柯氏“东北亚本位论”批判的深化和小结，笔者拟进一步论证入关以后清朝皇室的自我地域认同是如何塑造成形的。实际上，与柯氏笃信清朝的地域认同指向东北不同，顺治以后的清朝皇帝的自我地域性定位是强调其帝业起自东方。虽然有些汉人士大夫如赵翼称颂帝气钟聚东北，但自从入关开始，清朝君臣上下转而多以东方或东土等作为本朝发祥地的指代方位。从康熙以来直到乾隆的三代君主更是身体力行，再三论述其帝业的肇基始于广义上的东方而非狭义上的东北之地，以刻意淡化回避其中与北方有关的地理因素。（详下）这里需要说明的是，自秦汉以来，中国的传统地理方位观常常表现出西北对东南的二元切分论。其中的“西北”表征的方位实际上是并列关系的西方—北方，与它构成对比的“东南”对应的方位同样是呈并列关系的东方—南方。因此，作为古代基本地理方位专名用语的西北和东南常常和今人理解的处于地理坐标横纵轴夹角方向的相关方位并不一样。最著名的即《史记·六国年表·序》中那段广为人知的概括：“夫作事者必于东南，收功实者常于西北。故禹兴于西羌，汤起于亳，周文王也以丰镐伐殷，秦之帝用雍州兴，汉之兴自蜀汉。”此处屡屡成为帝业初起之地的“西北”即不能机械地按照通常的字面含义去理解，因为汉高祖赖以成就帝业的巴蜀汉中只能说是位于广义上的西方而绝非一般意义上的西北。降至中古唐宋胡汉政权并立时期，西北又常常成为代指广义上的北方非汉政权所盘踞的地理方位。如北宋时期曾长期面临辽夏的双边军事压力，这使得当时中原人士的御边言论中出现了一个频繁使用的联称用语——“西北二边”。其实这里的西对应的只是偏处西北一隅的党项西夏政权，而北指代的才是初起于东北的辽河流域，以后统治区域从黄龙府一直向西南延伸到长城一线的燕云十六州的契丹辽政权。降至明初以后，当时的士人在涉及边防一类事务中，曾将鞑靼-瓦剌称为“西北二边”，而在论述内地的水利事业方面，所用的“西北”一名系主要指代京师所在的北直隶，并不时包括山陕、河南、山东（其在行政和监察上的派出机构恰恰覆盖了具有监管女真各部职能的辽东）各省区，以对比江南各省代表的“东南”。① 因此，从传统方位名称用语的习惯上看，清朝帝业的肇源之地同样应属于西—北而非东—南，故清朝本应以“北”或者其对应的分野作为帝业兴起的地理所属，就像十六国时期的三燕政权或后来安禄山昙花一现的“大燕”政权。②

可是自从入关以后，清朝皇帝却开始有意识地在理论上将帝业肇兴地从“西北”之“北”改塑修正为“东南”之“东”，以淡化消除实际地理所对应的“北”的因素，其结果相当于肇兴之地的基本方位在坐标系上产生了顺时针方向的90度位移。以康熙为例，他曾经苦心孤诣地“发明”出一种寓有政治深意的全新地脉理论，表现在其对臣下数度宣布泰山山脉始于关东长白山。这种将传统的堪舆术与地理格物相混杂的理论的出台正是为了证明将东北与中原联为一体的清朝统治具有地脉上的充分理据，而其对应的政治现实即满洲之龙注定将要入主中原。③ 本来如果从清朝龙兴之地所处的实际方位上看，最有资格成为康熙附会对象的中原山岳应该是北岳恒山，然而值得玩味的是，他却偏偏选取了东岳泰山作为长白山龙脉抵达的最终目的地。这当然不仅仅是因为泰山历来贵为五岳之尊，更重要的就是借此来塑造满洲龙兴之地对应东方而非北方的政治理念。不同于北方容易与塞外或胡人产生无法割舍的联系，作为基本方位的东方在《周易》的预言性卦辞中则有一个专门的对应术语“震”，以后经过汉代五行术数思想的阐发，最终导致“易”卦中的相关辞文被有意解读为一个极富政治寓意的预言：《易》卦的“帝出乎震”预示新的圣明天子即将兴起于东方。这一与东方有着对应关联的政治预言作为政治家改朝换代、争取正统的绝好舆论工具，在从魏晋到隋唐以来的整个中古时期都极为流行，屡

---

① 吉泽诚一郎：《「西北」概念の变迁》，收入本庄比佐子等编：《华北の发见》，东京：汲古书院，2014年，第37—40页。

② 明朝后期十分流行的“北虏南倭”之说以及与之相关的将蒙古与女真分别称为“西虏”“东虏”的用语，实际上即明指女真为东北方向之虏。

③ 姚念慈：《再评“自古得天下之正莫如我朝”——〈面谕〉、历代帝王庙与玄烨的道学心诀》，《清史论丛》（2009年号），北京：中国广播电视出版社，2008年，第165—166页。

见不鲜。[①] 因此与日出方向对应的东方（震）相应成为中国古代政治思想中体现帝业肇基的一个深富正统意味的政治术语。所以当康熙的这一附会式的格物成果对外宣布以后，在思想上久已接受了清朝正统观的史学家全祖望即在《皇舆图赋》中引经据典地称颂本朝创业为“帝出乎震，人出乎寅”，显然进士出身，娴熟出典的他在揣摩逢迎上意方面已至心领神会的地步，诚可谓当时君臣上下“一心一德”，清朝正统论深入江南士林的绝好写照。[②]

这种将清朝的兴起与东方相关联的政治观念稍后又被雍乾两代君主直袭继承并发扬光大。继起的雍正对清朝肇始于东的强调清晰无遗地反映在《大义觉迷录》中他和曾静的一问一答的对话中。在专制皇权的淫威面前，原本就见识阅历尚浅的曾静不仅早已在人身上沦为了听任摆布的阶下囚，而且在精神层面上同样处于被彻底制服的认输状态。此时的他除了摇尾乞怜，哀号求饶之外，就只能指望在受审过程中最大限度地配合及揣摩圣意来侥幸逃过“弥天重犯”理应受到的重刑诛戮。而恰恰是在这种极富历史戏剧性的一问一答的场合下，无论是身为原告的皇帝精心亲拟的讯辞中，还是竭力配合审问一心只求减轻罪责的曾静的口供里均不时出现清朝帝业起源于东方的论述。对皇帝来说，他是借此机会要向天下人重申澄清清朝创业的天然正当性，因此每每言“东”却不及“北”。不仅如此，甚至在他看来，构成已故吕留良犯禁的一大罪名即他在著书中“不知大一统之义，平日之谓我朝，皆任意指名，或曰‘清’，或曰‘北’，或曰‘燕’，或曰‘彼中’”[③]。据此凡指名清朝为“北”或“燕”之类的从传统方位着眼的称谓用法皆被雍正拔高到“不知大一统之义”的谴责高度以进行最严厉的政治批判。这种看似小题大做的做法流露出雍正极其不欲汉族士人

---

① 孙英刚：《“黄旗紫盖”与“帝出乎震”——中古时代术数语境下的政权对立》，收入徐冲主编：《中国中古史研究：中国中古史青年学者联谊会会刊》第四卷，北京：中华书局，2014年，第111—114页。

② 关于全氏是否真正坚持民族气节乃至暗藏反清心理的问题，曾在学界引发争议与讨论。近期的一篇总结性论文参见陈永明：《全祖望“素负民族气节”说平议》，收入陈氏著：《清代前期的政治认同与历史书写》，上海：上海古籍出版社，2011年，第263—276页。

③ 《大义觉迷录》，中国社会科学院历史研究所清史研究室编：《清史资料》第四辑，北京：中华书局，1983年，第138页。

将本朝与方位用语“北”相互关联的敏感而多疑的深层心态。

因此他在对清朝帝业兴起的方位所属的陈述上，一再重复的论调始终不离“盖我朝起自东土，诞膺天命，本服我朝之衣冠，来为万国臣民之主”“至于我朝，兴自东海，本非蒙古”。[①] 正是迫于皇帝强势诱供的压力，曾静的呈堂供词和最后所写的总结性悔过书《归仁说》中更是充斥着对清朝兴起于东的称颂，甚至不惜借用宋儒陆九渊的格言来表明其在认罪服辜的前提下已彻底服膺清朝的正统性：“见闻渐广，方知东海龙兴，列祖列圣承承继继，不唯非汉、唐、宋、明所及，直迈三代、成周之盛”“太宗皇帝龙兴东海，政举教修，仁声仁闻施及薄海内外，并未萌一点取天下之心”“而近代之精英，尽聚东土。所谓‘东海有圣人出，此心同，此理同西海有圣人出，此心同，此理同’者，今日方实信得。东海之圣人，其心理固与尧舜同也”“恭维我朝，当明末之乱，明位之移，由东土而来，扫除寇乱，抚临诸夏，一统无外”“况本朝太祖创业东海，以德行仁，本无取天下之心”等。[②] 上述毫无新意，唯知颂圣的阿谀辞藻，累赘重复到了令人刺目、不忍卒读的地步。耐人寻味的是，当达到了预期效果的审问正式结束之后，雍正特地将这本收入了皇帝审讯词和曾静详细口供的《大义觉迷录》公开刊布并颁行内地各府州县，“并令各贮一册于学宫之中，使将来后学新进之士，人人观览知悉”，地方当局如有违背不遵则将重谴。皇帝如此大事动作的用意显即希望本朝兴起于东土而非塞外等正统观内容能够清晰而牢固地烙印在每一个汉族士人的脑海中，以致在潜意识中都不敢再对清朝统治的合理性稍存疑议。

降至随后的乾隆时期，清廷又不失时机地利用新修的称颂清朝开国的相关著作，继续阐发张大这一理论。作为《源流考》书序的乾隆上谕中开篇即作“本朝肇兴东土，山川钟毓，与大金正同”，皇帝的这一阐释实际上使历来被看作起自北边的女真金朝（毕竟他本人在评杨维桢《正统论》

① 《大义觉迷录》，见中国社会科学院历史研究所清史研究室编：《清史资料》第四辑，北京：中华书局，1983 年，第 68、第 84 页。后一句表述更是在世人面前，置清初统治者平时乐于宣扬的满蒙一家论于不顾。

② 《大义觉迷录》，见中国社会科学院历史研究所清史研究室编：《清史资料》第四辑，北京：中华书局，1983 年，第 27、36、65、154、156 页。

时还曾亲口说过辽金起自北边）也获得了与本朝相一致，同样起源于东土的全新地域化身份。而在该书卷一的御制全韵诗中，则有“天造皇清，发祥大东”的词句，这被认为是他有意以五色配五方，而东方适为青色来解释清朝国号的来历。虽然这一解说因多有穿凿附会而未被现代学者所承认，但却寄托着皇帝欲借此进一步强化东方和清朝的联系，使之牢固到密不可分程度的政治用意。①

而在另一部完全为歌颂清朝奠基而编撰的《皇清开国方略》的御制诗文中，“乾隆”又将仙女后裔预示的帝系初起直书为“曼殊帝出震东方”，其中的“震”字似为一语双关，既可理解成动词化的君临、威慑之意，又暗暗呼应了它自古即有的东方之义的所谓传统隐喻用法。随后所附的诗注曰：“国号满洲，清字本作满珠，我国家肇基于东，故西藏每岁献丹书，皆称曼珠师利大皇帝，盖曼珠音近满珠也。”② 这里乾隆又再度利用佛教观念中东方的汉地由文殊菩萨（Manjurśiri）负责教化的典故和藏人将汉地君主尊称为文殊化身的传统，愈加深化了从其始祖布库里雍顺以来的清朝帝系和东方之间的关联性，既将清朝皇室与东方的联系上溯到远远早于太祖太宗的始祖传说时代，还指出了连远在西土的藏人佛教徒都对这种观念抱有高度认同感，更可照见该观念之遍及华裔。③

尤其值得一提的是，《皇清开国方略》的满文本中对上述诗句及原注的解释似比汉文本略详一些，例如“曼殊帝出震东方”对应的满文内容

---

① ［清］阿桂等编撰，孙文良、陆玉华点校：《满洲源流考》，沈阳：辽宁民族出版社，1988年，“正文”第2页。关于清朝国号来历的考辨，参看［日］松村润著、王桂良译：《大清国号考》，《社会科学辑刊》，1987年第1期；G. Stary. *Manchu names and some problems concerning their transcription*. in. J. Janhunen etc eds. *Writing in the Altaic World*（*Studia Orientalia* 87），Helsinki，1999，p249. 前一篇论文认为“大清”的国号来自《管子》中《心术篇》或《内业篇》中以“大清”“大明”连用的典故，并以“大清崇德”作为“大明崇祯”的对立语。后一篇文章则以蒙古语dacin（“战士”）、满洲语dacing（“士兵”）的用法来解释得名原因。与后说相近的观点也参见鲍明：《大清国号词源词义考释》，收入傅波主编：《从兴京到盛京：努尔哈赤崛起轨迹探源》，沈阳：辽宁民族出版社，2008年，第192—205页。不过此说最近遭到李勤璞的有力批评。

② 类似的表述也见于上引《满洲源流考》中对满洲名称来历的解说以及关于随后的《御制全韵诗》中“号建满洲，开基肇宗”诗句的注释。参见［清］阿桂等编撰，孙文良、陆玉华点校：《满洲源流考》，沈阳：辽宁民族出版社，1988年，“正文”第2—3页。

③ 藏人将汉地君主尊称为文殊菩萨的化身的做法，始自元朝，并由明朝接续。参看David M. Farquhar. *Emperor as Bodhisattva in the Governance of the Ch'ing Empire*. *Harvard Journal of the Asiatic Studies* 38/1978，p5—34.

“tede dzang ni baci aname dergi ergi i manjusiri amaba hūwangdi seme dahanjiha”的文意是“后来藏地也来归附，并以‘东方的文殊菩萨大皇帝’相称”[①]。这样经过从康熙到乾隆连续三代君主在理论上的不懈论证，由爱新觉罗家族创建的清朝帝业与东方这一基本方位的对应关系终于从统治正统性的层面锻造完成了。因此，我们不难理解为何当道光年间的魏源在著述中一一列举“西北藩服”的地理范围时，已经只包括内外蒙古、天山南北、卫藏青海，而毫不语及像鱼皮鞑子之类的关外边民所居的东北荒远之地了。以后随着咸同年间西北局势的动荡不定，朝野目光中的“西北”逐渐固定在了陕、甘、新等省区，这基本和今天人们对西北的地理概念相同。唯从清末直至民国时期，以包头、归化为中心的绥远仍然时常被认作是广义“西北”的组成部分。[②] 而另一方面，同样是在太平天国起义进入高潮的咸同年间，清将李元度在致起义军领袖翼王石达开的劝降书中对清朝统治合法性的辩护即“唯我朝龙兴东土，吴三桂敦请入关定鼎，葬明帝以殊礼，令臣民服丧……得统之正，此其一”。综上所述，不难看出柯氏大书特书的清朝政治认同始终以东北（或东北亚）为本位，以彻底断绝清朝龙兴故地与中原之地精神联系的认识对古人的误解有多么严重，以致它与清朝最高统治者的自我地域定位竟找不出丝毫相通之处。

除此之外，该文尚存在其他一些需要指正的问题，有的地方反映出作者的文献知识储备相对匮乏，还有一些则反映出作者的研究此时已经带有某种“政治化”的潜在动机。例如她在叙述清廷官方刊刻《元史》时称，“清朝在1739年重印了北京本后，又于1824年刊印了一个经过大量修订的本子”。实际上继1739年以明北监本为底本的武英殿本《元史》刊刻以后，译名经过“修订”后的新《元史》连同《辽史》《金史》在乾隆四十

---

① G. Stary, *Ein ‘Kollektivgedicht’ zur Gründung des mandschurischen Kaiserreiches*, D. Schorkowitz Hrsg. *Ethnohistorische Wege und Lehrjahre eines Philosophen*: *Festschrift für L. Krader zum 75 Geburtstag*, Frankfurt am Main: Peterlang, 1995, S. 249, S. 254. 台湾学者林士铉的译文是：迄今连藏地都仍跟随着称“东方的曼珠师利大皇帝”，似乎未将动词 dahanji——“来归顺”的含义明确译出。参见氏著《清代蒙古与满洲政治文化》，台北：台湾政治大学历史学系，2009年，第184页。

② 吉泽诚一郎：《「西北」概念の变迁》，收入本庄比佐子等编：《华北の发见》，东京：汲古书院，2014年，第42—50页。

七年（1782）刊印。[①] 而1824年的道光本不过是在此本的基础上做了进一步的改动而已。然而按照柯氏的叙述，乾隆朝在完成了包括《元史》在内的三史译名修订工作后，居然一直没有正式刊印，以致最后拖到道光年间才终于付梓。花费了如此之大的精力，并由皇帝亲自赐序，才最终弄出来的新本竟然长期不见天日，这岂非极端不合情理的咄咄怪事？显然，这是只要稍做思考就不难发现的问题，可惜作者对此却始终没弄明白。她还在接下来的叙述中称《辽金元三史国语解》刊布于1782年。实际上后者是乾隆五十年（1785）底才修成。柯氏大概将它的成书年份与新修三史的刊刻时间（1782）混为一谈了。作者此前对《元史》更早时期的版本传承的叙述也有不当之处。例如她说《元史》最早的洪武本在1370年完成初稿（drafted in 1370），并称北京本《元史》初刊于1606年。她的这些介绍按照其自注提示，系来自中华书局点校本《元史》所附的“出版说明”。核查后者，可知洪武三年（1370）并非《元史》初稿完成的时间，而是此书的定稿和相继刊印的时间，“当年七月书成，十月已‘镂版讫功’”。大概作者的古汉语知识较为贫乏，不明白“镂版讫功”就是刻版业已完成的意思，而将其误解成初稿完结。此外，“出版说明”只是说从万历二十四年（1596）至三十四年（1606），明朝的北京国子监重刻包括《元史》在内的二十一史，并未确切明指《元史》是在这段时间的最后一年才刊印的。作者此处似乎又误会了“出版说明”的原意。看来作者不光古汉语阅读能力有限，即使对于文白易懂的现代汉语也时有语义上的理解欠周。

耐人寻味的是，作者在结论之后，还专门附加了一节标题为地方主义的补记（Postscript：Regionalism），由此她开始初次从清朝的视窗向1911年之后的中国现代史窥望探视。柯氏此节的中心思想反映在其中的开篇之语：“在清时期以前，东北只是一个部分地被归并到中华帝国的地区；而在清的统治下，试图使东北保持文化和经济独立的措施颇为显著，而在清朝结束以后，这一地区迅速呈现出再度脱离中国轨道的发展趋势。”如果说以上概括的前面部分只是毫无新意地重复了作者此前刻意揭橥的东北非

① 此取何冠彪之说，参看何氏著《乾隆朝重修辽、金、元三史剖析》，《蒙古学信息》，1997年第1期。

中国论的话，那么最后一句话则已暗示出作者所抱的当代政治理念，即以东北为本位的地方主义实际上对于那种认为该地区从空间上应当由现代中国加以继承的民族国家观念是持排斥态度的。换言之，脱离中国对于1911年之后的东北来说是一条貌似合理而且颇具可能性的历史出路。为了证明上述合理性在当时的客观存在，柯氏接下来就论证从19世纪晚期一直到20世纪30年代伪满时期，许多坚持东北本位论的学者竭力借助学术活动来宣传鼓动“东北地区主义感情”（northeastern regionalist sentiment），并直接体现在清末东北地方性文献的大批编撰和学者们逐步加强对历史上在东北地区活动的各个民族和政权的学术研究，以揭示这种与以谋求中国的自强统一为诉求的爱国主义背道而驰的“地区主义”在当时的许多知识人士那里确有牢固的民意基础。

柯氏的此类解说怀有高度政治倾向，如果说乡土文献的编撰等于鼓吹宣传自外于中国的“东北地区主义感情”的话，那么中国的其他地区同样存在的浩如烟海的乡土文献是否也都在鼓吹一种从文化上消解中华统一体的“地方主义”？答案显然是非常荒谬的。毋庸置疑，对本地区文化的关注、研究与表彰并不意味着就要排斥中国的统一性。中国的统一性和地区文化的多元性之间绝不是类似鱼与熊掌的那种二者只能取其一的关系。让人好笑的是，如前所述，柯氏不惜乱点鸳鸯似的把17世纪出自原籍关内流人之手的《宁古塔纪略》和主要反映旗人谙熟汉文化及其历史典故的《百二老人语录》都找来随便点卯凑数。

而在20世纪体现“东北地区主义感情”的学术成果中，她除了征引积极卷入伪满复辟活动的罗振玉之流的事例之外，更多地强调了金毓黻（1887—1962）的著述与所谓的“东北地区主义传统”的关联渊源性。这里我们必须指出，作为爱国史学家的金先生绝非惯于误解古人、谬托知己的柯氏所幻想的那样，是一位认同东北甚于中国的“地方主义者”。与之相反，本为汉军旗人的他不甘栖身于日伪的反动统治下，毅然在1936年利用造访日本的机会，辗转脱身秘密前往上海，以后相继任教于南京中央大学和流亡到关内的东北大学。长期以来作为在政学两界皆有影响与声望的寓居内地的东北人士，他始终致力于通过学术研究来贯彻宣扬东三省是中国固有领土的爱国主张。[①] 对这样一位因坚持爱国、治学有成而广受世人景仰尊重的硕学长者，柯氏竟然把他与向来诓主媚日、人品卑污的汉奸政客罗振玉之辈相提并论，并将其学术成绩看作是“东北地区主义传统”动机下的产物，不仅显得不伦不类，莫名其妙，岂非痴人说梦式的佛头着粪，厚诬时贤？尤其可贵的是，金氏忧国忧时的民族感情还直接影响到他对中国古代王朝正统论的认知阐释。虽然身为原籍东北的汉军旗人，并且尤为熟悉擅长辽金东北历史，他本人却在抗战期间出版的《宋辽金史》中，完全超越了传统的旗民畛域和狭隘的地域观念，转以中华本位及民族大义为重，推崇褒奖杨维桢《正统论》中以宋为正统的观念，主张宜“以《宋史》为正史”，“包辽金之记载”，既将适足代表中华文化巨浸主流的天水一朝高度尊崇，同时又不摈弃辽金两史于外国之列，诚为十分得体、两得益彰的处理办法。他还在同一时期完成的《中国史学史》中高度评价历史观与《正统论》相近的明代史家柯维骐的《宋史新编》，将之嘉许赞赏为远较并不独尊宋统的元修《宋史》更为高明的《新宋史》。[②] 因此，在对金毓黻先生的人格精神和学术成就的定位上，柯氏歪曲误导的程度有多严重，已经无需做更进一步的论证和辨析。而从她的以上与事实迥然不合的种种曲解中，不难发觉现实性的意识形态因素对其学术研究的负面影响。

至于柯氏此文的第三个主题即清朝入关以后满洲认同从文化移向种族的变化显然即此前《两个佟氏》中的论点的继承与发展。作者此处又补充论述称，伴随这一过程，皇权也经历了变化，即它开始了对帝国境内几大人群的意识锻造，使得皇帝高居于其上，形成了个人化特征十分鲜明的君

① 关于金毓黻的学术经历及史学成就的全面评价，参见董明琨：《东北史坛巨擘金毓黻〈静晤室日记〉研究》，哈尔滨：黑龙江大学出版社，2013 年。

② 刘浦江：《德运之争与辽金王朝的正统性问题》，《中国社会科学》2004 年第 2 期。如此评价绝非要否定辽金两朝和契丹女真民族对中华文明的发展做出的不可磨灭的贡献，但在当时抗战时期的特定时局背景下，金毓黻倡导的以宋为正统，包举辽金的历史观显然更加有利于教育激励国民，以人口最多的汉族作为凝聚核心，联合各兄弟民族团结起来，一致抵抗外侮。

权意识，从而强调可以追溯至祖先的个人化效忠等。① 对于这些问题的进一步探讨，我们在本章的最后拟结合柯氏四篇论文中的最后一篇《乾隆朝对于汉军旗人的出身回溯》的具体内容来加以评论。而她的这篇长达40余页的长文反复论述的主题即以汉军旗人为个案，继续拓展始于《两个佟氏》所倡导的满洲认同变迁论这一命题，并将其与不同时期的君权在意识形态上的建构相联系，以全面服务于作者有关民族性及皇权建构等中心思想。那么这篇论文在前述论文的基础上又增加了哪些新说呢？以下我们来对其逐一进行剖析。

## 第五节 柯娇燕臆造的汉军旗人的错误叙事与其学术命题的关系

柯氏此文论述的出发点还是起步于前面我们曾详细解析过的明代东北的汉人（尼堪）只具文化属性的论点，即尼堪只是意味着一种中国化的生活方式（Chinese style）。如前所述，她为了回避使用"汉化"（Sinicization）这一本来具有说服力的论述话语（试对比陈寅恪以此来分析佟氏一门各支的不同特征和取向），就只得满足于使用如农耕、定居及城市化等既不科学又不严密的概念来界定其中所谓的中国化生活方式，而刻意回避东北的许多女真人早在明代之前就对定居务农甚至城居等经济类型

① 这里先指出柯氏论述中的一处细节疏漏，她以为乾隆时期的多语种合璧碑铭文献中使用的正式文字，除了人们熟知的汉、满、蒙古、回、藏五体之外，还有梵语。实际上梵语的流通渠道主要还是局限于陀罗尼经文类宗教内容，没有证据表明它在当时的政治生活中已经取得了和上述五体文字相平等的使用地位。柯氏所述参见 *Manzhou yuanliu kao and the Formalization of the Manchu Heritage*, p. 780. 按乾隆时期曾创制过一种专门用于转写拼读梵语经咒的满文阿礼嘎礼字，应用于《大藏全咒》和满文《大藏经》等宗教作品的刊印中。参看 G. Stary, "An Unknown Chapter in the History of Manchu Writing: The《Indian Letters》(tianzhu zi 天竺字)", *Central Asiatic Journal* 48/2, 2004, pp. 280—291；罗文华：《乾隆时期满文阿礼嘎礼字》，收入罗氏著《龙袍与袈裟》（下），北京：紫禁城出版社，2005年，第622—624页。

和生活方式并不陌生的事实。而在本文中，她为了给自己的这一极不成熟的观点增加稍许说服力，又迂回引用了元代的例证作为类比。她论述称，正如当初被蒙古人泛称为契丹的元代汉人包括了大量来自中亚和东北亚，但已经定居、务农或城居的人群一样，明代的辽东尼堪与之类似，也包含了许多先人本为女真、朝鲜、突厥、蒙古的非汉人群。事实上，尽管元朝的汉人确实包括了原金国统治下的女真-渤海人等东北民族，但是对于原籍中亚-西亚的大量突厥系人群以及阿拉伯-波斯移民，当时的政府则将之定位成广义的色目人（虽然这一概念有时在使用中并不十分严密），即使他们已经定居在汉地，熟谙汉语，从事农商各类生业，甚至还有的家庭已经改用汉姓了。柯氏引用元朝例证来为其说张目的做法，因其纯属个人想象，故实在是不堪置评。

而从努尔哈赤崛起到后金正式建立前后的历史叙述，柯氏更是口口声声地强调当时“在女真、蒙古、汉军之间没有制度化的区分”“女真语中的尼堪（在所指对象上）具备了当时汉语中的汉人一名所没有的灵活弹性”“建州女真和他们之中的尼堪确实没有公开的制度化和法律上的差别”，而尼堪作为一个待遇存在差异的群体，只是在一定场合下受到歧视对待，如经济地位更为脆弱，相较于女真而言容易受到惩罚，并且不被信任等。以上这番喋喋不休的叙述的目的只在于说明在当时的这种缺乏对不同人群进行有效区分的前提下，女真人自然不可能产生强烈的排他性族属意识，因此距离“民族”的衡量标准尚称遥远。可是，她为此举出的例证是哪些呢？首先，她引用了一句清朝最高统治者亲口道出的对于汉人“原无二视之理”的原话来为己说张目。可是根据其原注，该语却出自入关之后的顺治口中，故柯氏以之论证约半个世纪前的历史的做法不啻关公战秦琼，徒增史实混乱，殊不足取。

其次，她强调努尔哈赤在1619年发布了著名的命令，即将原先归附其的汉人享受与女真同等的待遇。根据其文注释，这一点实来自魏斐德《洪业》中的有关论断。核查魏氏著述，得知其实是在1623年而非1619年的时候，努氏下令将1619年以前主动归附其的汉人同以后加入进来的汉人两相区别，而唯有前者方可享受和女真同等的待遇，所谓“凡都费阿拉时归顺之尼堪，皆视同诸申”[1]。因此，受到一视同仁优待的汉人需要同时满足两个硬性条件，第一点是汉人必须归附于努氏“定都”于费阿拉的时期，具体对应的是从1603年起至1619年（农历）4月移至界藩城之前的这段时间。[2] 第二点则规定了这些汉人的身份只能是“归顺”的良民，即不包括任何战俘或掳掠得来的人口，也即努氏当时厉行的针对汉地的抗者杀，俘者奴，归顺来降者才编户为民，成为佐领下人的既定政策的实际体现。以努氏攻占不久的抚顺为例，主动剃发归降的李永芳及其所部即能享受这种良民的待遇，李氏本人还因此成为额附，名义上或许可被“视同诸申”，与之形成鲜明反差的则是当时抚顺地区的多数汉人则被降斥为奴，成为没有基本人身权利可言的佐领下的依附人口。因此，同时符合上述硬性条件的汉人在整个汉人群体内必然仅占很有限的比例，多数汉人在后金社会中的地位已下降到与奴仆无异的地步。换言之，当时大多数汉人的社会地位较早已具备正身旗人身份的普通女真人来说，显然是无法相提并论的。故柯氏以上论断难掩以偏概全之失。

最后，她还以达海这类具有汉人或朝鲜人血统出身的“跨境人群”（transfrontiersmen）在后金国所发挥的重要政治作用来表明汉人受到的歧视并不很严重。这一点或也本于魏斐德著作的提示。[3] 事实上，魏氏将达海本人看作非女真人出身的观点并无任何坚实的文献证据，属于较为典型的推论失误。他的根据是《朝鲜李朝实录》所记1595年河世国造访努氏后的报告，“麾下……文学外郎，则唐人投属虏地，几至三十年，而凡通书，此人专掌云”，认为他的职责适与达海相同，因此可以勘同为一。这个名为外郎的“唐人”，也即申忠一在《建州纪程图记》中所载的“歪乃，本上国人，来于奴酋处，掌文书云”。仅从此人在1595年时已经投效女真近三十年的情况来看，便可判断他绝不会是该年才出生的达海。当然歪乃虽

---

① Jr F. Wakeman, *The Great Enterprise, The Manchu Reconstruction of Imperial Order in Seventeenth Century China*, The Univ. of California Press, 1985, pp. 44—45；［美］魏斐德著、陈苏镇等译：《洪业——清朝开国史》，南京：江苏人民出版社，1998年，第31—32页。

② 户田茂喜：《清太祖の都城迁移问题》（二），《史学研究》第九卷第二号，1937年。

③ Jr F. Wakeman, *The Great Enterprise, The Manchu Reconstruction of Imperial Order in Seventeenth Century China*, p. 44；［美］魏斐德著、陈苏镇等译：《洪业——清朝开国史》，南京：江苏人民出版社，1998年，第31页。

属女真化的汉人，但却远未有证据表明他在当时的努氏身边起到了类似后来的达海那样重要的政治作用。[①] 至于达海其人，《八旗通志初集》《福陵觉尔察氏谱书》等明记其出自觉尔察氏，实际上属于爱新觉罗氏的宗亲，故其支子孙皆用紫带，而该支属的女性也参照氏族外婚制原则，不需被选为秀女。[②] 因此，以达海为例说明后金当时对汉人“视同诸申”，予以信任实属谬论。或应指出的是，像达海这样高度熟悉汉文化的人如果确有汉人血统的话，那么倒是可以给柯氏历来主张的其时汉人和女真尚缺乏族属之别，故可以在种族血统上互相渗透，而在文化上却存在明显差异的观点提供一些有限的帮助，但是既然此人确系一个完全意义上的女真人，甚至还是皇族的远亲，那就表明当时即使作为血统意义上的纯正女真人，也可以在文化上趋于汉化。同时文化上的汉化也不意味着达海即抛弃了本族认同。因此，达海的真正情况恰好与柯氏的设想结果完全相反，即一个人纵然种族出身完全与汉人无关，而在文化修养上照样能够实现深度汉化。

然而柯氏相信后金之初团结信任汉人，无分彼此的主观假设随即导致她产生了一个错误的连环推理，即她认为1619年后金国内成立了与女真人和蒙古人的军队相并列设置的独立性汉军（Chinese-martial），而其成员就是由受到努氏同等信任的汉人组成，只不过当时他们还未实现编旗化。她推论的理由不是征引任何已知的史料记载，而是相信既然1618年攻取抚顺使得努氏获取了大量人力资源，那么这应当就是后者次年声称“凡都费阿拉时归顺之尼堪，皆视同诸申”的历史背景，总之两者之间断非巧合。如前所述，她将此番言论系于1619年纯属对魏斐德原作的误解，实际的时间却是1623年。因此，柯氏的整个推论前提也就自动作废了。再以具体史实而论，李永芳归附后不久就被取消了单独掌辖旧部的权力。终天命时期，除了汉人奴仆早已沦为满洲旗下的依附性人口之外，即使具有良人身份的汉人也逐渐被大量改编入满洲牛录之下，从而陆续成为隶属满洲旗分这一

---

① 关于歪乃，参见王锺翰：《歪乃小考》，收入《满学朝鲜学论集》，北京：中国城市出版社，1995年，第19—24页。

② 敦冰河：《清太祖努尔哈赤族属考——兼论觉尔察氏与爱新觉罗氏的历史渊源》，《清史研究》，1999年第3期。较早德国学者林可曾译注过《八旗通志》中《达海传》中的内容，Bernd-Michael Linke. *Zur Entwicklung des mandjurischen Khanats zum Beamtenstaat*, Wiesbaden: Franz Steiner Verlag GmbH, 1982, SS112-120.

新的社会组织下的旗人成员。像投诚汉人中的头面人物李永芳即被置于满洲镶白旗下，其他几位归附的汉官代表情况也与之类似。此外在天命末年，后金在镇压了辽东汉人的反抗以后，更是强制性地将承担农业生产任务的汉人壮丁大批降为满奴，形成所谓“辽东之民，久经分给将士，谊关主仆”的局面。[①] 因此，在这种满汉地位差别迥异的背景下，即使后金一方为了弥补缓解军力的不足，需要强征汉人良民及奴仆一起随军出征，那也与后来形成的与满蒙军事力量相并列的制度化汉军在性质上绝不等同。柯氏发生的以上误解，不可谓不深矣。总体上说，正与柯氏的估计相反，努尔哈赤时代（尤其是天命后期）的后金全力推行的一系列带有整体性的民族歧视政策，在现实社会生活中已经起到了隔绝满汉两大群体的族际鸿沟的效果。

现在柯氏既然错误地以为1619年以后后金政权下的汉人已经渐渐地开始制度性地军士化，成为后金武装力量的一个正式组成单元，但同时又不像女真（满洲）人那样业已入旗，因此她进一步将汉人的这种处境定性为尼堪政治地位的模糊性（political ambiguity in *nikan* status）。至此“模糊性”这个看起来有些令人奇怪的术语被她定义为汉军群体的一大突出特征，并常常见于以后的行文中。这将导致她的失误在理论认知层面同样越陷越深。接着在史实的叙述方面，她径直认为汉军编旗仅持续了约5年（1637—1642），不察汉军的编旗始自天聪五年（1631）仅设一旗，以后相继经过崇德二年（1637）编为二旗，随后崇德四年扩成四旗，最终到崇德七年（1642）才彻底形成了八旗的格局。[②] 而这种汉人入旗时间如此滞后的认识反过来又加深了她头脑中的固有成见，导致她深信八旗体制中的汉军政治经济地位皆不及满洲蒙古实与此种时间滞后性息息相关，而非实际上在八旗内部早就形成的汉满有别的族际鸿沟。因此，在她的逻辑推演中，汉军在后金内部的社会地位先是受制于政治身份的模糊性，以后又由于入旗时间太晚，造成了入关以后该群体的整体地位始终不能和满蒙旗人相比。这等于说，汉军地位长期以来的相对低下与后金——清初统治者刻

---

① 姚念慈：《清初政治史探微》，沈阳：辽宁民族出版社，2008年，第102—103页、160—161页。

② 姚念慈：《清初政治史探微》，沈阳：辽宁民族出版社，2008年，第161—164页。

意经营的族际歧视或差别的总体统治思路无关，只是当时一系列具体政策的不幸结果或意外产物。通过这种错误演绎，柯氏实质上是再次试图回避明清之际已经出现并成为社会矛盾焦点的“民族”或“族性”问题，以便将它们的产生推后到她认定的相对较晚的时期。

另一方面，汉军旗分从成立之初的仅仅一旗到最后八旗俱备则经历了12年的时间，这自然说明汉军编旗绝不像柯氏想象的那样，是一个在5年间完成的进度甚速的历史事件，而是和后金天聪崇德时期政治形势的不断变化密不可分。总体上说，皇太极时期在一定程度上改变了其父对汉人的仇视政策，既允许少部分汉人脱离旗下奴籍，并试图减轻旗主权贵们对于归附汉官的任意欺凌的政治打压和索求无度的经济盘剥（此举曾直接酿成刘兴祚兄弟重新归明反正）。同时又为有效利用汉人所掌握的先进军事技术，成立了由逐渐脱离满洲旗分的汉军组成的炮队武装，但另一方面仍然担心汉人难治而不减其防范心理，更需要保障八旗满洲显贵的既得利益和特权地位不受影响以免动摇旗制根本，所以即使单独化的汉军编旗工作在政治军事上均已势在必行，皇太极却始终拒绝委任相应的汉人旗主（按：不应将此与汉人担任的固山额真这一军职混同），仍旧以过去的满洲旗主贝勒作为新建汉军各旗之主，在现实中继续担当着监控统领汉军的角色职责。因此，这种汉军的单独编旗即使显著加强了后金的军事力量，并在有限的范围内改善了部分汉人的地位身份，但是在政治上却注定无法削弱足以制约君主集权的旗主权力。与之相对应，在完成了汉军八旗建制的崇德时期，君权仍然不能有效干预插手各旗的内部事务。不过，作为满洲统治集团中较为成熟的政治人物，身处于维护八旗旧制和渴望成为明朝皇帝般的专制君主矛盾夹缝中的皇太极对于上列弊端也是敏于察觉的，所以在崇德年间将原满洲旗分下的汉人大批单独编旗时，却始终未把在天聪七年至八年（1633—1634）归附的孔有德、耿仲明、尚可喜三大集团同样援例设旗编为汉军，而是组建成唯听命于君主本人而非各大旗主贝勒的直属性武装力量，以免颇有军事实力的这些集团编旗后反而会加强原有各和硕贝勒的权力，从而助长这种军政分权化的势头。[①] 以上应该是我们理解汉军单独编旗的基本历史背景。可是现在柯氏既然把汉军编旗错误地理解为一个纯由君主个人意志决定的在几年内即一蹴而就的事件过程，那么她对相关原因的分析也就大大偏离了当时真正的历史背景，表现在她认为汉军八旗的创建动机和崇德初年的设置文馆以收容摆脱旗下奴仆身份的汉人文士一样，均是出于皇帝加强中央集权并削弱贵族权势的需要。这就与事实的本相大相径庭了。

而在对汉军成立史实的理解上，柯氏声称八旗汉军的满语对应名称“乌真超哈”（“重军”之意）早在努尔哈赤的时代就出现了，它的出现既与后金 1618 年攻取抚顺取得了红衣炮需要有专人维护使用这种重型火器有关，而且攻取抚顺所取得的大批汉地人力资源也为成立单独的汉人武装创造了有利条件。直到 1637 年重新析旗为二之前，这支尼堪军队的旗色都是与满洲八旗所选用的四色（黄、白、红、蓝）区别显著的黑色。至于“汉军”一词，她认为是在皇太极时代开始流行，原因是后者一向以 12 世纪的女真金国为学习对象，从后者那里借鉴吸收了若干专用术语，其中就包括“汉军”一词，因当时的金国就用它来指代华北与东北多地的各定居化人群（peoples of the settled regions of north China and the Northeast）。采取这一名称有助于在以后的征服战争中减少关内汉人对于满洲方面的敌意，因为“汉军”一词就是“汉人”之意。

以上推论可以说全不成立。首先后金方面取得仿制的红衣大炮是在比抚顺陷落要晚 10 多年的天聪五年（1631），并在当年的大凌河战役中初次使用。[②] 故将“乌真超哈”的出现与抚顺陷落相联系属于倒填日月似的时间错位。再说当时的后金军队中也没有以黑色作为军旗颜色的部队，直到孔有德、耿仲明、尚可喜归金之后，皇太极不欲使之编入汉军旗，这才给他们的部队配以黑色作为军队旗色的标志，即孔、耿两部各为黑色旗或镶

---

① 细谷良夫撰、王桂良译：《浅论归附后金的汉人》，载《社会科学辑刊》，1987 年第 6 期；同氏著、曹力强译：《与后金合作的汉将》，载《黑河学刊》，1990 年第 4 期。

② 侯寿昌：《浅论佟养性》，《历史档案》，1986 年第 2 期。关于后金部队装备红衣大炮的代表性系列研究参见田中宏己：《清初における红夷炮の出现と运用》（一）、（二）、（三）、（四），相继刊于《历史と地理》第 78、第 79、第 81、第 82 号，1974—1975 年。

白边的黑色旗，稍后尚部则使用带白圈的黑色旗，以与八旗军队在旗色上明确分开。[①] 因此认为努氏时代就有了以黑色为旗色的“乌真超哈”的提法等于犯了双重错误。况且从天聪五年（1631）才开始单独编旗成军的汉兵并未被立即赋予“乌真超哈”之名，最初只是被简单地称作旧汉人之兵（fe nikan i cooha）。到了天聪八年（1634）才出现了“乌真超哈”这一直接源自满语音译的专用术语，而入关以后改修过的《顺治实录》的汉文本天聪五年的记事下出现的该术语实际上是后人修改所致，不能作为1631年即已产生这一名称的文献证据。至于清朝创造了意译色彩明显的汉军一词来取代音译化的“乌真超哈”在汉语中的应用，就更是晚至入关多年之后的顺治十七年（1660）。[②] 故“汉军”一词的出台有利于减轻清朝入关时遭遇的汉人敌视全属时间错置的空想臆测。同时反观柯氏率意提出的认为皇太极出于对金人的拟古模仿而创造出“汉军”一词的论点（当然此观点显然有利于证实她的“东北亚本位论”），只能认为她的论断是多么虚妄不实。

其实她的关于“汉军”的种种谬说实际上只是想证明纯由汉人组成的军事单元在后金政权下有着悠久的历史，可以追溯到努尔哈赤进攻辽东之初，以表明尽管他们因未入八旗而带有身份上的某种暧昧性，但似乎仍然受到了统治者一视同仁般的政治对待，以至于当辽东汉人群起反抗女真庄主的事情发生后，还把他们中的大批人从女真旧主支配下的劳役阶层（the service classes）超擢整编入后金先前成立的汉人职业化军事团体（the professional military sector）“乌真超哈”。以后到皇太极时期，该组织又重新集体编旗，并被赋予了“汉军旗人”这一标明其身份地位的专用名称，从此与满蒙八旗成员一起共同成为入关之后的征服者。因此在柯氏笔下，起初努尔哈赤拟使辽东的汉人成为和女真人共同承担劳作的生产者，即双方形成一种在农业生产上合作互补（cohabitation and cooperative working）的关系格局，可是这一计划却由于辽人的激烈反抗而遭到失败，他才重又把

---

① 《清太宗实录》卷十五，天聪七年八月丁亥条；卷十八，天聪八年三月甲辰条。参见上引细谷良夫两文。

② 细谷良夫：《乌真超哈（八旗汉军）の固山（旗）》，收入《松村润先生古迹记念清代史论丛》，东京：汲古书院，1994年，第166—171页。

他们改组为随时应征的常备兵员，并具有单独配置的与先前八旗不同的旗色。这样在天命晚期残酷镇压境内汉人的合理反抗至于心理畸形，杀人如麻（尤其是针对辽东的生员士人群体）地步的努尔哈赤转而以一副对于女真汉人皆为仁慈宽大、体谅由衷的公正无私面目出现。这真是对历史史实的巨大嘲讽。换言之，辽东汉人的反抗得来的竟然不是残酷血腥的仇杀屠戮，而是在后金国内地位的节节攀升，最后同满蒙旗人一道共同成为关内汉人的征服者。他对辽东汉人的做法真是说得上“以德报怨”！这差不多可以被定性为“北美新清史版”的“农民起义催生让步政策论”了。归根结底，柯氏始终拒不承认天命后期的后金国内存在着极其尖锐而复杂的民族矛盾，故有意误导歪曲史实以免与她固执其意的民族晚生论发生冲突。

柯氏为了证明这一时期的后金国内的汉人虽然遭到某种歧视，但却并非无法忍受，转而以同时期明朝对待辽东汉人做一对比。她深信明朝当时对辽东的汉人比后金对待他们还要恶劣得多，以致这些辽人一旦投奔了明朝，就在前途上绝无指望可言。那么对应于天命后期的天启年间的情况真是如此吗？柯氏此论实际上是将她先前对佟卜年系狱事件的错误解读竭力扩大化，即她认为此事反映了朝廷对于血缘上有女真成分的辽人群体已经极度不信任故有意迫害之。前文对此已详加驳正，故不拟重复。此处仅补充一点，佟氏下狱实祸起于明朝内部其时已愈发激烈的党争（被朝中政敌攻讦为党附熊廷弼），这也是稍稍熟悉明末史实的学人所共知的。事实上，天启年间明朝内部虽然阉祸煽毒，党争不息，但在辽东的边防问题上，朝廷还是在一定范围内实行了最初由熊廷弼筹议，并由继任者孙承宗加以完善的“以辽人守辽土，以辽土养辽人”的积极恢复方针，尽管熊氏本人的下场极其悲惨，而随后的孙承宗和袁崇焕在实践该方针时也不免受到来自各方面的限制掣肘。具体而论，先是在熊氏任事的天启初年，辽沈和广宁相继失陷后，众多不愿降金的辽东军民均曾得到了来自明朝的援助接济，并被重新安置在关内和胶东登、莱等州。继起的孙承宗则进一步从内迁辽民中招募兵员，强化军事训练，使辽人的军人化程度得以提高并渐次成为明朝稳定辽西局势的主要边防力量。同时明朝也相当重视对于归附后金的辽人军政官员的策反工作，曾经取得过在后金统治下境遇不佳的刘兴祚兄弟举家反正的可观成果。[①] 实际上只是在崇祯二年（1629）的袁崇焕因“己巳虏变”下狱以及随后发生的皮岛内讧才导致“以辽人守辽土”这一战略的渐渐失效，而这时后金方面已值明显改变了以往敌视辽东汉人政策的天聪时期。[②] 因此相较于开始大肆迫害屠杀汉人的后金天命晚期，明朝天启年间对待辽人的安抚措施无疑才是更能得人心的。需要指出的是，即使在“以辽人守辽土”战略完全失效的以后阶段，辽人群体中的个别佼佼者仍然不乏在明朝出人头地的情况，像原籍铁岭卫的黄得功即因多立战功而迭经升迁，以后在南明初期一度成为政治上炙手可热的江北四镇之一，直至最终为保护福王而殉国身亡。故柯氏论述之严重失实，早已不容自辩。

柯娇燕关于入关以前八旗汉军的史实判断失误还体现在其对汉军组成的理解上。本文此前曾经辨析过，柯氏在最初发表的《两个佟氏》中，误将清朝文献中的抚顺尼堪理解成汉军旗人的名称，而实际上这一群体却是长期附着于满洲旗分之下，从未编入汉军八旗的依附性人口。而现在柯氏的错误又继续向前发展。她将“从龙入关”的汉军旗人区分为两大主要群体，一类是所谓的台尼堪，其中的一个内部分支即抚顺尼堪。他们的归清时间多是在1618年至1629年。而另一类则是抚西拜唐阿，这指的是稍后清朝在1643年取得锦州之前（按：锦州陷清的实际时间是1642年）进攻北直隶和山东、山西时期前来投奔的汉人。如前所述，根据《八旗满洲氏族通谱·凡例》，其中列举的尼堪、台尼堪、抚顺尼堪三大群体同属于长期隶属于满洲旗分之列的依附性汉人群体，他们的身份既非八旗汉军，彼此间也只是相互并列而非包含关系。

这里的不加修辞词的尼堪群体实际上多为清朝内务府下的内三旗包衣汉姓人口，尚不同于一般满洲旗分中的外八旗下的台尼堪等人，而与汉军外八旗下的正身旗人差别就更为显著。[③] 大概柯氏一看到文献中出现尼堪

---

① 渡边修：《明末の辽人につぃて》，《东方学》第65辑，1983年。

② 关于皇太极一改其父的高压方针，转而奉行拉拢争取辽人军事人才做法所取得的成效，除了人所熟知的前三藩主动投效的史实以外，还可参见姜守鹏：《刘兴治的归明与叛明》，《社会科学辑刊》，1987年第3期。

③ 张玉兴：《包衣汉姓与汉军简论——八旗制度兴衰的一个历史见证》，收入阎崇年主编《满学研究》第七辑，北京：民族出版社，2002年版，第323—338页。

两字，就望文生义地把它们一概理解为汉军。实际上自从“乌真超哈”和它的意译“汉军”一名相继被官方使用后，八旗制度下的各类尼堪之名就逐渐缩小到了专指满洲旗分（内三旗和外八旗）下的汉姓依附人口，而与汉军旗人渐无关联了。事实上，柯氏文中所列举的李永芳、佟养性兄弟、石廷柱等，均为典型的汉军正身旗人，而非她所想象的台尼堪代表。[①] 柯氏对抚西拜唐阿的解说更属谬见。必须强调的是，“抚西”一词绝非她所理解的意为“镇抚征讨（辽东）以西，因此代指北直隶等华北地区”，它指的就是辽东的抚顺地方，这从当初抚顺守将李永芳剃头归降后迎娶了努氏之女而被后金礼遇为“抚西额驸”中可知。故抚西拜唐阿是指当初原籍抚顺，以后在满洲旗分下充当各类杂职差役的被俘汉人之后组成的特殊群体，这与抚顺尼堪的含义和性质比较接近。[②] 柯氏随后指出的同样在天聪以降皆为正身旗人的宁完我、范文程等重要汉官均为抚西拜唐阿这类差役杂职的叙述就更是令人发噱。可见对于向来偏好递进推理的她来说，若是先前的错误积久未改，那么即会在以后的研究中继续滋生出多少新一层次的谬说，以致最终错误累积到了纠不胜纠的地步。

柯氏在对入关前夕汉军的叙述中，还存在一些次级差池。譬如她为了强调辽人地位的特殊性，故又声称许多在1629年之后归降的非辽籍汉人并未被允许接纳入汉军旗人组织中，而是直接隶属于满洲旗分内。实际上即以“己巳之役”后的华北而论，正是在1630—1631年之际，不少在永平府、遵化及京郊归附清朝的明朝降将在随后的编旗过程中皆入汉军旗分，成为与天命年间即已投靠后金的“旧汉人”所不同的“新汉人”。其中有的像马光远旋即得到皇太极的信任重用，几年之后成为与旧汉人石廷柱地位相当的八旗汉军成立之初的固山额真（系军队统帅但实非旗主）。还有

---

① 可以断言，凡属入关之前甚至在顺治年间成为台尼堪的汉人旗籍均位于满洲旗分内，只有在康熙年间的三藩平息之后，一部分投降余众被安置在东北地区以承担十分艰辛的台丁苦役工作，才被归列为汉军旗籍下的台尼堪。其社会地位不仅不能与前述满洲旗分下的台尼堪相比，甚至还在普通的汉人编户之下。参见刘小萌、定宜庄：《台尼堪考》，《清史研究通讯》，1988年第3期。

② 关于拜唐阿的原义以及入关以后其所指对象的多元化，参见安双成主编：《满汉大词典》，第387页；杜家骥：《清代“拜唐阿”探略》，沈卫荣主编：《西域历史语言研究集刊》第四辑，北京：科学出版社，2010年，第325—337页。

的如在永平府归降的孟乔芳虽然最初事迹不显，然在以后顺治初年的入关之役中战功赫赫，官至陕西总督。[①] 非常奇怪的是，从柯氏此处的前后行文用语来看，她又把马光远这位从华北“新汉人”中涌现出的汉军将领看作和石廷柱一样的在1629年之前即已归降的辽东旧汉人。这种误识大概根植于她相信来自华北的“新汉人”在后金—清朝的政治生活中始终不能望辽人之项背，因为后一群体先是得到了努尔哈赤的优容照顾，后来又被皇太极正式划定为较早入八旗的汉军人群，凡此皆为被后金—清朝倚为国策的“东北亚本位论”依据地域原则对待汉人群体的清晰体现。因此，按照以上逻辑，归附后的马氏既然政治地位与石廷柱相近，那么自也应为辽人出身的旧汉人无疑。

至于皇太极以后的顺康时期，柯氏关于汉军的论述更是让人莫名惊诧。她耸人听闻地叙述，在入关之后的较短时间内，汉军在整个八旗组织中的人数比例飙升。以1649年为例，各种汉军的总人数在八旗兵力（banner forces）比例为75%，以后到1667年才下降到总兵力的70%。那么她的这一结论是如何得来的呢？好在她给出了明确的注释出处，即出自安双成1983年发表的一篇论文所提供的原始统计数字。[②] 原来雍正即位伊始，出于想摸清八旗人口内部比例的动机，故嘱托交代一向深受其信任的弟弟允祥负责彻查此事。不久，后者即在雍正元年（1723）呈交了一份机密性质的满文奏档，其内清楚地记述了自入关以来的顺治五年（1648）、康熙六十年（1721）和雍正元年（1723）三个年份旗务档案所显示的八旗人口内部比例。这份对于学界了解清前期旗人内部人口比例来说至关重要的原始史料由安双成首次介绍翻译，公之于众。

根据安氏论文的主旨，易知上述三年中又以顺治五年（1648，并非柯氏所记的1649）汉人在八旗丁额中的比例最高，业已超过了75%。然而需要强调的是，该资料所调查到的八旗人口泛指所有男丁而言，绝非仅限于披甲人（banner forces）。故其中的汉人不仅包括了作为正身旗人的汉军，还有大量多处于满洲旗分下的台尼堪和包衣阿哈尼堪，三者之和才得以凑

① 渡边修：《「己巳の役」（1629—1630）における清の対汉人统治と汉官》，收入《松村润先生古稀记念清代史论丛》，第150—155页。

② 安双成：《顺康雍三朝八旗丁额浅析》，《历史档案》，1983年第2期。

成如此之高的比例。至于汉军旗人占旗人总数的比例如何，鉴于这份统计资料并未提供进一步的详细数据，所以暂无从深究。不过考虑到清初尚属凋敝的国家财力，能够像满蒙八旗成员那样从官府定期领取薪俸，披甲应役的汉军旗人数量必定大大少于其他两类依附性人口。否则国家的财政基础根本无法支撑数量如此庞大的汉军队伍。更何况，政府财源的主要部分还需赡养历来被视为武力统治基础的满蒙八旗。如果说汉军真的如柯氏所言，已占旗人总兵力的近80%的话，那么势必导致清政府供养汉军的财政支出会大大超出满蒙八旗，即使汉军的人均薪俸数字确实低于后者，而“首崇满洲”的清朝最高统治者势必不能容忍这样的现象发生。顺治元年（1644）汉人旗人中的依附性人口的数量之所以如此惊人，显然又是和入关以来清朝奉行赤裸裸的武力征服政策，全军从上到下任意大量俘虏掠夺平民为旗奴的残暴行径分不开。柯氏对此史实漫然无知，竟然臆断相关的统计数据均指披甲人而言，又将与汉军旗人的身份有着本质差异的各类尼堪等依附性旗下人口也不分青红皂白地一概计作正式的汉军成员，因此才得出了上述绝不容于事实的无稽之谈。①

与顺治五年（1648）的统计类似，后来的康熙六十年（1721）的比例数据也是将汉军和另外两种汉人旗人一同估算，并未单独列举出汉军占旗人男丁总数的比例。而且这时的汉人旗人内部成分的复杂程度更甚于顺治年间，共计有当初“从龙入关”的汉军、台尼堪、抚西拜唐阿以及满洲蒙古旗分下的包衣汉人、“定鼎后投诚”的北京汉人、内务府系统的太监、“带地投充”的汉人等形形色色的各种类型。而这几大类汉人的累积之和则占旗人总丁额的69%。这一比例在随后的雍正元年（1723）中又下降到67%。因此，允祥奏档中的数据殊不足以提供汉军占旗人总数的精确比例，但能够明晰反映出清前期时旗人总数中与正身旗人相区别的汉人依附性人口的比例则要大大高出人们之前的估计。即使如此，仅就有权领取薪俸的

① 虽然八旗出征时，奴仆常常需要跟随主人一道出生入死，但这被认为是他们原本就有替主子效犬马之劳的天然义务，因此即使赴汤蹈火、丧失生命也在所不辞，这并不等于他们就由此成为披甲旗人中的正式一员。最为准确生动地揭示这层主仆关系的就是《红楼梦》中对贾府老仆焦大昔日曾随宁国公贾演数度出征，并冒死救护主人脱难出险的描写。仅在某些特定情况如布尔尼之乱时期，由于现有兵员极其缺乏，身为平乱将领的图海才不得不临时性地武装动员大批家奴以解军情燃眉之急。

披甲旗人而论，从入关定鼎以后直到乾隆时期的“出旗为民”政策实行之前，汉军的数量一直要少于满洲旗丁的学界既有观点无须做大的调整修正。当然柯氏此处犯大误的知识根源还是在于其对汉军的包含范围从始至终全然混淆不清，复加上她历来笃信汉军等于汉人（尼堪）的错误理论前提，导致她不假思索地把旗人社会中的所有汉人成员，上自正身旗人，下到太监小厮一律视作汉军正式成员，可谓离谱至极。当然这种将其推论葬送得干干净净的知识短板也将她对清代八旗社会内部的复杂多元性的近乎一无所知暴露得清晰无疑。

既然汉军的内部构成及其占旗人总人口的比例均被她完全误会和人为高估，那么这类乖谬如同此前的那些误断一样，继而滋生出更多的后续性连环失误。接下来，她首先将康熙前期反清自立的三藩（吴三桂、耿精忠、尚之信）之乱定性为部分汉军中的头面人物并包括一部分老资格的家支（including some of the old lineages）公开鼓吹掀起反清活动的政治事件。它于1673年的突然爆发宣告了汉军旗人对于满洲统治者的忠诚表征不再被认为是确定无疑的。而在整个17世纪的后半叶中，汉军在清朝统治者心目中的形象和地位则变得愈加微妙。一方面，随着大量新进成分注入汉军，使得该群体的整体文化面貌暧昧模糊起来，往往因人而异的满化与汉化的双重景象同时皆见其中。而另一方面，汉军群体因其庞大的人口数量所导致的对政治经济重要资源的突出挤占（从官员的入仕机会到驻防兵丁的薪俸支付）又使得数量相对较少而无以自安的满洲旗人难免对此怨声载道，激愤不平之声甚至上达朝廷（按：如果汉军确实占正身旗人男丁总数的逾七成，那么这种推论自无问题）。这样随着忠诚度受到猜疑和政治地位不再稳固如初以及自身文化面貌的多变性，汉军旗人内部逐渐产生了新一轮的裂变，即部分汉军家族转而以其祖先原本出自满洲为由申请重新改入满洲。

柯氏对于17世纪后半期汉军政治地位的描述完全与已知史实相矛盾。首先三藩事件的肇乱者并非汉军旗人，更不属于汉军中的资深家族。虽然吴氏、耿氏、尚氏确曾被怀疑为在当初归清之时即已入旗成为汉军，但是这一广为流行的旧说目前业已在学界得到纠正。如前所述，较早在天聪年间携家举兵来归的孔有德、耿仲明、尚可喜三大军事集团均被有心限制贝勒旗主权力的皇太极单独留置在八旗体制之外。上述家族及其部属的这种非旗人的身份一直持续到入关之后的很长时间里（其中孔氏率先战死于南征李定国之役中，致其后人仅存一女孔四贞，故该族在政治上早已趋于式微）。仅仅是在三藩平定之后，清朝高层面临如何处置其归降的余部及某些未卷入叛乱的家支的问题时，从加强监视并增大管控力度以免再生祸端的统治动机出发，重新检讨了先前对待他们的优容宽大政策的失计，因此不再容许其继续游离在八旗体制之外，这才强制性地将以上特殊人群改移入汉军旗人之列。

其中以子孙众多、家支复杂而众多族人并未预乱，故而受到牵连较小以至后裔子孙依旧繁衍极多的尚可喜一系而论，降至康熙年间以后，其在北京和辽东的后裔不仅已经接受适应了这种身为汉军旗人的新身份，甚至还在相应的谱牒中将本未入旗的远祖尚可喜也重塑为汉军旗人，并逐渐为清朝官方所默认，遂导致有些晚出于雍乾时期的官修文献如《八旗通志》《清史列传》等均将尚氏的身份追记为汉军镶蓝旗人。[①] 这实际上是将其后世子孙所在的旗分移置于乃祖头上，而与清初的史实并不契合。与之相反，编撰时间更早得多的顺治九年（1652）的满文档案《汉王公各官员世爵名册》和康熙二年（1663）的同类型史料《汉军旗内兼任官员世爵名册》中均没有记载三藩及其部属的旗分，这也可以作为当初三藩尚未入旗的佐证。而在叛乱平息以后的强制编旗过程中，作为耿、尚族人的领主对佐领一职的控制力度则被削弱，以至相关余部的佐领常常不是世袭佐领。[②] 同样来自《清实录》的资料也证实耿尚集团在三藩之乱以前只设佐领但并

---

① 对尚氏身份及其后裔旗人化问题的探究，以细谷良夫的论著最多。参见氏撰以下论文：《尚可喜一族の动向を伝ぇる诸史料——辽宁省海城市尚氏藏『尚氏宗谱』の调查から》，收入《第一届中国域外汉籍国际学术会议论文集》，台北：联合报文化基金会，国学文献馆编印，1987年，第791—809页；《围绕尚氏家族的诸史料》（王桂良译），收入支运亭主编：《清前历史文化——清前期国际学术研讨会文集》，沈阳：辽宁大学出版社，1997年，第21—27页；《清末の汉军旗人——尚氏一族をめぐつて》，收入细谷氏编：《清朝史研究の新たなる地平——フィルドと文书を追つだ》，东京：山川出版社，2008年，第96—122页；《尚可喜一族的旗籍与婚姻关系》（张永江译），收入中国社会科学院近代史研究所政治史研究室编：《清代满汉关系研究》，北京：社会科学文献出版社，2011年，第91—105页。

② ［日］绵贯哲郎：《关于入关后编立的八旗汉军佐领》，收入朱诚如主编：《清史论集——庆祝王锺翰教授九十华诞》，北京：紫禁城出版社，2003年，第487—490页。

未编旗，事件平息之后，剩余部属才被改隶于相应的汉军旗下。[①] 因此早期满汉史料在三藩未入旗上的记载是彼此相合的。不过，平西王吴三桂所部的情况稍微有别于耿、尚二藩。相近之处在于三藩起事以前，吴藩军中同样也是参照八旗兵制，设置了以佐领为中心的军事组织，即都统、参领、佐领、护军统领、护军参领等官，大体按照了八旗汉军的相关标准，即《平西王吴三桂题本》中所言“第官名及甲马差徭俱与乌金超哈同例”[②]。不过大概因为三藩之乱平息后，吴氏族人几乎无人得到朝廷宽宥，故官方对其部下的处置也与耿、尚两藩有所不同。目前难以找到证明其余众被改隶于正身汉军的原始记载，仅能综合时人留下的相关记载，显示这部分人众大部分都被政府发遣东北专事守台苦役，成为虽然身属汉军旗下但其社会地位却大大低于普通旗人的台尼堪这一特殊底层群体。[③] 也就是说，吴藩余部虽然得以入旗，却并未如耿、尚两部那样成为正身旗人，故境遇凄惨。由此可见，清廷着手处理三藩余部问题时，是在坚持入旗大原则的基础上，对原属三藩的部下做到了区分对待。

综上所述，三藩之乱的产生与汉军集团并无直接关系。何况在整个事件的初期，有些在三藩辖区内出任督巡要员的汉军旗人，还极力效忠清朝，最后以身殉职。例如在云南担任巡抚被吴氏在起兵之初所杀的朱国治，同样死于吴氏子弟手中的马雄镇和被耿精忠谋害的范承谟。其中马氏和范氏的就义事迹以后得到了朝廷最高形式的褒奖和纪念，并被作为当朝忠臣的榜样反复宣传。[④] 柯氏声称这一事件改变了朝廷对于整个汉军群体的态度只是一个建立在误判史实基础上的不能成立的错误假说。她的这一评述在于试图为其以后的论述找到一个合理的史实切入点，意在将此事与

① 王锺翰：《满族八旗中的满汉民族成分问题》，收入王氏著：《清史续考》，华世出版社，1993年，第68—70页。

② 神田信夫：《平西王吴三桂の研究》，收入神田氏著：《清朝史论考》，东京：山川出版社，2005年，第200—203页。该文原刊于1952年。

③ 王锺翰：《满族八旗中的满汉民族成分问题》，收入王氏著：《清史续考》，华世出版社，1993年，第70—71页；刘小萌、定宜庄：《台尼堪考》，《清史研究通讯》，1988年第3期。

④ ［美］魏斐德著、陈苏镇等译：《洪业——清朝开国史》，南京：江苏人民出版社，1998年，第831—840页。魏氏引用当时戏剧家李渔的观察指出，鉴于范氏家族在辽人旗人群体中的特殊影响，因此范承谟的个人动向就显得十分重要，而由于他最终选择了忠于清朝并为此英勇就义，因此自然稳定了其他辽籍汉军大族对于清朝继续保持忠诚取向。

汉军地位的动摇失落建立关联，表明人关以后汉军与满洲关系转变的实质所在。事实上，最新的研究表明，三藩事件的爆发因为有些出乎最高统治者的意料，再加上事变初期由于战事蔓延迅速导致的南方各地的清朝官员“从逆”现象的普遍化，康熙确实对于朝中任职的汉官群体产生了十分深重的猜忌心理，以致事隔多年之后依然不能释怀。[①] 不过，他所猜疑的对象尚仍限于旗人群体之外的一般汉官，总体上来说并未减少传统上对于汉军臣工的信任，尤其是某些和他有特殊关系的汉军家族更是在其统治时期以多出肱股重臣而闻名。故正是在这一时期，与其母系家族有密切关联的“佟半朝”的说法开始在朝野不胫而走。[②] 即以汉军整体而论，在康熙一朝的定期前往热河巡幸的活动中，在一般情况下不见汉人阁臣随侍同往，而汉军出身的臣僚却得享扈从厚遇，不在限制之列。[③] 至于柯氏宣称的在这一时期出现了满洲旗人对于汉军优越地位的不满与反击，也属于其一厢情愿的奇思异想。正是因为此说于史无征，所以她无法在相应的论断下面明示文献出处以备验证。不仅如此，在柯氏关于17世纪后半期汉军旗人地位微妙化观点的整页论述中，都未出现一条最基本的文献注释以提示原始文献出处或者前人研究的成果，充分彰显出此处所论皆如无本之木，无源之水。

当然柯娇燕进行的如上论述还是为她以前在《两个佟氏》中强调的佟国纲兄弟请求从汉军改为满洲并得到批准的论点提供解释性的背景平台。可是如前所述，第一，佟氏该支在康熙时期经历的所谓改旗实际上只是汉军内部的一次“抬旗”，即从正蓝旗汉军被抬入镶黄旗汉军；第二，朝廷只是允许该支佟姓族人可以对外自称满洲，但是其隶属旗分却不予改变，仍在镶黄旗汉军内，故在正式名分上始终未具满洲之实。因此，以权倾一时而被民间渲染夸张为“佟半朝”的佟氏一门仍然只是资深的汉军望族而已。这对柯氏津津乐道的汉军地位下滑论不啻强有力的反证甚至是绝好的

---

① 姚念慈：《魏象枢独对与玄烨的心理阴影——康熙朝满汉关系释例》，收入姚氏著：《康熙盛世与帝王心术——评“自古得天下之正莫如我朝”》，北京：生活·读书·新知三联书店，2015年，第28—51页。

② 侯寿昌：《康熙母系考》，《历史档案》，1982年第4期。

③ 姚念慈：《准噶尔之役与玄烨的盛世心态》，收入姚氏著：《康熙盛世与帝王心术——评“自古得天下之正莫如我朝”》，北京：生活·读书·新知三联书店，2015年，第419—425页。

讽刺。类似的情况也出现在清初汉军名将石廷柱的后人中。本来与佟氏、石氏后人申请抬旗相似的事例在以后的清朝历史中所见颇多，不足为怪，此皆缘于八旗体制内部一直存在着十分复杂的待遇差别，个别成员适逢特殊机缘实现阶层内部的社会流动实不称奇，并且这种向上的流动现象出现在任何社会中都是十分正常的。对此的解释理应做到因人因事而异。如果按照柯氏逻辑催生出的深文周纳式的过度解释，但凡出现汉军抬旗请求，是否都与这一群体地位中衰以致其成员多不自安的焦虑景况有关呢？而且目前已知的此类案例，还有蒙古八旗中的下五旗成员被直接抬入满洲上三旗的情况，那么这是否又说明了蒙古旗人群体同样也感受到了某种危机呢？①

柯氏在《两个佟氏》中对于佟国纲改旗事件的解读本来已属严重背离事实，而现在又引申出更多的疏误。那就是她将佟氏的申请改旗诠释为一个政治互动过程的开启，即它反过来导致对文化因素备感焦虑的康熙转而认识到祖先血统对于维系满洲认同观念的支柱作用，并发现了所谓家族谱系对于证明满洲身份所起到的不可替代的关键妙用，可谓“文化不足恃，谱系长流传”。可是，现实中的康熙一朝，清朝对于满洲文化衰退的对策却是继续强化“国语骑射”等所谓的满洲文化要素，并保持满汉分界来扭转颓势，试图以刚性行政手段阻止悄然进行的文化变迁，这反映出满洲统治者仍然是把文化当作保持自身活力的头等大事来抓，虽然其实施效果未必都尽如其意；同时官方也并未启动任何以重新识别满洲人群为目的的修谱工作，于是自知其实证分量明显不足的柯氏只得暗示这对后来雍正一朝要求旗人普遍提供族谱的政府举措产生了后续性影响。然而这同样是一个充斥着循环论证的伪命题，因为雍正对族谱修撰编制的关心只是服务于其大力推行的以整顿牛录为中心的旗务改革的重要一环，旨在使君主在八旗体制内部能够建立起官僚化的统治秩序，以革除此前存在的旗主与佐领间存在领属关系的封建式分权传统，为此就首先有必要将私人家谱在性质上

① 关于对各种抬旗现象的原因分析，参见杜家骥：《八旗与清朝政治论稿》，北京：人民出版社，2008年，第325—334页。

转化成国家档案，以形成佐领直接面对并听命于君主的新型绝对服从形式。[①] 由此可见，柯氏为了对一个错误的观点自圆其说，就不得不想方设法地臆断编造出更多的虚幻论说来加强其说，所以错误的链条就会传递延伸得越来越长，终至难于自拔的地步。这突出表现在柯氏文中随后长达数页的对于佟氏改旗一事的分析都是没有任何实证价值的臆断，只会导致她的解说距离当时的事实越来越远。

除了佟氏改旗事件以外，柯氏论述康熙时期汉军地位转变的另一基本案例是关于范承谟殉清一事的重新释读。此事本来在魏斐德的著作中有过相当精致的分析，即官方通过对此的旌表刻意要在社会上传递出一种有效信息，相对于三藩这类跳梁小丑而言，清朝统治被赋有的无可挑剔的正义性决定了像范氏这样的忠贞楷模为之甘愿捐躯以舍生取义。范承谟和马镇雄的不屈而死的感人事迹也在经过了政府的巧妙宣传之后，确实在社会上产生了长久深远的影响，有助于人们承认天命转向清朝已经不可逆转，而像范、马二人这样的正义之士的涌现则是对此深具说服力的事实证据。然而柯氏此处却刻意求新，以求在迁就其既有思路的基础上，提出一种异于前人的解析。她将范承谟与其父范文程的事迹并案处理，试图以父子两代人在相关叙事中的形象为例，折射说明汉军群体所经历的身份变迁与形象改塑。

她先是引用国内学者张玉兴先生的研究结论，承认历来被视作开国文臣之首的汉军旗人范文程其实最初并非主动投奔后金，而是经历了一个从天命年间的被俘奴仆到天聪年间的得力臣僚的转型过程。[②] 不过更值得重视的倒是随后她对此史实的展开评论。她认为在清朝入关定鼎以后的“后征服（post-conquest）”时期，范氏在史书中的个人形象经历了与“前征服（pre-conquest）”时期的重大变化，即在后征服时期的形势下，范氏最初略带屈辱的经历被改塑成自愿投效太祖并深得后者器重的君臣之间愉快合作的关系了。这种君臣之伦对主奴关系的超越取代寄寓着强化臣僚效

① 细谷良夫：《八旗通志初集「旗分志」编撰とその背景——雍正朝佐领改革の一端》，《东方学》第36集，1968年。

② 张玉兴：《范文程归清考辨》，收入中国社会科学院历史研究所清史研究室主编：《清史论丛》第六辑，北京：中华书局，1985年。

忠君主观念的政治用意。而这背后的思想变迁则折射出清朝统治者力图将在入关之际实际已处于征服者位置的八旗汉军名臣的形象淡化处理为平常汉人，以表明对于汉人来说只要主动归附，尽忠臣节，就有可能在英主的赏识重用下，成长为一代名臣。而柯氏此处所坚持的前提依然是，像范氏这类典型的辽东汉军旗人，实际上其祖上很可能都有女真血统的嫌疑，与关内的一般汉人存在着种族出身上的实质分别，故清朝的做法只是一种政治宣传而已，并不符合历史事实。

柯氏的上述辨析看似新颖可取，实际上只是自编自导演绎了一个假命题而已；因目前已知的有关范文程生平经历及个人形象的任何传记类史料，均出现在顺治入关以降的“后征服”时期，因此也就根本不存在一个范氏的个人形象从入关前的“前征服”时代向“后征服”时代逐渐转变的明晰过程。目前以揭示范氏早期被俘经历最为生动详细的记录，已经是康熙年间彭孙贻（1615—1673）的《客余偶闻》。该史料甚至指出范文程还不像当时一般记载那样是在抚顺陷落之际，辗转流入后金军中，而是在此后只身前往关外葬亲投宿农庄时被当作汉人生员即将遇害时（按此点明显反映的是天命晚期后金对待汉人生员所实行的滥捕滥杀时期）侥幸逢赦并被录用。康熙年间关于范氏投诚的记录也均用“始得公”之类的文字表述，表明当时举朝上下实际上并不以范氏最初的战俘身份为讳，只是到了后来的雍乾时期才一律改为表现其早早预知天命从而主动投效的“来归”等词。[①] 这也符合历史撰著中时间越晚，有关人物在传记中的事迹附会增饰的越来越多的通例，故亦不足为怪。

柯氏继而又把这种清朝皇帝需要把汉军还原成汉人（即她所概括的使汉军“去征服者化”），以巩固其统治的动机沿用到三藩事件中死难的范承谟和马镇雄二人的身上。可是，从康熙到乾隆时期清朝对于他们的持久赞扬从来都是围绕着超越了种族背景的君臣之伦和清朝统治的正统性而展

① 以上对于不同时期史料的列举梳理，参看张玉兴前揭文。最早官方版的范氏个人小传实际上是康熙年间朝廷颁发的满汉合璧的一通诰命，详细叙述了他从天聪八年（1634）直到顺治七年（1650）的六度官职升迁过程，其中追溯他入金的经历是“克抚顺时，得尔育之”。参见 W. Fuchs，“Fan Wen-ch'eng 范文程，1597-1666，und sein Diplom（诰命）”，《史学研究》第 10 卷 3 号，1938 年。

开进行的；而从中受到教化的民众似乎也是如此理解的，因为18世纪的戏剧作家蒋士铨在以马镇雄家族殉难为背景创作的《桂林霜》中才会将这次家族成员的集体殉难与当初为明朝尽忠而死的马氏祖上相提并论，均视作应该受到同等尊敬的忠贞之士。因此完全说不上清朝需要依据柯氏所臆断的在入关以后渐渐形成的“种族原则”先把现实中的汉军征服者还原成作为被征服者的抽象汉人之后，相关的英烈事迹才会被广大汉人群体在潜移默化中自觉接受。柯氏此处天马行空般的想象只是为其所作叙述持续增加败笔而已。不过公道地说，她的这一论述固不足取，但却反映出其已经意识到清朝统治在汉地的巩固需要在思想上赢得大多数汉人的承认与拥护，或者说他们至少不能公开流露出对抗意识，所以才在范、马死难的事件上重做文章。这一思考取向本身尚属可取，只是在实践中因作者严重误解史实而推论，前提又多不正确，才导致其立论彻底失效；不过似乎不必据此完全否定这种探索本身。除了前述强化伦理道德上的君臣观念以及宣扬《大义觉迷录》一类的“华夷相对主义”以外，清朝统治者采取何种手段在意识形态上说服广大汉人臣民效忠本朝不失为一个值得深究的课题。正是在这一点上，最近姚念慈先生运用具体史实所剖析论证的“自古得天下之正莫如我朝”这一深具历史感的政治命题即能将我们对此问题的理解推向新的高度。

柯氏此文中的最后部分即如该文标题所论，阐述乾隆时期的汉军问题。如所周知，乾隆时期在八旗制度的历史演进中具有十分重大的意义。一方面，通过继承雍正时期即已开始的官方组织的系统性修谱与编撰“旗史”性质的通志等工作，君权进一步确立了对于八旗制度的直接统治秩序，从而强化巩固了雍正时期所取得的在旗务问题上成功实现君主集权的政治成果。另一方面，自入关以来已困扰满洲统治者多时的“八旗生计”问题在这一时期严重到了积重难返、无药可医的地步，直接造成国家财政越来越不堪重负和旗人贫困现象的愈发普遍化，正是在这种现实不容回避的严峻形势下，已经近于无计可施的乾隆开始实行前所未有的大规模“出旗为民”政策，舍车保帅式地把许多京城以外的关内驻防旗人中的汉军强制性地分流出去，使之返归民籍，进而以节省下来的兵员空额和相应薪俸接济改善八旗满洲久已不敷赡养的困难处境。以上可以说是学界在讨论乾隆时期八旗问题时的基本共识。也就是说，当时清朝面临的严重经济困难造成了以牺牲部分汉军利益为代价的“出旗为民”政策的出台与实施。

然而，柯娇燕对乾隆时期汉军现状的分析再次显得与众不同。当她论述“出旗为民”政策的实行原因时，几乎只字不提上述经济因素，转而继续张大《两个佟氏》所做的如下臆测：这种以种族指标为识别依据的区分满洲的工作始于康熙时的佟氏改旗，而终于乾隆时代的汉军大举出旗为民。而在本文张大此说的论证中，她出人意料地将乾隆时期《贰臣传》的修撰动机与朝廷解决汉军问题第一次联系起来。考虑到以往学界对《贰臣传》的理解均围绕乾隆试图以此来强化臣下对君主及本朝的绝对忠诚无贰这一政治信念来进行，而将其与汉军问题相关联诚属前无古人。[①] 柯氏具体的论述要点有：

（一）被列入《贰臣传》的传主大多为明清之际的汉军旗人，这使得该书具有以汉军为中心的国史列传性质。

（二）《贰臣传》的编撰中贯穿了“东北亚本位论”，即全书按照褒贬次序所厘定的两编六等中，被置于受到批评较少的汉军贰臣多为辽东出身的台尼堪，而且“贰臣”标准总体上对于这一辽人群体施行得较原籍华北的抚西拜唐阿出身的贰臣宽松。

（三）考虑到范承谟和马镇雄的光辉形象，朝廷有意对他们的祖辈范文程和马鸣佩网开一面，故皆不计入贰臣之列。

（四）《贰臣传》的成立标志着以种族为指针将汉军重新认定为汉人的工作在官方舆论中已接近完成。

以上几点颇易驳正而无一能够成立。首先《贰臣传》中的半数以上人物根本就不是汉军旗人，怎能将此书定性成一部汉军人物列传呢？尤其是其中乙编三等的近 70 人，大多数人一生都未入旗。甲编三等中汉军人物所占的比例相对要高一些，但也只是仅过半数而已。像甲编上等的 9 人中，

---

① 以这种视角来分析《贰臣传》成立背景的论著很多，此处仅举一文以例，其余参见陈永明：《〈贰臣传〉、〈逆臣传〉与乾隆对降清明臣的贬斥》，收入陈氏著：《清代前期的政治认同与历史书写》，上海：上海古籍出版社，2011 年，第 220—259 页。另外关于《贰臣传》编撰过程的文献学考察，参见神田信夫：《清朝の国史列传と贰臣传》，收入《东方学会创立二十五周年纪念东方学论集》，东京：东方学会，1972 年，第 275—291 页。此文收入《清朝史论考》时增加了追记和补注各一则。

汉军只占4人（刘良臣、孙定辽、郝效忠、马得功）；中等的10名中，汉军占到了7—8人（李永芳、孟乔芳、张存仁、刘武元、祖可法、刘芳名、李国英等），算是比例最高的；而下等的34人中，汉军又只有16人。故在事实证据面前，柯氏的前述观点或者说她关于《贰臣传》论述的立论基础根本就不值一驳。

在贰臣内部定等问题上，也绝非依据作者所臆断的“东北亚本位论”。列为等级最高的甲编上等的9人均是在入关之后的战役中为了新朝而死于疆场未得善终之人。清朝将其列为上等显然是一种具有旌表性质的纪念，以表明其过失最低或者功大于过（所谓“其人入本朝而能没王事者，列甲之上”）。而在甲编的中下二等中，明显又是考虑了对于新朝而言所建功勋的大小（所谓“若显有功勋者，列甲之中”），故原籍福建的洪承畴被列为中等而高于出身辽人的祝世昌、祖大寿、鲍承先等（皆为甲之下等）。当然，凡是《贰臣传》出现的汉军旗人的身份皆非台尼堪或抚西拜唐阿这类满洲旗分下的依附人口。而许多像郎廷佐之父郎熙载这样的辽人未入贰臣之列，并不是因为清廷对于辽人的贰臣标准有意放宽，而是因为这些人归降时的身份只是生员或普通平民，迄未正式担任明朝官职。类似地，像范文程归清时的身份也只是生员而已，这和马鸣佩在明朝没有任何任官经历的履历背景是相同的，故他们不入贰臣是很正常的，与其子孙成为清朝表彰的烈士无关。可见柯氏对于当时判定贰臣的标准完全无知，故每当遇到自己的理论解释不了的史实时就任意曲解以回护其说，毫无学术严谨可言。最后，《贰臣传》的编撰与朝廷从舆论上发出汉军即汉人的政治信号也并无关系。柯娇燕在《贰臣传》问题的刻意求新实际上是给学界制造了更多的误会和混乱，毫无贡献可言。

## 本章结语

综合前文所论，柯氏的四篇大作讨论的问题固然良多，但仔细检讨下来却不难发现其构建的一系列历史命题最终无一能够成立，均只能看作存在于她自己头脑中的空中楼阁，它们的虚幻性无异于现实中并不存在的海市蜃楼。然而这些虚无缥缈的伪历史命题却又成为她在1990年以后所推出的专著和其他论文的基本出发点，这些后继成果的价值如何，当然还得由读者自行判断。为了便于读者理解其基本思路，笔者这里再对其中的要点略做梳理：《两个佟氏》的基本命题是满洲民族/族性形成三部曲论。

1. 明代—入关前文化共同体、族性（ethnicity）特征尚多不具备。

2. 在入关后的康熙—雍乾时期逐步强调以祖先血统为中心的种族（race）共同体。

3. 清末完全具备族性（此点后来在《孤军》中得到详尽阐发，但在本文已埋下伏线）。

通篇论文欲烘托的观点实质上是回应（或者说作者是有意在硬套该模式）“民族是到18世纪以降才形成的想象共同体”学说所催生的族性/民族晚生论。作者证明其第一阶段的立论基石是明初1388年东北野人女真大分流，同时还认为三万卫即斡朵里等三万户。这就导致：一部分人如佟氏先祖流入辽东，成为汉人（尼堪）；另一部分人则迁徙奴儿干形成建州集团。第二要点：以佟氏后人改旗为中心的分析。作者随之证明的第二阶段的事例则是康熙二十七年（1688）佟国纲以先祖非汉人为由申请从汉军旗人改回满洲。按照柯氏的理解，其结果是佟氏的请求完全如愿以偿。而此事意味着满洲人群的边界标志由先前的文化转移到现在的血统（以祖先谱系为代表）。同时佟氏代表的是所谓抚顺尼堪的群体，该群体后来在乾隆时期，被彻底接受这一新的关于满洲的认同标准的清朝允许悉数改回满洲。故满洲的认同边界从文化转向种族化的血统起于康熙，终于乾隆。正因为最终形成满洲民族/族性足足需要经历三个漫长的不同阶段，所以相应的族性要素只能是到了很晚时期（太平天国起义以降的清末民初）才悉数具备的晚生性历史现象。

她的第二篇论文的主要观点是：明代东北的女真与蒙古互相高度混杂，彼此间并无族性（ethnicity）之别，以加强首篇论文中构建的女真—满洲族性晚生论的命题。为此她的核心证据是清始祖传说中的远祖布库里雍顺统治的三姓正是蒙古兀良哈三卫。基本理由是：（一）《李朝实录》频频将建州集团称作兀良哈人；（二）“三姓”中的“三”可以和“三卫”中的“三”对应。上述推理得出的结论则是努尔哈赤远祖实际上生活在由大量蒙古人构成的政治联盟中。

接下来所发表的关于《满洲源流考》（下简称《源流考》）的长文的中心命题则是：“东北亚本位论”即后金—清朝的地缘政治认同始终在于东北亚而非关内的中国（实际上只是内地）。为了论证其主张，柯氏不惜严重歪曲《满洲源流考》中的所引原文，除多处断句错误外，进而臆断乾隆对朝鲜半岛的新罗、百济抱有认同感的原因是其怀有的东北亚认同。同时她又将《源流考》中的部族（aiman mukūn）偷换成氏族（hala mukūn），以避免与族性晚生命题相冲突。而作为论证其观点的另一基石，此文还对入关以前的满洲历史进行了臆想性重构，声称努尔哈赤初起时的“七大恨”文告贯穿了“东北亚本位论”的出台，其中心思想是努氏政权以东北亚立国，而与以中国立国的明平起平坐、互相独立。这种政治信念还延续到皇太极时代，甚至后者改用大清为国号也不是为了和明朝争夺天下，而是发生在向黑龙江流域的土著女真部落大举扩张的背景形势下。甚至晚到入关以后的清中叶，乾隆帝还把清朝建立的正统性与合法性远溯到同样以东北亚立国的辽金两朝。而此文的最后一节对金毓黻个案的考察暴露了作者非学术化的意识形态倾向。

最后她发表的论汉军旗人的长文的叙事主线是：按时间为经纬，构建了从后金天命一直到乾隆的汉军演变历史，可称为新清史版的汉军旗人史。对入关以前汉军形成史的重构是当后金于天命之初夺取抚顺后就建立了“乌真超哈”这支汉人军队，但并未编旗，迟至攻占辽东各地后还试图让汉人在田庄中与女真相互协作共同劳动以无分彼此。到天命后期，汉人的反抗举动促使努氏将农庄汉人纳入军队中，即汉人的身份这时由农转兵，反而促使其地位好转，最终成为入关时的征服者。这简直堪称新清史版的“反抗催生让步政策论”了。而随后的皇太极时期则将汉军编旗，并命名了“汉军”这一术语，柯氏臆断这是学习当初金朝的结果。需要强调的是，其对入关前的后金国内局势的分析中，避而不谈天命晚期努氏对于辽东汉人的反抗所采取的屠杀镇压政策（尤其是针对当地生员阶层），同时也回避后金征服战争和压迫所造成的族际鸿沟，这正是为了与“族性晚生论”中的成因分析抵触冲突，因为在目前西方学界流行的关于族性形成的理论中，通常都强调族性意识的尖锐化和显形化，恰是根植于群体之间的暴力冲突与歧视敌对现象的不断升级。

柯氏在此文中完全不熟悉汉军旗人的概念界定，故臆断凡是旗内汉人皆是汉军，结果她把上至正身旗人，下至太监、奴仆等各类旗下依附性人口一概统计为汉军，故作惊人之论，声称入关以后长期汉军比例高居旗人男丁总数的67%~75%。她误认为正是如此之高的人口比例，再加上三藩之乱中是由汉军起着主导角色，共同驱使清朝高层着手解决汉军这一尾大不掉的难题。而康熙则从佟氏改旗的申请中得到启发，转以种族血统代替文化作为新的满洲群体的认同边界。降至清中期时的乾隆，则将康熙确定的这一新的认同边界进一步固定化，为此朝廷通过编撰《贰臣传》作为驱逐汉军出旗的舆论动员。柯氏所持的错误理由即该书从性质上看就是一部汉军历史，同时又将与佟氏性质相同的抚顺尼堪（汉军中确有女真起源背景的群体的代表）集体改回满洲，后者获准改旗的理由即在于他们的祖先在血统上是满洲人。此外柯娇燕在第四篇论文中还想方设法地规避汉化问题，如她将入关后满洲旗人经历的文化变迁及其危机的成因，解释为源于汉军数量太大，故在整个旗人群体中起到了的稀释满洲文化特征的掺沙子似的效应，以避免谈及入关之后的满洲旗人群体所不得不直面的汉文化包围与影响这一真实的现实环境。

纵观柯氏几十年来的研究工作，可以说她最突出的治学特征是善于提出宏大的带有结构性的历史命题和知识论断，而在美国的“新清史”学者群中可以说无人能在理论分析和概念提炼方面出其右。所以，尽管柯氏时常回避甚至不屑于使用“新清史”这样的名称来为自己的研究定性，但是在美国学界除了她本人以外，却从来无人敢把她排除在“新清史”的学者群之外。这正是源于柯氏在研究中所推导出的这些宏大命题恰恰成为其他“新清史”学者汲取理论灵感的最直接而有效的来源。如前所述，其中最典型者就是她在学术早期阶段所撰写的以上四文中系统构建的两大命题：“族性晚生论”和“东北亚认同中心论”。

事实上，这两大命题后来也成为她发表的更多论著的立论出发点。譬如她在《始祖传说》中提出的明代满蒙不分论，此后又在其2006年发表的前述《创造蒙古人》中被推向高峰。用她自己的话来概括就是，清帝国的创立“制造出”了满洲人和蒙古人等民族，而不是这些民族创立了清帝国，也即帝国在先，民族在后。她提出的第二个命题更是在随后的研究中被拔高到令人匪夷所思的地步。即如她在2008年法国的《年鉴》上刊发的论文中竟然将清朝版图内的汉地、蒙古、回部、藏地统统看作“受保护地”，而这些地区所对应的居民也都随之成了“被保护民”，这实际上是只承认东北亚才是清朝的直辖领土，其他的几大区域都是清朝的殖民地，因为在西方的学术话语中，“受保护地”和“被保护人”就如同国际法中的“受保护国”一样，都是针对殖民地而非直辖领土所言。这正如第二次世界大战结束以前的大英帝国，其直辖领土或者说本土仅限于英伦三岛和北爱尔兰，而从直布罗陀到中国香港、新加坡、马来西亚等广大地区都是其殖民地或“受保护国”。正是源于这种对清朝的全新定位，她进而强调1911年以后的现代中国根本就没有任何资格来继承原属于清帝国的政治遗产，所以现代中国的四大边疆本应建立独立于中国之外的相应国家。她的这种政治倾向应该说已经直接影响了整整一代的其他美国“新清史”的学者。关于新清史研究中常见的这种意识形态化取向，笔者在本书的结语中将有辨析，这里就不必多谈了。

当然从实证史学的角度来审查，柯氏构建的相关命题多不足取，其论证的失误程度有时是如此惊人，以致已经难于用语言来形容。产生这种后果的原因固然很多，但最堪为致命伤的一点则是她在研究中滥立缺乏有效证据支撑的“建设性假说（working hypothesis）”，而在对相关史实的处理上又常常是不由自主地“误认天上的浮云为地平线上的树林”（傅斯年评拉铁摩尔语），① 并且还在研究过程中一再将立论有误或者极不严密的“问题假说”视作继续推论的定论化前提，由此导致推理环节如果越多越长，那么其论著中的相关叙述就乖离事实越来越远，这种错误论据的累计叠加终至形成一种类似于自然界的“蝴蝶效应”，故历史史实的本来面目在其

① 余英时：《中国文化的海外媒介》，收入余氏著：《钱穆与中国文化》，上海：上海远东出版社，1994年，第173—174页。

文中几乎已经完全不可辨识。而柯氏能够从一场子虚乌有的1388年野人女真大分流入手，经过步步递推，直到最后得出一个像“族性晚生论”这样的宏大命题就是彰显其学风的最佳例证。对于这样一种研究途径，即使其立说再巧，影响再大，对于笔者而言，也只能用“非我所知”来为之定性。不妨说，柯氏的研究取向给笔者最大的启示就是，探究历史奥妙的车道，最好还是由考据的路口驶入。

# 第三章　君权总是选择特定的语言来发声

## ——对“共时性君权”理论的反思与批评

在最近数十年来美国清史学界陆续发展起来的多种新兴学说中，所谓的“共时性君权”（simultaneous emperorship）应该是其中最为流行的理论或命题之一。虽然它早在20世纪30年代就由蒙古学家符拉基米尔佐夫初步提出①，但无疑只是经过了柯娇燕（P. K. Crossley）等美国新一代清史学者的“概念提炼”（concepualization）之后，其才达到了目前的全新深度从而广为人知。这种理论最为通俗化的表述就是，清朝君主同时具备了下列多种身份，即对于汉人（国外学者一般用Chinese表示）来说，他是恪守儒家道德观念的天子——皇帝；对于满洲旗人来说，他则是汗王（han）或者族长（clan leader）；相对蒙古王公而言，他身为遵循成吉思汗统治传统的可汗（qaγan），最后在广义上的藏传佛教信徒看来，他又成了文殊菩萨化身的转轮王。上述诸重身份反映了清朝君主平等地采取各不相同的统

① ［苏］符拉基米尔佐夫著，刘荣焌译：《蒙古社会制度史》，北京：中国社会科学出版社，1980年，第297—300页。

治策略与文化手段以联络怀柔帝国治理下的多个族群。① 这种统治机理最为突出的本质性表征就是所谓的多语种文献的“合璧”形式，以致该理论的阐述者柯娇燕教授直接将“合璧”（满语 kamcime）换译为英语表述中的“共时的”（simultaneous），用来揭示其概括的清朝君权的实质。② 与之类似的观点也见于冈田英弘的有关主张。③

然而，早在2000年，蒙古学家艾骛德（Ch. P. Atwood）即发表论文，通过搜集分析清代蒙古文献中的记载，揭示了清朝皇帝通过导入系统的政治教化，促使蒙古臣民如同汉人和满洲人那样，同样习惯于接受忠君报恩伦理观念的灌输。因此清朝君主绝非“人格分裂”（split personalities）地在其不同臣民面前扮演着身份形象迥异的角色。这一认识实际上已经间接对“共时性君权”的理论提出了质疑。④ 唯在目前国内学者对美国“新清史”研究成果的回应性商榷中，“共时性君权”受到的挑战和批评远不像学界对于“满洲是否汉化”一类问题反应得那样激烈而尖锐。⑤ 相反，随着中外学术交流的日渐增多，“共时性君权”的理念也逐渐开始在国内学界得到承认，被尝试用以诠释清朝统治的基本特征。在此笔者拟就这一模式的允当与否，提出一种根本上与其针锋相对的学术观点。

---

① P. K. Crossley, "The Rulerships of China", *American Historical Review* Vol. 97, no. 5, 1992; *A Translucent Mirror: History and Identity in Qing Imperial Ideology*, Berkley and Los Angeles: Univ. of California Press; "Pluralité imperial et identities subjectives dans la Chine des Qing", *Annales. Histoire, Sciences Sociales*, Vol. 63, no. 3, 2008; E. S. Rawski, "Presidential Address: Reenvisioning the Qing: The Significance of the Qing Period in Chinese History", *The Journal of Asian Studies*, Vol. 55, no. 1, 1996; *The Last Emperors: A Social History of Qing Imperial Institutions*, Berkeley: Univ. of California Press, 1998, p. 17.（中译本参见［美］罗友枝著、周卫平译：《清代宫廷社会史》，北京：中国人民大学出版社，2009年，第17页。）P. C. Perdue, "China and Other Colonial Empires", *The Journal of American-East Asian Relations*, Vol. 16, no. 1-2, 2009, esp. pp. 95-96; J. Waley-Cohen, *The Culture of War in China: Empire and the Military under the Qing Dynasty*, London and New York: I. B. Tauris, 2006, pp. 10—12.

② P. K. Crossley, *A Translucent Mirror: History and Identity in Qing Imperial Ideology*, p11.

③ H. Okada, "China as a Successor State to the Mongol Empire", in. R. Amitai-Preiss etc eds. *The Mongol Empire and its Legacy*, Leiden: Brill, 1999, pp. 268—269.

④ Ch. P. Atwood, "" Worshiping Grace": The Language of Loyalty in Qing Mongolia", *Late Imperial China*, Vol. 21, no. 2, 2000, pp. 86—139.

⑤ 汪荣祖主编：《清帝国性质的再商榷：回应新清史》，台北：远流出版事业有限公司，2014年。

## 第一节　清朝官修辞书中“君部”所见君主称谓的排序先后问题

首先应该引起我们注意的是，最能清晰而系统地反映清朝统治者自身君主观念的文献当属以“御制”名义官修编撰的系列辞书中的相关内容。本文选取此类著述作为研究切入点的原因基于：（一）它们的编撰刊行属于贯彻清朝君主教化意志的产物而非一般所说的纯粹文化工程，这种性质决定了其整个修撰过程始终处在君权的密切监督之下。特别是其中的“君部”条目因为与君主的关系最为密切而必然成为最高统治者格外关注的对象，所以理应将其内容视为直接体现君主本身统治观念的产物，而非取决于修撰作者的私人取舍意志。（二）这类辞书的编撰时限从康熙前期一直延续到乾隆盛世，其中既有纯用满文进行语义诠释的早期初作，又有在以后的新修过程中陆续加入其他语种的合璧新著。同时，编修人员的阵容也相应涵盖满汉等多个民族。由此，该类辞书具备的如上特征恰如其分地反映出清朝多元文化交相辉映，相互融合的时代特色。（三）具体以“君部”所罗列的君主称谓及其相互对译来说，则全面映照出满、蒙古、汉三大族群的各自君主观念，这相较其他习见史料来说，在分析清代君权所具有的多元性和统一性方面，显然更具证据上的说服力。

以下我们就以该系列辞书中最为典型的三种作为分析对象，即康熙四十七年（1708）刊刻的《御制清文鉴》（*han i araha manju gisun i buleku bithe*），乾隆四十五年（1780）刊印的《御制满珠、蒙古、汉字三合切音清文鉴》（*han i araha manju monggo nikan hergen ilan hacin i mudan acaha buleku bithe*），乾隆五十六年（1791）编竣的《御制五体清文鉴》（*han i araha sunja hacin i hergen kamciha manju gisun i buleku bithe*)。[①] 其中的《御制清文鉴》是奉谕撰修的第一部满语辞书，其编撰总共历时 35 年之久，纯用满文进行注释，兼有满语单词百科词典的性质，因书内不再出现其他语言，故其使用对象当以母语即满语的读者为主。到康熙五十六年（1717）再以它为基础，形成了清朝首部官修满蒙合璧词典《御制清文合蒙古鉴》（*han i araha manju gisun i buleku bithe*），即以将《御制清文鉴》的内容全译为蒙文。以后到乾隆八年（1743）又再把《御制清文合蒙古鉴》的蒙文部分用满文字母进行转写刊印为《御制满蒙文鉴》（*han i araha manju monggo gisun i buleku bithe*）。而更晚时期的《三合切音清文鉴》则以乾隆三十六年（1771）的《御制增订清文鉴》（*han i araha nonggime toktobuha manju gisun i buleku bithe*）的收词为准，为了更好地便利满、蒙古、汉之间的互相学习，故以完整具备满、蒙古、汉三体文字的音形对照为突出特征，唯所列词条的具体释义尽行删去。[②] 以后的《御制五体清文鉴》又以《三合切音清文鉴》为基础，新增加同一词语的藏语和察合台语的对应形式。前两种辞书成书以后刊行数量较多，因而其社会受众面也相应较大，可惜收录语种最多的《御制五体清文鉴》编成后仅有个别抄本行世，长期以来几乎不为普通读者知晓。[③] 根据初步比较，三书的编写时间和流通程度虽然不尽相同，但其中“君部”类别下列举的词条在出现的顺序和名称均基本保持了一致，没有发生条目的增删调换现象，基本情况如下：

《御制清文鉴》中依次列出九个标识君主的不同满语专称，其相继出现的位序为：abkai jui、hūwangdi、han、tumen se、dergi、ejen、dele、enduringge ejen、genggiyen ejen。因为此书只用满文撰写，所以其旁并未直接

---

① 江桥：《康熙〈御制清文鉴〉研究》，北京：燕山出版社，2001 年，第 16 页、第 163—166 页。本章以下关于此书的内容也参见该书相关部分，不再另外出注。

② 春花：《清代满蒙文词典研究》，沈阳：辽宁人民出版社，2008 年，第 110—112 页、第 114—116 页、第 119—121 页、第 143—144 页。

③ 该书直到 1957 年才由民族出版社将北京故宫博物院所藏乾隆抄本影印出版，方便了海内外学界了解是书原貌。最近德国学者整理出版了《御制五体清文鉴》中所见的各种语言词汇的拉丁字母转写索引本，按照西文字母顺序排列，以便读者检索利用。O. Corff etc eds. *Auf Kaiserlichen Befehl erstelltes Wörterbuch des Manjurischen in fünf Sprachen*：“*Fünfsprachenspiegel*”，5vols，Wiesbaden：Harrassowitz Verlag，2014.

注出对应汉译名称。研究者根据备有汉文解释的《御制增订清文鉴》，为其补出了权威的官方版标准汉译：天子、皇帝、君、万岁、上、主子、皇上、圣主、明君。①《三合切音清文鉴》出现的九个专名的排序相对《御制清文鉴》来说有一定变化：abkai jui、hūwangdi 、han、ejen、dergi、dele、tumen se、enduringge ejen、genggiyen ejen。其在原书中所对应的汉语分别是天子、皇帝、君、主、上、皇上、万岁、圣主、明君。此前作为其蓝本的《御制增订清文鉴》的排序也是如此。② 三者的最大差别在于《御制清文鉴》“君部”中排列第四的 tumen se（万岁）在《御制增订清文鉴》《三合切音清文鉴》中名列第七，位次明显下降了三位，而原本只列第六的 ejen（主子/主）则相应上升到第四位。约晚于《三合切音清文鉴》10年问世的《五体清文鉴》也全然遵循了这一调整后的排序。③ 据此可知晚至 18 世纪后期，清朝官方最终正式钦定的君主称衔中，使用频率较高的前四位的排序依次是天子、皇帝、君、主。它们可以被区分为两类，即源自中原王朝政治传统的天子-皇帝以及来自内亚政治传统的君（汗 han）-主（额真 ejen）。综合以上各书排序的结果来看，无论是在相对较早的康熙年间，还是降至后来的乾隆晚期，清朝君主头衔遵循的排位原则均是天子-皇帝优先于君（汗）-主（额真）。以下再对产生这种现象的背景略做分析。

显而易见，这一排序的规则依据的是中原王朝的继往政治传统，即在这种君权观念中，天子和皇帝总是具有地位上的独尊排他性，我们或可将其定义为“普适性”（universal）的君主头衔。君和主的地位相对来说，就要低其一等。这正像在以实行分封制为基础的西周至春秋时期，周天子以下的列国诸侯都可以被称为国君或邦君；而在将曹魏尊为正统的《三国志》中，蜀吴两国的皇帝又一致被陈寿降格处理为“主”，以明示其与魏

---

① 江桥：《满文“君”、“臣”、“人”类词汇初释》，收入朱诚如主编：《清史论集——庆祝王锺翰教授九十华诞》，北京：紫禁城出版社，2003 年，第 524、533 页。本文出现的满语词汇通常采取的仍是穆麟德（G. von Möllendorff）修订的满语转写法。

② 江桥：《清代满蒙汉文词语音义对照手册》，北京：中华书局，2009 年，第 47 页；影印四库全书本《御制增订清文鉴》，台北：世界书局，1988 年，第 110—111 页。

③ 田村实造等共编：《五体清文鉴译解》卷上，京都：京都大学文学部内陆アジア研究所，1966 年，第 52—53 页。

国君主独享的“帝”存在名分上的显著落差。降至北宋仁宗时期的宋夏和议谈判，其中一个争论最激烈的问题就是元昊已称帝号的存留与否，最后达成的折中方案即宋朝默认西夏统治者在其国内称帝，但当双方进行外交来往时，西夏方面需改用“夏国主”的名义称臣于宋。① 从这种政治伦理观念出发，唯有天子-皇帝才能真正据有天命，所以在普天之下，理论上只应该存在一个正统天子-皇帝，即使周边地区还有和中原王朝势均力敌的政治势力。由此其他的统治者只能被置于那些地位次要的君、主、王等的地位上。这与匈奴时代结束以后的内亚政治文化中，各个强势政权的君主均可被称为可汗/汗在基本理念上截然不同。② 故天子——皇帝优先于君（汗）——主（额真）的次序安排既体现出前者作为普适性君主所具有的更为崇高的地位，也传递出在清朝的政治生活中，缺乏普适性君权观念的内亚政治传统逐渐退居于中原王朝政治传统之后的统治信念。

## 第二节 论“皇帝”（hūwangdi）在清朝君权中地位上升的历史过程

清代官修辞书中天子——皇帝在排序上先于汗——额真绝非孤立的个别现象。它直观地表征出清朝君权的基本发展方向。以下试以其中在满汉文献中适用范围至广的皇帝（hūwangdi）一名被接受的历史为例，对此规律加以阐释说明。皇帝一词作为汉语借词被借入满语大致是在入关之前的

---

① 吴天墀：《西夏史稿》（增订本），成都：四川人民出版社，1982 年，第 70—71 页。

② 最为典型的就是在东突厥第二汗国时期的卢尼文突厥语碑铭中，不仅突厥君主享有可汗名号，而且唐朝皇帝和吐蕃赞普也分别被突厥人称为桃花石可汗和吐蕃可汗，三者至少在名分上完全对等，不分伯仲。正是由于这种君权观念的长期延续，所以内陆亚洲政治传统中很难自行发展出像“天子”这样的唯其独尊的普适性君主名称，虽然后来在大一统的蒙元时代因为受到外来政治文明的影响，元朝君主也开始被尊称为“天子”（在居庸关八思巴蒙古字铭刻中记作 dengriyin kübe · un），但它对于多数草原上的蒙古人来说，在知名度和重要性上仍然远远不及可汗。降至“后蒙古时代”的内亚地区，通常流行的君主称谓依旧还是原有的可汗和汗。

皇太极统治的天聪、崇德年间。其中关于崇德元年（1636）皇太极正式称帝，确立国号的政治意义，学界仍有不同的看法。比较传统的观点认为这代表了由过去后金政权模仿蒙古制度转变到全面吸收汉制走向中央集权制国家的新轨道。而皇太极的建号称帝不啻明清易代的序幕前奏。[①] 新近的研究转而强调皇太极崇德年间建立的新政权依然属于北亚特有的汗权体制，他个人所展示出的君主形象仍然还是满、蒙古、汉三族共同拥戴的大汗。[②] 当然也存在将这两种观点进行折中处理的意见。[③] 本文限于主题，无法对有关争论做出取舍判断，此处仅指出下列事实，虽然早在之前的天聪三年（1629）的满文原档中就已出现了“皇帝”一词[④]，不过只是从崇德年间，它才被满洲人在其母语中真正用来称呼其君主。确切地说，具体是在崇德年间新修的《太祖实录》的满文本中指代努尔哈赤时，新出现的“太祖皇帝”（taidzu hūwangdi）一词替换了原先在天聪年间通用的“先汗”（nenehe han）。同时 hūwangdi 一词也出现在皇太极崇德年间给其父追尊的名号“承天广运圣德神功肇纪立极仁孝武皇帝”的满文对应名称内。[⑤] 可见崇德年间满洲方面业已普遍用它作为君主名号指代去世的努尔哈赤。只不过这一时期皇太极自己仅在汉语的场合下使用该词，即其称帝时所加的尊号“宽德仁圣皇帝”，至于其对应的满、蒙古文形式分别为 gosin onco hūwaliyasun enduringge han 和aγuta örüsiyegči nayiramtaγu boγda qaγan，均未出现“皇帝”一名。三者曾并列刻写在崇德年间的信牌上，汉字内容居

---

① 蔡美彪：《大清国建号前的国号、族名与纪年》，《历史研究》1987 年第 3 期；松村润：《崇德の改元と大清の国号につぃて》，收入松村氏著：《明清史论考》，东京：山川出版社，2008 年，第 72—86 页（初刊于 1969 年）；同松村氏：《清太宗の后妃》，《明清史论考》，东京：山川出版社，2008 年，第 210—212 页（初刊于 1972 年）。

② 楠木贤道：《清太宗ホンタイジによるモンゴル诸王の册封》，收入楠木氏著：《清初对モンゴル政策史》，东京：汲古书院，2009 年，第 167—190 页（初刊于 2002 年）；哈斯巴根：《清初满蒙关系演变研究》，北京：北京大学出版社，2016 年，第 17—20 页。

③ 庄声：《帝国を创つた言语政策：ダィチン・グルン初期の言语生活と文化》，京都：京都大学出版会，2016 年，第 242 页。

④ 庄声：《帝国を创つた言语政策：ダィチン・グルン初期の言语生活と文化》，京都：京都大学出版会，2016 年，第 241 页。

⑤ 松村润著，李德龙译：《清太祖武皇帝实录考》，收入《庆祝王锺翰先生八十寿辰学术论文集》，沈阳：辽宁大学出版社，1993 年，第 40—44 页。

中，满语和蒙古语内容各居左右两侧。① 据此推断在崇德年间指代当时君主的场合中，汉语的皇帝和满语的汗以及蒙古语的可汗大体处于平行的地位，暂时尚不能看出皇帝明显高于汗的迹象。

然而自从顺治入关以后，“皇帝”一词在地位和重要性上逐渐开始凌驾于汗之上。顺治七年（1650）权倾一时的摄政王多尔衮去世后，朝廷为其追赠的正式名号是“懋德修道广业定功安民立政诚敬义皇帝”，对应的满语作 erdemu be mutebufi，doro be dasaha，gurun be badarambufi，gung be mutebuhe，irgen be elhe obuha，dasan be ilibuha，akdun ginggun，jurgangga hūwangdi，庙号成宗。② 故多尔衮逝后所享的名号在满汉双语中均是皇帝，而不再是汗和皇帝的并列呈现，尽管其生前被尊称的“皇父”一词对应的满语是 han i ama（汗的父亲）。③ 更能直观地反映出“皇帝”一词高于“汗”的则是顺治六年至十二年（1649—1655）完成的《太宗实录》的初纂满文本中，满文原档中的汗（han）被改换为《实录》中的皇帝（hūwangdi），相关名号在约同时修成的《实录》汉文本中自然也被译成了“皇帝”和“皇上”。④ 此番改易的动机显然源自后来的清朝统治者渐渐萌生出皇帝在地位上较汗更为尊贵的君权意识。这同当初《元朝秘史》的晚期抄写者将早期文本中的“汗”尽可能地改写为地位比它更为尊贵的“可汗”的做法如出一辙。⑤

至于顺治以后的康熙年间，随着这一时期清朝与边疆民族及外国的联系交往增多，皇帝的崇高地位又得到进一步的抬升，而汗的地位则相对下

---

① L. Ligeti，“Deux tablettes de T'ai-tsong des Ts'ing”，*Acta Orientalia Academiae Scientiarum Hungaricae* Vol. 8，1958，p211—213，239.

② 承志：《ダイチン・グルンとその时代——帝国の形成と八旗社会》，名古屋：名古屋大学出版会，2009，第 78 页。

③ 王锺翰：《释汗依阿玛》，收入氏著：《清史新考》，沈阳：辽宁大学出版社，1997 年，第 99—114 页；杨珍：《“皇父摄政王”新探》，《清史研究》2017 年第 1 期。

④ 石桥崇雄：《清朝皇帝权の形成过程——特に『丙子年四月〈秘录〉登大位档』にみえる太宗ホンタイジの皇帝即位记事件を中心として》，《东洋史研究》第 53 卷第 1 号，1994 年。

⑤ Igor de Rachewiltz. *Qan，Qa'an and the Seal of Güyüg*. in. K. Sagaster etc eds. *Documenta barbarorum：Festschrift für Walther Heissig zum* 70. *Geburtstag*，Wiesbaden：Harrassowitz，1983，p. 274. 姚大力：《从汗到合罕——兼论〈元朝秘史〉的成书年代问题》，收入姚氏著：《蒙元制度与政治文化》，北京：北京大学出版社，2011 年，第 121—124 页。

降。早在康熙十五年（1676）出使清朝的俄国特使尼古拉·斯帕塔鲁·米列斯库（N. S. Milescu）在北京逗留期间，曾仿照当时的蒙古人称代清朝君主的先例，也将后者称为“博格达汗”（Bogdi han）。值得深思的是，负责接洽俄国使团的理藩院侍郎反而颇为不解地问讯使臣为什么要对他们的君主如此相称，看来这些清朝官员对将清帝称作某某汗的叫法已然有些生疏，自然也就不会感到惬意。[①] 出现这种情况的原因系对这些已经入关30多年的满洲旗人而言（因米列斯库所接触到的理藩院官员照例均为旗人出身），他们平日在政治生活中早已习惯了汉式的天子-皇帝的用法，反倒对于“博格达汗”这类蒙古式叫法渐生隔膜，所以才会专门就此询问俄国使臣。[②] 虽然清朝官员不便公开照会俄国一方不得使用某某汗指代其君主，然而一旦有机会在正式的外交场合中表述自己君主的名号时，他们就会主动选择采纳与其不同的汉式君主称谓皇帝。

在1689年清俄双方正式签订生效的《尼布楚条约》的满文本中，清朝一方在处理双方君主称谓问题时的做法显得耐人寻味。俄国的沙皇被写作察罕汗（cagan han 白汗之意），可是清朝君主却没有被依例写成与之对等的博格达汗，而是径直书作 dulimbai gurun-i enduringge hūwangdi。其在后来的条约汉文本中对应的标准译名是“中国大圣皇帝”。与之相反，俄国一方准备的俄文本条约中仍旧将清帝称为博格达汗，[③] 以对比于俄方自用的沙皇全称。其实此前沙俄自1653年以后，在屡次遣往清朝的使者所携的国书中，已清楚明白地写出了沙皇的自称性全衔，有的还特地介绍了沙皇称号源自恺撒的典故，以免清廷像打发通常的具有汗这一头衔的内亚统

---

① ［罗马尼亚］尼古拉·斯帕塔鲁·米列斯库著、蒋本良等译：《中国漫记》，北京：中华书局，1989年，第36页。

② 与此形成对照的是，在清入关不久的1653年出发的沙俄贝科夫使团首次抵京接触清朝官员时即以博格达汗称呼清帝，但当时并未引起清朝一方的特别询问。参见［苏］普·季·雅列夫列娃著、贝璋衡译：《1689年第一个俄中条约》，北京：商务印书馆，1973年，第94页。另外早在1636年皇太极正式称帝之前，他已被蒙古人称作博格达彻辰可汗（boγda sečen qaγan），参见N. Di Cosmo and Dalizhabu Bao, *Manchu-Mongol Relations on the Eve of the Qing Conquest: A Documentary History*, Leiden: Brill, 2003, pp. 18-19.

③ W. Fuchs. Der Russisch - Chinesische Vertrag von Nertschinsk vom Jahre 1869: Eine Textkritische Betrachtung, *Monumenta Serica*, Vol. 4, 1939-1940, SS. 571-572, 585, 592.

治者那样来平淡待之,[①] 甚至俄使还曾特地对负责接待其的理藩院官员详细说明了拥有沙皇头衔的俄国君主的伟大绝伦远非内亚的普通统治者乃至一些西欧王国的君主可以比拟。[②] 然而从这种满文本对清俄两国君主的表述差异可以看出，其实应已掌握了俄国君主确切自称信息的清廷仍然意在强调突出自己一方君主的皇帝身份，转而将俄国沙皇置于汗的地位，这种微妙化的处理其实是在表面尊重对方平等地位的前提下，暗含有皇帝优越于汗的君权观念。[③]

反观俄国方面，实际上沿用的也是同样一套政治逻辑，即在其遵循的源自拜占庭东正教政教合一思想的君权观中，身为“第三罗马”继承人的罗曼诺夫系沙皇的君权威严无以伦比。这一点在前述俄使对理藩院官员的有关介绍中表露得清晰无遗。同时俄国从顺治年间开始，就已估计到所谓的博格达汗其实并非清朝君主常用的自称性名号，故像最早在 1653 年派出的贝科夫使团，直到 1675 年出发的斯帕法里使团，均负有搜集清朝君主自称使用的准确头衔及其含义用法等信息的使命。[④] 故要说截止到 1689 年签约之时，已经多次遣使去过北京以打探情况的沙俄方面依然还对清朝君主的惯用称谓孤陋寡闻，只知晓博格达汗这个来自蒙古人的他称性君主称衔，那就让人感到难于理解。然而条约的俄文本中却还是以博格达汗称呼清朝君主，这就暗示，清朝君主的地位仅仅被俄方定位成内陆亚洲的某位汗王，其与同样以汗相称的准噶尔人、喀尔喀人以及中亚的布哈拉人、乞瓦人等的君长们并无本质差别，至多仅表明了他是一位成吉思汗后裔继承人（Chinggisid）而已，尚远不能在名份上和尊贵的恺撒继承者沙皇分庭抗

① ［苏］普·季·雅列夫列娃著、贝璋衡译：《1689 年第一个俄中条约》，第 94 页、第 103—105 页、第 113 页。

② ［英］约·弗·巴德利著、吴持哲等译：《俄国·蒙古·中国》下卷第二册，北京：商务印书馆，1981 年，第 1459 页。

③ 察罕汗一名当来自于白沙皇，是当时内亚地区对于俄国君主的通称。参见 M. Khodarkovsky, *Russia's Steppe Frontier: The Making of a Colonial Empire*, 1500 - 1800, Indiana Univ. Press, 2002, p. 44, p. 243, no. 124. 另外，满文作为表音功能十分成熟的一种拼音文字，其完全可以做到精确转写俄语中的царь（沙皇），故在满语中特地创造一个音译沙皇的专用术语以契合俄人自称从技术上看绝非难事。

④ ［苏］普·季·雅列夫列娃著、贝璋衡译：《1689 年第一个俄中条约》，北京：商务印书馆，1973 年，第 94 页、第 113 页。

礼。因此清俄双方事实上共享有大致相同的政治理念，即作为普适性君主的皇帝/沙皇在地位名分上要优越于内亚君权传统中司空见惯的汗，后者通常只要求具备广义上的成吉思汗后裔的血统即可（无论他是成吉思汗直系、旁系或者母系的后代）。故清俄两国在反映各自君权意识的条约文本中都在把对方君主“内亚化”，将其矮化为比普适性君主低一等的统治者。唯有在西欧耶稣会士参与起草修订的该条约拉丁文本中，清俄两国的君主才被真正置于在名分上相对平等的地位，清朝君主的皇帝名号被翻译为与之含义相当的 imperator，同时对俄国君主也沿用了词源上本自恺撒的沙皇（tzar）一名。① 由此像博格达汗和察罕汗这类源自内亚政治文化传统的用语才自然遭到消解取代。降至雍正五年（1727）清俄两国再度签订《恰克图条约》时，其中的满文本还是以“daicin gurun i hūwangdi”（大清国皇帝）的表述开头，大概是因为本年度的前些时候俄国尚处于女皇的统治下，所以满文本中直截把俄方君主称为“katun han”（可敦汗，女主之义）。②

汗在清朝君权中的地位下降的另一因素则与清朝对外藩蒙古王公等政治集团的封授爵位有关。正如有学者指出的，在喀尔喀三部因噶尔丹入侵而内附清朝以后，其统治上层即改由清朝君主按照汗、亲王、郡王等秩差进行授爵，内中的土谢图汗和车臣汗的汗号均得到了保留。因此，清朝君主不再是其统治区域内唯一的汗。故喀尔喀部汗爵制度的存在意味着君主与其下属享有同等的称号，尽管在满文书写中这两种不同类型的汗可以通过是否在词尾加点来得到区分。这一事实促使清朝君主以后不得不在处理外藩边疆事务中相机减少单用汗名作为自称的场合，而在满文中多代之以额真——汗（ejen han）这样的二元式君主称衔。此外清朝君主在向边疆及邻境的政治势力颁发满文敕书时，辄以“奉天承运皇帝谕”的对应形式

① W. Fuchs. Der Russisch – Chinesische Vertrag von Nertschinsk vom Jahre 1869: Eine Textkritische Betrachtung. S. 577. 以后随着彼得大帝西化改革的持续深入和俄国在欧洲列强中政治地位的不断上升，到 18 世纪 20 年代，彼得本人更倾向于以 imperator 的身份参与到涉欧政治事务中，由此才造成了东正教色彩较明显的传统 tzar 称号的地位相对下降。

② 野见山温：《キャフタ条约-特に满文条约文を中心とする明文批判的研究》，收入野见氏著：《露清外交の研究》，东京：酒井书店，1977 年，第 66—67 页。

abkai hesei forgon be aliha hūwangdi i hese 开首。① 像道光七年（1827）清朝皇帝致哈萨克汗位继承人的满文敕书中，即先书以上述语词，继而在正文中又以 amba enduringge ejen（“大圣主”）作为自称。② 于是整道敕书出现了皇帝和额真结合使用的情况。特别是在乾隆中叶以后，随着准噶尔汗国的终结，西北的哈萨克各部加强了与清朝的政治联系，其君长陆续向清廷提出封授汗、王、公、台吉的要求。③ 这反过来更加强了清朝君主在其自我君权定位中，有必要降低汗的位次，并且强化皇帝和额真的地位，导致了额真一名在乾隆时期修成的《御制增订清文鉴》《三合切音清文鉴》等的位次有所上升，最后它的标准汉语对译也由俚语化的通俗用词“主子”被润色为时常与“君”并列联用的“主”。

因此，汗在崇德年间和多尔衮摄政时期曾经出现与汉文中的皇帝地位对等、彼此互译的现象，以后因为办理内政外交的需要而渐渐减少。这正是康熙后期成书的《御制清文鉴》改以汉语的“君”来对译满语的汗（han），并将其在“君部”的出现位次置于天子、皇帝之后的原因。据此，现存康熙满文遗诏中，他本人以 hūwangdi（皇帝）而非 han（汗）自称，也是顺理成章的事。④ 仅仅是在清朝的多数皇帝御玺中，满文的汗和汉文的皇帝才合璧出现，相互对译。这可视为清初汗一度等同于皇帝的传统观念在后来的个别孑遗。不过降至乾隆晚年，他为自己准备的“太上皇帝之宝”合璧御玺中，满文中的皇帝一词已换刻作 hūwangdi，而非此前常见的 han。⑤ 这正契合了汗在君权中地位下降的变化趋势。⑥

---

① 小沼孝博：《清朝皇帝を指す满洲语》，收入小沼氏著：《清と中央アジア草原：游牧民の世界から帝国の边境へ》，东京：东京大学出版会，2014 年，第 142—145 页。

② Noda Jin. An Essay on the Titles of Kazakh Sultans in the Qing Archival Documents. in. Noda Jin and Onuma Takahiro eds. *A Collection of Documents from the Kazakh Sultans to the Qing Dynasty*, The Univ. of Tokyo, 2010, pp. 137—138.

③ Noda Jin. An Essay on the Titles of Kazakh Sultans in the Qing Archival Documents. pp127—129.

④ 甘德星：《康熙遗诏中所见大清皇帝的中国观》，见汪荣祖主编：《清帝国性质的再商榷——回应新清史》，第 110—111 页。另外该满文遗诏中称明朝君主时也用的是皇帝而非汗，参见王锺翰：《清圣祖遗诏考辨》，见《清史新考》，沈阳：辽宁大学出版社，1997 年，第 312 页。

⑤ 片冈一忠：《中国官印制度研究》，东京：东方书店，2008 年，第 291—293 页。

⑥ 当然作为在君主名称中排位第三的汗，其在满语中始终不失为指代君主的常见用语，如汉语中的“御制”“御批”等所对应的满语名词即是汗（han），更多的相关用例参见 E. Hauer, *Handwörterbuch der Mandschusprache*, Wiesbaden: Otto Harrassowitz, 1952, SS. 416-417.

清朝统治者对于“皇帝”一名的高度重视还表现在其竭力向满汉以外的其余各大族群也灌输这一名号及其含义。早在入关之际的顺治元年（1644），清朝的官方蒙古语档案中就出现了作为汉语借词的皇帝（quwangdi）一名。[①] 这当然不宜将其仅归结为那些具体负责满蒙古语互译的笔帖式们的个人发明。比照元朝的情况，有助于明了此词进入蒙古语的全新时代背景。试看有元一代以及稍后的北元时期，蒙古人使用的不少名号头衔如珲台吉、台吉、济农等均源自汉语，体现出汉地政治文化对其的持久影响；然而最为重要的皇帝一词却迟迟未能正式进入蒙古语中（至少以回鹘体蒙文而论），多限于在汉语场合下使用，蒙古语中辄以可汗与之对译，故皇帝和可汗的各自适用语境泾渭分明，极少重合。这也正是元朝政治带有双轨制特色的又一表征。[②] 想必在其统治者看来，凡属皇帝所含的各种义项，皆能用可汗一词准确无遗地表达传递，因此再将其纳入自己的母语中纯属毫无必要的画蛇添足。这正反映了元朝君主还不能精确领会中原王朝的这一普适性君主名称和内亚政治头衔间的微妙差别。可是，清朝的情况则完全不同。从顺治开始，清帝就已经深刻体会到皇帝或天子的政治含义绝非汗可以囊括兼容，前者的尊贵程度也要相对高于后者。[③] 故从顺治时期在兴修《太宗实录》满文本时将原档的汗改为皇帝，一直到康熙时期的满文辞书《御制清文鉴》对各类君主名号进行综合排名等，均体现出其君权意识在入关以后经历了十分显著的变化。相反，在入关以前的满洲统治者那里，明朝皇帝仅被其在满文中称为某某汗，这体现出汗与皇帝

---

① 哈斯巴根：《清初满蒙关系演变研究》，第 19 页。此名称见于该年十月初一的顺治帝登基表文的蒙文本内，而在同年早些时候清帝诏书的蒙文本中，皇帝一词尚作可汗或汗，参见中国第一历史档案馆、内蒙古自治区档案馆、内蒙古大学蒙古学研究中心编：《清内秘书院蒙古文档案汇编》第二辑，呼和浩特：内蒙古人民出版社，2003 年，第 5 页、第 7 页、第 24 页。

② 这种双轨制的特征也清晰地表现在元朝的国号、帝号和纪年方式上。参见蔡美彪：《明代蒙古与大元国号》，载《南开大学学报》，1992 年第 1 期。

③ 承达力扎布先生教示，在现存《内秘书院蒙古文档案》和《内阁蒙古堂档》中所见的清朝官方内秘书院所撰蒙古文文书中，最初都对清帝以汗相称，但至顺治八年福临亲政后，始改称皇帝。惟有些诰命因为是在早期文件基础上修改，故仍称汗。总之，自顺治八年后无论对内对外基本都称皇帝，极少出现汗。而蒙古、西藏方面来信台头仍多称汗、额真等，称皇帝者极少。这或反映了满族入主中原后对自己政权认知的改变，尤其是顺治帝的汉化程度较深，显然惯以中原君主自居，以别于四夷首领。故内秘书院和内阁起草的诏令、诰命等文书更直观地反映了清朝统治者意识的变化。笔者在此感谢达力先生的指教。

完全等值。因此至少对入关以后的清朝君主而言，他绝不只是希望被本族人当作汗-额真，而是更加期望其身为皇帝的高大君主形象也能被国内的各大族群普遍接受。正是在这种与元朝已有不同的君权观念的氛围下，皇帝一名才继此前进入满语之后，又被有意识地导入到蒙古语中。

皇帝一名进入蒙古语中逐渐造成了在传统蒙古君权观念中地位最高的可汗的名次下降。试以前述《三合切音清文鉴》为例，可汗只得与汉语的君，满语的汗（han）相对译，因此在排序上自然也就被调整回落到了第三位，屈居于天子与皇帝之后。至于在蒙古传统君权观念中与可汗密不可分的犹如皇后的可敦（qatun），地位更是跌落的极其明显，其在《三合切音清文鉴》中仅能被用来对译亲王福晋、郡王福晋、贝勒福晋、贝子福晋中的福晋一词，[①] 故其连续排在皇后、皇贵妃、贵妃、妃、嫔、皇太子妃、固伦公主、和硕公主、郡主、县主、郡君、县君的后面，可谓在“君部”的第二大类后妃部中名列榜尾。[②] 因此，可汗—可敦位次的双双下降恰好衬托出皇帝—皇后的地位荣升。[③] 考虑到《三合切音清文鉴》的使用对象并不限于满汉群体，那么这类君号排序上的此消彼长则反映出当时的朝廷意图将以皇帝为中心的君权观进一步渗透至蒙古人中，借以改造在蒙古社会中固有的唯汗是尊的政治传统。

清廷对于蒙古社会所做的这番君权宣教努力大概没有白费，至少使越来越多的蒙古人逐渐知道熟悉了皇帝一语的含义用法，像成书于1840年的噶尔丹公爵所著的《宝贝念珠》（*Erdeni yin erike*）即尊称皇太极为“太宗格根速图皇帝”（taidzung gegen sütü quwangdi）。[④] 1830—1831年期间来华

---

① 按福晋（fujin）一词直到崇德元年皇太极称帝确立后妃制度时，尚被用来在满语中对译汉语的后妃，但入关以后这种现象逐渐消失。后妃的满语名称均直接采用汉语借词。

② 以上后妃女眷名号的蒙古语对应形式中，从皇后到皇太子妃的六级均属汉语借词，而固伦公主与和硕公主属于蒙古语意译与汉语音译的结合，分别按照满语正字法拼写作 ulusun gungju、hošoi gungju，其他多系蒙古语意译的形式或者再与满语专名贝勒、贝子等组成合成词。参见江桥：《清代满蒙汉文词语音义对照手册》，北京：中华书局，2009年，第48—49页。

③ 虽然可敦在明清时期的蒙古语中也被间或用来代指普通贵妇（如《登坛必究》中以之对译妇人，更多的此类用例见方龄贵：《元明戏曲中的蒙古语》，上海：汉语大词典出版社，1991年，第67页），但其首选义项始终还是可汗或汗的配偶。

④ 戈拉登（噶尔丹）原著、阿尔达扎布注：《宝贝念珠》，呼和浩特：内蒙古人民出版社，1999年，第225页。

搜集资料的俄国学者科瓦列夫斯基后来在其编撰的蒙古语词典中也收录了“皇帝”（hoang-ti）的词条，将其注释为权力无限的君主、博格多汗、中国皇帝。[①] 可见该词已经到了相对为人熟知的程度，故编者感到有必要将它纳入工具书中。而1911年以来外蒙古的政局变动更是显示出皇权观念业已在蒙古社会中扎根。在辛亥革命爆发之后，外蒙古以王公贵族和黄教上层为主的政治势力随即在同年12月初组织成立了以哲布尊丹巴活佛为首的博格多汗政府，接着该活佛又于当月底举行仪式，正式被拥戴为皇帝，并颁布了与帝制相适应的所谓帝号及年号，单方面对外宣称实现“独立”。[②] 待到1915年6月《中俄蒙恰克图协议》签署生效后，外蒙古方面不得不将“独立”降为“自治”，故取消帝号后的哲布尊丹巴也就只能使用博格多呼图克图汗的名号，以在名分上接受中华民国大总统的册封；同时也取消了先前颁布的年号，新引入民国年历，兼保留旧有的干支纪年。[③] 从这种名号的前后变更可知，清末的外蒙古上层久已接受了皇帝位尊于汗的政治观念，并且知晓在称帝的同时，还需颁行年号才能符合这一始于汉武帝确立的正统惯例。

清朝进而将皇帝的名号推广至满、蒙古以外的其他族群。以藏地为例，从《西藏历史档案公文选》所收的清代藏文诏敕来看，早在康熙十八年（1679）就已出现了直接音译而来的hong de（皇帝）一名，以后它在此类文献中又屡有出现。[④] 以后乾隆晚期的《五体清文鉴》中，皇帝一词的藏语和察合台语形式也一律采取了音译借词的形式。而像藏语传统中称代君主，并与汉语中的皇帝长期保持对译关系的rgyal-po也随之降到了第

---

① J. E. Kowalewski. *Dictionnaire Mongol-Russe-Française*. Vol. 2, Kasan, 1846, p. 974.

② Nakami Tatsuo. Protest against the concept of the ‘*Middle Kingdom*’. The Mongols and the 1911 revolution”, in. E. Shinkichi etc eds. *The* 1911 *Revolution in China*, *Interpretive Essays*, Tokyo, 1984, p. 136. 卢明辉：《清代蒙古史》，天津：天津古籍出版社，1990年，第380—381页。

③ 卢明辉：《清代蒙古史》，天津：天津古籍出版社，1990年，第434—435页。

④ 扎西旺都编：《西藏历史档案公文选水晶明鉴》，北京：民族出版社，1989年，第121页、129页、245页。其他直接使用“皇帝”音译形式的文献用例也参见乌云毕力格、石岩刚：《关于雍正皇帝颁给七世达赖喇嘛的一道圣旨》，见沈卫荣主编：《西域历史语言研究集刊》第七辑，北京：科学出版社，2014年，第419—420页。

三的位置,[①] 以与汉语的君、蒙古语的可汗、满语和察合台语的汗相当。虽然《五体清文鉴》的存世数量殊为稀少，但它作为清朝官修的最大一部多语种合璧辞书，其在“君部”条目中的如此处理却充分表现了皇帝一名在位次上优先于内亚传统中流行的形形色色的各类君主称号，这也彰显出此时已完成全国统一，在事实上身为各族共主的乾隆帝在政治领域中最为看重的君主形象还是汉制中的皇帝以及名义上还在它之前的天子。[②]

## 第三节　文殊菩萨和转轮王为何会在“御制”类辞书的君主名称中双双缺席?

从早期的《御制清文鉴》到晚期《五体清文鉴》等官修辞书中的“君部”中另一值得深究的共同现象就是，像文殊菩萨化身和转轮王这类带有佛教化色彩的名号始终未被列入清朝君主的众多正式名称中。这显然是对“共时性君权”所强调的清朝君主以此类形象示人（即使其针对的只是特定群体）的观点提出了十分不利的反证。下面拟对相关原因进行分析。

首先必须指出的是，范福和（D. M. Farquhar）在 1978 年发表的全面论证元清两朝君主具有文殊菩萨化身形象的长文《皇帝即菩萨》的最后部分中，却提出了和该文前面的论证主旨明显有别的观点，即在如何看待自

① ［明］佚名《西番译语》，收入《华夷译语 · 高昌馆课 · 回回馆杂字 · 译语 · 百译馆译语 · 暹罗馆译语 · 八馆馆考》（北京图书馆古籍珍本丛刊 6），北京：书目文献出版社，1990 年，第 696 页。

② 按在皇帝制度确立之初的秦汉时期，天子和皇帝在礼仪和职能上就有了明晰的分工，君主通常对内自称皇帝，对外则使用天子的名号，前者还可以用作大臣对于君主的第二人称，通常所说的君主即位也专对皇帝而言。另外天子主持祭祀天地神灵的场合，皇帝的祭祀对象则是宗庙族灵。在皇权确立的初期，皇帝在神权的地位上还高于天子，不过随着东汉以后经学成果在政治上的体现，至迟在唐代，天子在主持郊祀大祭的宗教活动中完全被赋予了祖灵媒介的角色，从而在地位上彻底实现了对皇帝的超越。参见小岛毅：《天子と皇帝——中华帝国祭祀の体系》，收入松原正毅编：《王权の位相》，东京：弘文堂，1991 年，第 334—335 页。

身被赋予的这种菩萨帝王的问题上，元清两朝皇帝的君主观念存在差异。对于清朝君主来说，虽然其也接受了藏传佛教对自己的这种宗教定位，但却尽量避免公开将自己称作文殊化身之类的菩萨，包括像本自宫廷的《清高宗文殊化身图》之类的艺术作品也不能作为清帝对外公开表明其拥有这种佛教化君主身份的证据。在范福和看来，清朝君主的这种迥异于元朝帝王的政治观念来源于其深知自己的统治是以汉地（China）作为本位，因此其个人展示出的君主形象也要相应符合汉人（Chinese）和儒家的观念认知，故有必要在国家的政治生活领域中采取一种反对宗教干预政治的倾向，所以并不积极主动地对外宣扬自己的这种“菩萨即皇帝”的君主形象。① 耐人寻味的是，范福和论文前面部分中关于藏传佛教界将清帝认同为文殊化身过程的叙述恰恰成为“共时性君权”得以立论的主要基石，因此在相关学者论证这一理论或命题的著述中，该文常常被当作极其重要的必引文献列入参考注释中，可是此文最后部分的这一转折性论述却被这些持“共时性君权”观念的学者刻意回避了，从不对此稍加提示或者加以说明，以致让那些未曾浏览过原文的读者很容易轻信范氏本人的学术立场与引用者的观点完全一致。这种对著者原意有失完整的选择性征引自然难称严谨。其间也有个别学者注意到范氏论点中的后一部分，但仍未就此问题做进一步的深入分析。②

值得注意的是，随着近年来清朝宫廷艺术史研究的极大进展，一幅幅以反映乾隆帝的文殊菩萨形象为主题的清宫唐卡绘画呈现在世人面前。一位专门研究这批艺术品的学者据此认为，此前的元明君主在西藏喇嘛面前只能作为一位虔诚的佛教信徒对其顶礼膜拜，而清朝君主则自称其本人就是文殊菩萨化身的转轮圣王，从而将自己创造性地转化为大众的膜拜对象。③ 当这批画工精美、装潢富丽、惟妙惟肖地将乾隆描绘成菩萨的御容唐卡展现在面前时，强烈的视觉观感效果很容易让人们认定它们确凿无疑

① D. M. Farquhar. Emperor as Bodhisattva in the Governance of the Ch'ing Empire. *Harvard Journal of Asiatic Studies* Vol. 38/1978, pp. 32—34.

② ［美］何伟亚著、邓常春译：《怀柔远人：马嘎尔尼使华的中英礼仪冲突》，北京：社会科学文献出版社，2002 年，第 42 页，注释 5。

③ 罗文华：《龙袍与袈裟——清宫藏传佛教文化考察》（上），北京：紫禁城出版社，2005 年，第 27 页。

地证实了乾隆帝本人是在其帝国臣民面前主动彰显其身为菩萨的神圣形象，从而忽略之前范福和所做的专门提醒。与之相似的是，当有的学者在参观乾隆地宫发现灵柩附近刻写的都是藏、梵文经咒而没有其他文字时，即将其作为“共时性君权”下的君主形象多面性的直接证据。然而在这类看似有力的实物证据面前，笔者认为恰恰存在着明显的可议之处。

从理论上看，人类学研究中高度重视“自我”与“他者”给我们处理本课题时带来的最大启发，就是在观察清朝君主名称的多元性时，有必要先分辨清楚哪些是属于其主动的“自称”，而哪些则仅属于对“他称”的一种接受，并且还应进而澄清这两类不同的名称在国家的政治生活中各自处于何种不同的地位，尤其应该关注那些“他称”性称呼究竟是在何种具体的政治语境中才得以使用。最后我们还应回到整个国家统治的高度来考虑问题，即关注这两大类不同的名称究竟是如何与君主制度中的各项基本内容相结合的。以下的分析考察即以上述指导思想作为中心。

首先需要指出的是，像《清高宗文殊化身图》这类作品应视为反映皇帝个人宗教观念的产物。也就是说，此类画中将乾隆帝描绘成的文殊菩萨并不属于皇帝想要在公开的国家政治生活领域中着力向外界尤其是其统治下的多数臣民展示的形象。从艺术渊源上看，这些作品的出处无疑都源于藏传佛教对于菩萨世界的描绘，其作者或为藏地画师，或为西洋画家。[①]因此，它们的存在只是表现出藏传佛教艺术在清宫中的被接受。正由于这些作品长期以来是以秘不示人的方式藏于深宫而非在全国境内广为复制，四处传布，因此有清一代能够欣赏领略到它们的群体基本只限于皇族等特定对象。迟至1934—1935年时，北平故宫博物院出版的收录故宫清代帝后画像的美术图册《清代帝后像》方首次收入了此类作品，由此它们才被正式公之于众。当然，从其主题来看，无疑表明了乾隆帝沿袭了藏传佛教界或黄教上层将清帝定位为文殊菩萨的政治传统。曾经有学者认为，清帝是在顺治九年（1652）才被达赖喇嘛在文书中尊称为文殊菩萨，而且还怀疑此时的黄教高层尚未真正将其认定为文殊化身，仅仅是恭维清帝具有如同

① 罗文华：《龙袍与袈裟——清宫藏传佛教文化考察》（下），北京：紫禁城出版社，2005年，第538—546页。

文殊菩萨一般的智慧而已。一直要降至乾隆时期，章嘉活佛才首次正式将清帝确认为文殊化身。① 现在看来，这种观点明显有晚置之失，因为早在入关之初的顺治三年（1646），达赖喇嘛就在致顺治帝的书函中称颂其为“文殊室利的化身”②；而且《五世达赖文集》中所收的进呈顺治的表文中也完全按照藏语表达习惯将清帝直称为“文殊怙主”（'jam mgon zur phud lnga pa）。③ 这大概承袭了此前的固始汗和西藏方面将明朝皇帝称作“文殊化身”（manjusiri-yin qubilgan）的历史传统。④ 故明清两代君主被西藏地方势力认定为文殊化身的时间并未晚至18世纪的乾隆一朝。

只是在乾隆之前的几位清代君主大概对藏传佛教的信仰程度不深，其中的顺治和雍正则对汉传佛教中的禅宗抱有更大兴趣，所以迄今在清宫收藏的书画中未能发现将其他君主也描绘成文殊化身的作品，至多也就是像雍正那样，授意宫廷画家将其描绘为喇嘛上师而已。⑤ 换言之，大多数清朝帝王对于藏传佛教的这类“皇帝即菩萨”的君主观，仅仅是出于安抚藏区的政治需要才坦然接受，谈不上有突出的个人偏好或兴趣方面的强烈动机，更不会将其当作一件政治大事向外界刻意宣扬。而乾隆却因为其本人在清朝所有君主中，对待藏传佛教的信念最为虔诚，与黄教上层集团在政治上的互动也相对频繁紧密，⑥ 因此对于这种文殊化身或者与转轮王相联

---

① 王晓晶：《六世班禅进京史实研究》，北京：民族出版社，2013年，第111—116页。

② 希都日古编译：《清内秘书院蒙古文档案汇编汉译》，北京：社会科学文献出版社，2015年，第77、第82页。至于后来乾隆时期修撰的《钦定外藩蒙古回部王公表传》称崇德年间黄教高层就在表文中称清帝为曼珠师利大皇帝的说法实属晚起，不足征信。参见林士铉：《清代蒙古与满洲政治文化》，台北：政治大学历史学系发行，2009年，第176—177页。

③ 扎西旺都编：《西藏历史档案公文选水晶明鉴》，第228页。按 'jam mgon 和 phud lnga pa（五髻）均是藏传佛教中对文殊怙主的称呼。

④ 乌云毕力格、道帏·才让加：《〈持教法王谕令〉考释》，收入乌云毕力格主编：《满蒙档案与蒙古史研究》，上海：上海古籍出版社，2014年，第59—70页。此外，《西藏历史档案公文选水晶明鉴》也收入了一件将明英宗称为文殊皇帝的诏书。参见扎西旺都编：《西藏历史档案公文选水晶明鉴》，第67页。又，范福和早已指出，尚在15世纪初噶玛巴活佛应明成祖之邀来南京为后者的亡父母荐福时，即已将明太祖夫妇分别认定为文殊菩萨和度母的化身。参见 D. M. Farquhar, “Emperor As Bodhisattva in the Governance of the Ch'ing Empire”, pp. 12—16.

⑤ Wu Hung. Emperor's Masquerade— ‘Costume Portraits’ of Young zheng and Qianlong. *Orientations*. Vol. 26, no. 7, 1995.

⑥ 石滨裕美子：《清朝とチベット仏教—菩萨王となつた乾隆帝—》，东京：早稲田大学出版部，2011年，第149—165页、第189—226页。

系的君权观表现出深度的个人欣赏，所以此类作品方才不早不晚地在乾嘉期间的宫廷内悄然问世，构成了清代帝王肖像中十分独特的一种类型。

不过即便如此，乾隆仍然能够很好地克制其对藏传佛教的个人偏好，故一般来说，他并不将其个人信仰暴露在他统治的大多数帝国臣民面前。堪为典型的是，乾隆帝接受章嘉三世活佛对其进行的与转轮王思想密切相关的灌顶仪式的时机场合并不是在最为引人瞩目的登基大典上，而是发生在乾隆十年（1745），并且记录君主日常行为的《起居注》中有意将此事模糊淡化为“雍和宫行礼”，唯从记有该年份采办制作佛教法器的造办处文书等档案中才可推断出灌顶之事完全属实。至于具体的灌顶缘由等事宜更是仅见于藏文的章嘉活佛传记中。[①] 综上判断，乾隆皇帝的灌顶仪式绝非像历史上有些政教合一的佛教国家那样，君主的这一仪式必须是在庄严、公开而且极其隆重的场合下正式进行，故往往与其登基即位有关，以便全国上下咸使知闻。与之相反，乾隆的做法由始至终都是高度私密化的，故就连记载皇帝日常活动至为琐细的《起居注》中都对此有所隐讳，可见他本人绝不希望声张此事。因此，不要说其大多数满汉臣民对此毫不知情，就连蒙古、藏地区的普通僧俗恐怕也莫知其详。要之，乾隆对藏传佛教的喜好并未突破“私”的层面而全面上升到国家的公开化政治生活领域中。同样，乾隆地宫灵柩上所见的梵、藏文咒语也反映出其类似的思想动机，因为陈设皇帝灵柩的地宫属于高度隐秘化的空间场景，在当时有条件对之亲见寓目的人是少之又少，所以其灵柩上的这种有意布置恰恰反映的是君主平时深藏的不欲公之于众的个人隐私，而将其解读为清帝欲通过此举，对外展示出一种较中国皇帝身份更为多元的君主形象诚属大谬。

此外，我们还可以从比较不同史料对于乾隆四十五年（1780）的四世班禅来京一事的记载上，观察出皇帝试图将他对藏传佛教的真实兴趣多所隐晦的政治态度。根据研究者对清廷史料与藏文记载之间的对比，同样是在直接体现官方立场的《起居注》和《清实录》中只是有选择地记载了一部分皇帝与班禅会面的场合，两人之间的若干会面则因为与皇帝向大师私

---

① 石滨裕美子：《清朝とチベット仏教—菩萨王となつた乾隆帝—》，东京：早稻田大学出版部，2011年，第168—175页。

下请教佛法有关，并不符合儒家性质的国家礼仪，因此就被有意识地删汰了。[①] 乾隆帝还对其属下官员在与黄教上层打交道时应严格区分“公”与“私”的场合有过具体的训示。就在班禅来京前夕的乾隆四十四年（1779）时，陕甘总督勒尔谨奉旨在西宁迎驾大师，其间他曾对其行使了叩见礼，后将这一细节写入上报给皇帝的奏折中，却为此遭到了乾隆的训责，斥之为“叩见之语，形之章奏，实属糊涂”。原来在乾隆的政治逻辑中，朝廷官员行使叩头礼属于“私向跪叩，原所不禁”，即处在皇帝的听任默许之下，然而一旦将其形诸文字，那就完全突破了君主先前所能允许的“私向”限度，间接挑战了以皇权为中心的统治秩序，因为地方大臣原则上的叩拜对象仅限于皇帝本人与少数地位尊贵的皇亲，而皇帝和黄教高层同样构成一种特殊形式的君臣关系，所以同为皇帝臣工的总督和班禅彼此间本不宜行叩拜礼。此事反映出清朝的官方史料中对于记载官员与黄教高层交往的慎重取向，所以目前唯有极少数满文军机处档案才留有清朝官员对班禅、达赖等黄教高层行叩拜礼的原始记录。而众皇亲对抵京的班禅叩头的史实也仅见载于朝鲜作者朴趾源的《热河日记》中。[②] 像此类明显违制的史料信息则照例不会载入以后正式成书的清朝官方史册。

清朝君主一方面力求在公开的政治生活及史书记述中淡化自己与宗教势力间的瓜葛，另一方面又时时不忘向黄教上层明确传达自己的皇帝身份，以此作为达赖喇嘛驻跸的布达拉宫也需依制供有藏、汉、满、蒙古四体合璧的“当今皇帝万岁万万岁”的牌位。[③] 而在目前所见的朝廷致藏区黄教高层及其地方统治者的敕谕中，清朝君主通常均只自称为皇帝（在藏语中除了直接使用“皇帝”的音译形式以外，还将其对译为 rgyal-po 和 gongma，尤以使用 gongma 一词最为常见），并不加上“文殊菩萨”或“转

---

① 石滨裕美子：《1780年のパンチェンラマ・乾隆帝会见の本质的意义》，收入石滨氏著：《チベット佛教世界の历史的研究》，东京：东方书店，2001年，第327—333页，。

② 村上信明：《试论清朝满、汉文档案在有关记载上的特征及其规范——以有关乾隆时期清朝官员与藏传佛教大活佛的会见礼仪为例》，收入中国社会科学院近代史研究所政治史研究室编：《清代满汉关系研究》，北京：社会科学文献出版社，2011年，第626—637页。

③ 罗文华：《龙袍与袈裟——清宫藏传佛教文化考察》（上），北京：紫禁城出版社，2005年，第26页。

轮王”的名号。[①] 唯西藏地方政府有时在收到以后，再将旨意向下转述传达时，才相应补上这类称衔。[②] 以上史实表明清朝君主完全清楚相关名号存在着“自称”与“他称”之别，故在原旨的“自称”场合时使用皇帝，但并不禁止对方添加这类“他称”名号，只要原来的“皇帝”一名保留即可。[③] 因此，清朝君主在藏传佛教信徒面前依然是以皇帝的身份自居，而“文殊菩萨化身”等“他称”类型的名号实际上是作为皇帝的修辞语而使用。那种认为清帝是以一种与皇帝不同的文殊化身之类的教主形象呈现在蒙古、藏群体面前的观点可谓失于片面。明白了清朝君主恪守的这种明确区分“自称”与“他称”政治名号的君权观念以后，我们就不难解释为何在目前已知的以“御制”名义编撰的所有辞书中均不把“文殊菩萨”和“转轮王”之类的“他称”名号载入书中的“君部”。

这里不妨再补充一点，早在入关以前的后金时期，即已出现了类似的“自称”与“他称”君主名号并见称用的现象。以往学界在讨论天命、天聪两朝君主是否明确自称皇帝的问题上有过比较大的分歧。黄彰健征引来自明朝与朝鲜两方的汉文史料力主这两朝君主在称汗后均曾正式称帝。[④] 蔡美彪则持相反观点，论证汉文史料中的这些记载并不能作为其君主正式称帝的依据，而在崇德元年（1636）以前，努尔哈赤父子从未正式自称皇帝。[⑤] 现在看来，蔡先生的意见更为契合史实。事实上，至少在天聪五年（1631）设立六部之前，后金政权还是典型的汗权体制，努尔哈赤父子当初登基时绝未举行过后来如崇德建元那样正规的汉制称帝仪式，更未按照传统帝制的要求，履行颁布年号、追赠先祖以及册封后妃等相应程序。因

① 相关文献参见扎西旺都编：《西藏历史档案公文选水晶明鉴》；中国第一历史档案馆、中国藏学中心合编：《清初五世达赖喇嘛档案史料选编》，北京：中国藏学出版社，1998 年等。

② 孟庆芬等译：《清代有关西藏的藏文史料》，收入中国社会科学院民族研究所历史室、西藏自治区历史档案馆合编：《藏文史料译文集》（内部发行），1985 年，第 169—170 页。

③ 从目前披露的史料看，乾隆帝仅在私下致班禅大师的书信场合中，才主动将转轮王的含义加在皇帝名号上。Ishihama Yumiko. The Image of Ch'ien-lung's Kingship. *Acta Asiatic* Vol. 88，2005，p. 51.

④ 黄彰健：《论清太祖于称汗后称帝，清太宗即位时也称帝》，收入黄氏著：《明清史研究丛稿》，台北：台湾商务印书馆，1977 年，第 579—587 页；《再论清太祖、清太宗的国号、年号及位号——敬答蔡先生》，载《大陆杂志》，1988 年第 5 期。

⑤ 蔡美彪：《大清国建号前的国号、族名与纪年》，《历史研究》，1987 年第 3 期。

此，对后金统治者而言，他们自称使用的名号只应当是汗。那么为何明朝与朝鲜的史料又会屡次出现其使用皇帝称号的记载呢？这正如蔡先生分析的，后金国内还有汉人群体的存在，他们更习惯采用汉式的君主名称，总是将汗称为皇帝，加之这些人平时负责将满语内容译为汉语甚至受命直接起草汉语书信，并致送明朝与朝鲜的文翰工作，因此在这一环节中，时常会将汗改译或者直书作皇帝；故有时尽管满汉史料同记一事，但在相对早出的满文档案中对后金君主以汗相称，到了稍后的汉文史料中其君主又被称为皇帝。总之，后金君主固然自称为汗，但从不禁止汉人在汉语的场合中称其为帝，自然也就听任后金发送明朝与朝鲜的汉文信函中屡以皇帝相称的现象长期存在。这就是说，汗对后金君主来说是自称，而皇帝仅属于他称。至于现存的天命、天聪两朝的汉人（含汉军旗人）臣工所上奏疏中习见的“皇恩”“皇上”等用语同样均属后一类他称的范畴。[①] 后金时期这种自称与他称的君主名号并见使用的情况，与入关以后清朝君主又接受黄教高层所上文殊化身等他称名号在性质上颇为相近。不过“自称”与“他称”的名号在国家政治生活中的地位与意义终究是完全不同的，这一点无论是对较早的后金时期，还是对入关以后的清朝，都同样适用。

## 第四节　清朝君主的终极政治理想是“合璧”还是“同文”？

本节将要讨论的主题为究竟清朝君主的终极政治理想何在？它是柯娇燕提出的“合璧”理念吗？对此我们抱有完全不同的观点，即“同文”才是当时的统治者最为强调的政治信念与终极理想，而它的孕育成熟又经历了从康熙到乾隆的较长时间。以下试辨析之。

---

① 松村润：《天命朝の奏疏》，《明清史论考》，东京：山川出版社，2008 年，第 260—263 页。

“同文”的概念在清代出现于康熙年间，与这一词语在传统上容易让人联想到的“书同文、车同轨、行同伦”的文化统一的含义不同，它在清代一开始就被赋予了更多的既保持文化多元性，又促使它们彼此交流的色彩，而这在当时主要是通过不同人群之间相互学习对方的语言来实现的。因此，最早将“同文”作为关键词嵌进书名的著作几乎都是作为“国语”的满语和使用人口数量最多的汉语相互译解的双语辞书。其包括了康熙二十九年（1690）由秘书阁刊刻的《满汉同文全书》、康熙三十二年（1693）由阿敦、刘顺、桑格编的《同文广汇全书》、康熙三十九年（1700）刊刻的又一种《满汉同文全书》和康熙四十五年（1706）刊刻的桑格编的《满汉同文分类全书》等。[①] 显然，以“国语骑射”作为立国之本的清朝君主在入关以后依然维持满语（国语）的基础地位，唯恐满洲子弟因为淡忘母语而渐趋“汉化”，因此还需要继续坚持对作为满洲文化载体的满语的学习，但另一方面考虑到对汉地的有效稳固统治，满洲子弟也有了解学习汉语的迫切需要。因此，同时注重对满汉双语的学习和掌握在清朝曾长期是满洲子弟语言学习的基本特点。这一点也可由上述书籍的编者多有满洲旗人的背景可以看出。[②] 当然，满汉双语辞书的刊行同样也满足了具有学习满语动机的一部分汉人，尤其是身为旗人的汉军集团的需要。这样以“同文”（hergen emu/šu adali）作为书名，同时具备了既保存满洲语言文化，又加强满汉两大群体相互交流的双重政治寓意。推而广之，“同文”既然综合体现在语文形式上的多元并行和含义上的相互对译，那么它实际上已经承认了各种语文均可承担“文以载道”的教化功能，从而在传达政治教化上具有同样积极的效果。[③] 因此，像雍正即位以后把康熙生前发布的《圣训十六条》扩大为《圣谕广训》，并以满、汉、蒙古三

① 江桥：《康熙〈御制清文鉴〉研究》，北京：燕山出版社，2001 年，第 19 页。

② 有学者认为，在清朝的多数时候，满洲人的语言掌握具有明显的满汉双语化倾向。G. Stary, “Disappearance and survival of a dominant Nation: the Manchu case”, in. *The East and the Meaning of History*, Bardi, 1994, pp. 469—479.

③ 满文常见的“同文”（hergen emu）一词的字面含义就是具有动名词化的“文字的统一或合一”，这与名词性的 emu hergen（一种文字）在构成形式上刚好相反。它实际上要表达的重点是不同的语文能够表达同样的内容，而非语文形式的单一化。换言之，凡出现了“同文”的场合，就必然涉及不同语文间的互译。

种语言在社会上广施颁布，即可视作“同文”理念在政治生活领域的具体表现。[①]

而到了雍正以后的乾隆时期，随着清朝完成了包括西域在内的全国一统。“同文”在这一时期终于跃升为一种普适化的政治符号，即“同文之治”。榎一雄在归纳《西域同文志》成书的时代背景时，首次富有创见地将清朝施行的文化政策概括为“同文思想”或“同文政策”，即在天下归清的政治背景下，各民族的文化并无优劣高下之分。“同文思想”不仅体现在康熙至乾隆时期出现的各种涉及不同语言间互译的辞书上，而且在乾隆时期随着全国一统而达到了高潮，故这一时期官修刊行的《同文韵统》、四体合璧的经咒大全、满文《大藏经》直至《西域同文志》《五体清文鉴》均是这种思想指导下的具体产物。[②] 林士铉进一步检出乾隆在《御制满蒙文鉴》序中的“同文之治”（bithe i emu obure dasan）的概念，再联系当时官方文献中的用满汉双语表述的“一统同文之盛”“同文之圣化被于四方”等时代用语加以综合考察，澄清了“同文”在当时的历史背景下所昭示出的推广文治教化，消除各族间旧有隔阂上的显著政治意义。[③] 总之，“同文”已成为彰显乾隆一朝所取得的大一统成就的最为准确的政治符号，同时在这个词语上也寄托着清朝君主所追求的至高政治理想。正因为“同文”所包含的这种政治理念与传统的中原王朝统治观念既有在大一统的治理目标上合辙的一面，又有注重保存帝国内部多元文化的相异的一面，这就决定了在其理念的支配下，清帝国的满、汉、蒙古、藏、回五种文化的作用与影响绝非毫无差别的平等呈现，而是朝廷更欲凸显强化满汉两种文化的核心地位。它们享有的这种超出其他文化的地位鲜明地表现在汉满两种语文在使用中的优先性上。这里姑且不论满汉两种文字的史料加在一起占了清朝官方文献的大多数。

---

① 绪形康：《大清帝国の言语政策》，《神户大学文学部纪要》第40号，2013年，第62—65页。

② 榎一雄：《乾隆朝の西域调查とその发现》，《榎一雄著作集》第二卷，东京：汲古书院，1992年，第18—19页。原文发表于1949年。

③ 林士铉：《清代蒙古与满洲政治文化》，台北：台湾政治大学历史学系，2009年，第347—363页。又如林氏在书中所指出的，“同文”的文同时具有“文字”（hergen）和“文章”（šu）的义项。

林士铉已经注意到乾隆五十七年（1792）皇帝对于藏地所铸钱模的正反面均只用藏文而无汉字所做的不符“同文规制”的批评，认为凡属单一语文的形态即非“同文规制”。不过从乾隆要求藏区地方当局在钱币的正面必须用汉字刻铸“乾隆宝藏”字样的批示来看，汉文和藏文在同一货币上一正一反的设计布局显然体现出前者在地位上优先于后者的用意，因为货币的正面无疑在流通使用中比其背面更加引人注目。类似的现象也发生在西域。就在准噶尔部对西域的统治结束后不久，清朝已着手将准噶尔统治时期流行的旧式普尔钱改为与内地形制一致的新式方孔圆钱，故从乾隆二十五年（1760）开始，清朝就相继在叶尔羌、阿克苏等地正式铸造全新款式的红钱。其在文字上的要求是正面必须铸有汉文“乾隆通宝”字样，反面则按照左边满文、右边察合台文的合璧规制刻上铸钱的城市名称。[①]据此汉字既出现在红钱的正面，又表示的是相对重要的皇帝年号，自然在地位上显著高于出现在背面，仅表示铸钱地点的其他文字。与有些藩部地区的钱币必须在正面刻写汉文的情况相反，内地（含东北和蒙古）通用的钱币则只限于刻写满汉两体字样，无须再额外增添其他文字种类。

如果说在“同文之治”下，汉文的优先地位展现在钱币上，那么满文的优越性则表现在官修辞书中被用来音写其他各种语言方面。满文创制之初，系借自蒙古文字母，形成十二字头，自然也像蒙古文那样存在同一字母对应不同发音的问题，所以读者容易在辨识词语时发生读音上的混淆。故天聪年间又由达海给十二字头加上圈点，克服了前述缺陷，形成了后来长期通用的新满文。因此满文虽然创制的时间较晚，但它的标音却比蒙古文清晰精确，从而方便人们学习、掌握。满文在记音上的独到优势，逐渐转化为入关之后满洲旗人维系自我认同的文化自信心。像康熙年间清朝使臣出使游牧于伏尔加河流域的土尔扈特阿玉其汗期间，当阿玉其汗主动询问满文与蒙古文之间的渊源联系时，使臣随即回答道：“满洲文、蒙古文迥然两样。我太祖皇帝开首作了十二字头，太宗皇帝在字旁增添了圈点，一切语言音韵都齐备了之故。千变万化，用之不竭，很精很深。”[②] 使者的

① 相关的实物资料参见杜坚毅等编著：《新疆红钱大全图说》，北京：中华书局，1996年。

② 今西春秋：《校注异域录》，奈良：天理大学，1964年，第200页。

回答断然否决了满文创制全因蒙古文之论，并通过阐述满文在标音上的优点（“一切语言音韵都齐备了”）和无所不至的使用效果，表达出他们在蒙古人面前对于自己国语的优越性颇为自信。

使臣上述流露出文化自豪感的言辞又让人联想到后来乾隆在《同文韵统》的序中对满文字母的类似评价：“我国朝以十二字头括宇宙之大文，用合声切而字无遁音。华言之所未备者，合声无不悉具，亦无不吻合，信乎同文之极则矣。”在乾隆看来，满文的十二字头的优点已经不只是“一切语言音韵齐备”，而是足以“括宇宙之大文”，故比起作为汉语的“华言”来说，更有资格作为同文盛世臻于极致的标志。乾隆帝的这种彰显文化自信的满文优越论也直接体现在合璧辞书的编撰中。还在乾隆八年（1743）成书的《御制满蒙文鉴》的序中，他就明确指出，蒙古文相比满文的缺点在于，“唯蒙古文但有字画，而无圈点，不晓语言之人，难于识读，且初学之人，取音附合，所读类项不易辨别”，因此特命在新编的此书中全部改用满文字母来音写蒙古文。这种以满文音写蒙古文的情况在有清一代一直颇为盛行，既体现在较早的康熙时期的蒙古文《甘珠尔》的佛像名称上，又反映在以后流行的更多满、汉、蒙古多语会话读本中，如《满汉会话》《三合语录》《满蒙汉三合松窗破闷》《满蒙汉话条二十五段》等。① 而这种利用满语字母拼写其他语言的集大成之作即收录语言种类最多的《五体清文鉴》，因该书新收的藏语和察合台语词汇的下面也列出了其对应的满文注音形式，这样不熟悉藏文和察合台文字母的读者只要掌握了满文的切音规则，也能据此了解它们的大致读音。因此，清朝通过有意识地采取一种政府导向的文化策略，把满文在注音上的优势推向极致，促使它在各种语言的读写对译中，起到了连同汉语在内的其他各种语文都不具备的枢纽中介作用，最终鲜明地昭示出清文作为“国语”的最高地位，有力地配合支撑了清廷一向坚持的以“国语骑射”为立国根本的政治大计。

总之，相较于清朝自我标榜的“同文之治”“一统同文”“同文之圣”

① 林士铉：《清代蒙古与满洲政治文化》，台北：台湾政治大学历史学系，2009 年，第 336—345 页。

等将多元性与统一性相结合的政治话语，“合璧”只不过是多种语文并列呈现的形式手段而已，远远不能具备政治符号独具的特殊深意，故清朝统治者从来不会创造诸如“合璧之治”这样的词语来归纳概括其政治理念。因此，我们若要挑选一个关键词切合清朝统治者关于其政治诉求的自我期许，那么毫无疑问，用他们自己的话语来说，“同文”比“合璧”要称意合适的多。相反，如果执意要将后者辨识为清朝君权的本质化特征，则实属认识上的本末倒置。

## 本章结语

本文针对“共时性君权”的商榷，至此大体告一段落。回顾当初柯娇燕在《透镜》中对这一命题进行定义时，她曾经生动形象地将清朝君权的结构比作单数化的车轮轴心和复数化的辐条传动运转关系，君权的合法性被比喻为处于中间位置的轴心，复数化的辐条则代指帝国内部的满、汉、蒙古、藏、回各种文化及其承载者。因此，在柯氏的行文中，君权（emperorship）可以既用单数，又用复数出现。然而与轮轴正常转动时，各根辐条绝不相交的现象恰恰相反，所谓“同文之治”的政治目标却是促进几大群体之间的相互交流，以确保政治教化不因语言间的差异隔阂而受阻；同时以清朝君权而论，在入关之后的大部分时间里，皇权的地位总是高于汗权。这既体现在“御制”类官修辞书中君主名称的排序上，也清楚地表现在面对帝国内部的各大群体时，清朝君主首先均以皇帝的形象自称，只是在面对藏、蒙古佛教徒时，才欣然接受由黄教高层奉上的文殊菩萨之类的他称性名号。相较通常的内亚君主头衔来说，具有显著普适性君权特征的皇帝——天子的名分足以最大限度地满足最高统治者进行权力扩张的根本政治诉求，因此皇帝——天子身份不仅是清朝君主面对最重要的帝国统治基础满汉群体时的政治形象，同时即使对于帝国境内的其他几大群体也是如此。故随着整合内亚边疆的政治大业的渐趋完成，当清朝君主再向这些处于边疆及邻境的政治集团颁发满文敕书时，即常常首先书以“奉天承运皇帝谕”（abkai hesei forgon be aliha hūwangdi i hese）的旨令，借以明示皇权观念笼罩下的君臣名分业已延及并覆盖到藩部区域。

此外，柯氏还在2009年的一篇会议论文中重申清朝的君权总是以满、蒙古、汉（Chinese）、藏（到乾隆时期还加上维吾尔）多种语言“共时”地发声。① 然而清朝历史的真相却是君权只会选择特定的一种语言以发声：即“首崇皇权，注重满汉”，这正符合有人指出的一个事实，刻意表现清帝君主威仪遍及海内的《皇清职贡图》中恰恰缺少满汉群体的形象②，用柯氏自己的话来表述就是：“望远镜不能观察其自身”。而清朝最高统治者实际上是凭借皇权熟练驾驭下的复杂官僚体制方才成功地把主要由汉满群体定居的内地—东北（清代文献中多称为“东省”）和以其他内亚少数民族为主体的藩部，连同改土归流后的西南“新疆”三大区域板块最终联结为一体③；相较之下，那种强调清朝君主径直依靠自身身份的多重性，将自己锻造升华为国家唯一的象征符号，才得以树立起统治全国的合法性及政治机制的基本理论预设纯属臆想虚构的空中楼阁。这种看似紧追时髦理论大潮的“君权象征符号论”委实不啻早已僵朽多时的“朕即国家”论的复活，也可以说此类貌似包装得颇为花哨时新的论点实则落入到最陈腐理念的窠臼之中。试想，倘若柯氏精心编织的这套炫目说辞真能成立的话，那么君临北京的清朝君主在其一生中最为重要也最受瞩目的登基大典上，

---

① P. K. Crossley，“A Reserved Approach to ‘New Qing History’”，韩国东北亚历史财团举办“外国学界的北方民族与征服王朝研究议论与最近现状”会议论文集，2009年10月30日宣读，p92. 承特木勒先生惠示此文，特此致谢。

② 齐光：《解析〈皇清职贡图〉绘卷及其满文图说》，《清史研究》2014年第4期。

③ 柯娇燕在法国《年鉴》上刊发的论文（“Pluralité imperial et identities subjectives dans la Chine des Qing”）中更加具体地把清朝的政权机制诠释为“一国三府”，系有清一代由三个彼此平行、地位独立、互不沟联的中央一级政府构成，其中六部对应汉地、旗务机构对应八旗、理藩院对应藩部，故到1911年以后随着君权象征符号的一举解纽，原来只隶属理藩院的蒙、藏、回部等藩部都应享有和内地一样的独立建政的历史机遇。这一共时性君权下的“一国三府”论也见于其最近的英语论文中，参见 P. K. Crossley，“The Lifanyuan and Stability during Qing Imperial Expansion”，in. D. Schorkowitz etc eds. *Managing Frontiers in Qing China*：*The Lifanyuan and Libu Revisited*，Leiden：Brill，2017，pp. 93—97. 事实上，藩部各地和遍布全国的驻防八旗在实际的政治运作过程中恰恰是在皇权的操控引导下，常态化地和以六部为核心的汉式官僚机制发生千丝万缕的纵向密切往来（相关的集中论述可以参看任桂淳、杜家骥、赵云田等学者的著作），要说它们的运行全然自外于六部等汉化官僚体制，纯属简单粗暴地歪曲玩弄历史。

就不会是单单依照中原王朝的即皇帝位礼仪的程序进行，还必须“共时”性地履行内亚传统的举毡称汗仪式和藏传佛教界看重的通过灌顶行为加冕为转轮王的仪式，这样才能全面照顾到帝国境内各大主体对其的不同政治期待与需求，从而促使这几大族群在君权的引导下凝聚起来，一致对己效忠臣服。① 可是让人感到遗憾失望的是，自从清初入关直至宣统退位，这幕奇葩妙剧却从未在真实的历史舞台中上演过哪怕一次。

① 有关入关以后清朝皇帝即位程序的研究，见川胜守：《清朝皇帝の仪礼と支配の构图——即位と崩御を中心として—》，收入《明清时代の法と社会——和田博德教授古稀纪念》，东京：汲古书院，1993年，第221—242页；谷井俊仁：《明清皇帝とビザンツ皇帝の即位仪礼の比较》，收入《公家と武家の比较文明史》，京都：思文阁，2005年，第205—215页。其中川胜守的论文考察了康熙、雍正、乾隆分别即位的情况及其与先皇驾崩礼仪在时间与程序上的承接关系，兼与汉代皇帝的即位过程做了比较，总结出两者的共同性与少许差别。谷井氏论文主要比较了同为第四代君主的洪熙帝和康熙帝的即位礼仪，指出后者所遵循的仪式程序明显以前者作为原型。关于内亚君主即位时所经历的一般礼仪程序，见 P. A. Boodberg，“Marginalia to the History of Northern Dynasties 4. The Coronation of T'o-pa Hsiu”，*Harvard Journal of Asiatic Studies*，Vol. 4，1939；R. Sela，*Ritual and Authority in Central Asia*：*The Khan's Inauguration Ceremony*，Bloomington，2003，pp. 1—58. 松原正毅《游牧社会における王权》（附小岛毅评论），《王权の位相》，第415—445页；护雅夫：《突厥の即位仪礼》，收入护氏著《古代トルコ民族史研究Ⅱ》，东京：山川出版社，1992年，第384—413页；《突厥の即位仪礼补论》，《古代トルコ民族史研究Ⅱ》，第414—437页。周良霄：《蒙古选汗仪制与元朝皇位继承问题》，元史研究会编：《元史论丛》第三辑，北京：中华书局，1986年，第38—39页；罗新：《黑毡上的北魏皇帝》，北京大学中国古代史研究中心编：《田余庆先生九十华诞颂寿文集》，北京：中华书局，2014年，第414—429页。

# 第四章　如何从非汉文史料的角度回应“新清史”学派？

毋庸讳言的是，“新清史”学派之所以得到不少人追捧的一个重要原因在于，他们总是曲不离口地大声疾呼非汉文史料的重要性，这对长期以来主要仅依靠汉文史料研究清朝历史的国内史学界，无疑构成了极大的冲击。令人欣慰的是，面对这种外来的知识挑战，现在关注非汉文史料在相关讨论中发挥作用的国内学者也越来越多。他们对若干基本问题的思考成果已经初步集中呈现在最近问世的两部新书中。[①] 笔者深信，非汉文史料的深度引入以及民族史乃至内亚史实证方法的合理运用，完全可以为时下正在热烈进行的学术讨论开辟拓展出全新的视野境界，具体到本书对“新清史”的回应问题上，拟主要运用非汉文史料围绕两大中心议题展开：一，所谓清朝与中国的同一性问题；二，历史上的新疆地区是否处在“中国”这一空间共同体之外的问题。下面即来考察其中第一个议题。

在“新清史”建构的话语体系中，满洲统治者的政治理念中始终缺乏“清朝等于中国”的认同观念，故他们声称“中国”只是“大清国”治理下的与满洲、蒙古、新疆、藏地相并列的一个空间单元而已，继而以此来对辛亥革命后中国在边疆地区继续行使主权的国家行为进行所谓“合法性”的评判。而在国际学界，某些日本学者也持类似的立场，例如中见立

---

① 张志强主编：《重新讲述蒙元史》，北京：生活·读书·新知三联书店，2016 年；《东方早报·上海书评》编辑部编：《殊方未远：古代中国的疆域、民族与认同》，北京：中华书局，2016 年。

夫在1984年发表的一篇论辛亥革命对外蒙古地区所发生的政治影响的论文中，全面系统地阐述了以下的基本观点：在辛亥革命之前，蒙古人仅仅将清朝看作是一个由满洲皇帝统治的政权，而并不视其为中国王朝的延续。因此，在他们的认同观念中，从不存在任何与“中国”有关的政治概念，而蒙古语中所出现的“中国”（dumdadu ulus）一词是在清朝解体后从汉语的“中国”一词直译出来的。中见氏以之解释外蒙古要求从革命之后新成立的民国政权中脱离出来的政治诉求的“合理性”。① 这一见解以后在日本学术界被广泛接受，其影响一直延续至今。

上述日美学者的观点已经在国内外学界引起了一些商榷意见。例如姚大力以1849年出版的科瓦列夫斯基《蒙俄法语辞典》中已经收录了dumdadu ulus（中国）这一词条为由，指出了中见立夫的相关判断不准确，并进而推测该词很可能是由满语中的dulimba-i gurun（中国）转译过去的，坚持认为“中国”已经确凿无疑地成为满洲统治者指代自己国家的名称用语。② 郭成康和黄兴涛则详细引用汉文史料，论证清朝或大清国与中国的同一性。③ 而在发掘非汉文史料论证这一问题方面，目前最充分的则属华裔学者赵刚和甘德星的论文。赵刚引用了满文本《尼布楚条约》和《异域录》（图理琛著）中dulimba-i gurun（中国）的出现情况，批评了“新清史”学者普遍所持的满洲统治阶层缺乏“中国”认同的观点。④ 甘德星则主要利用了其最新寓目的内容相对完整的一份满文本《康熙遗诏》，其中

① T. Nakai, “Protest against the Concept of the ‘*Middle Kingdom*’: The Mongols and the 1911 Revolution”, in. E. Shinkichi etc eds. *The* 1911 *Revolution in China*, *Interpretive Essays*, Tokyo, 1984, pp. 129—149. 上述观点以后在中见氏的其他论著中也续有体现，参见中见氏著《18世纪至1919年的蒙古》，收入恰赫里亚尔·阿德尔主编，吴强、许勤华译：《中亚文明史》第六卷《走向现代文明：19世纪中叶至20世纪末》，北京：中国对外翻译出版公司，2013年，第285—296页；《「满蒙问题」の历史的构图》，东京：东京外国语大学言语文化研究所，2013年，第6—7页。

② 姚大力：《不再说“汉化”的旧故事——可以从“新清史”学习什么?》，《东方早报·上海书评》2015年4月5日；《多民族背景下的中国边陲》，收入清华国学院编：《全球史中的文化中国》，北京：北京大学出版社，2014年，第188—189页。

③ 郭成康：《清朝皇帝的中国观》，《清史研究》2005年第4期；黄兴涛：《清朝满人的“中国认同”——对美国“新清史”的一种回应》，刘凤云等编：《清代政权与国家认同》（上册），北京：社会科学文献出版社，2012年，第16—34页；同作者《重塑中华：近代中国“中华民族”观念研究》，北京：北京师范大学出版社，2017年，第9—50页。

④ Gang Zhao, “Reinventing *China*: Imperial Qing Ideology and the Rise of Modern Chinese National Identity in the Early Twentieth Century”, *Modern China* Vol32, No1, 2006, p. 8—10, 14.

康熙的统治之国即被记作 dulimbai gurun（中国），而其统治的民众也相应地写作“中国之人”，再同样结合《尼布楚条约》的非汉文译本，最终得出了和赵刚相近的结论。[①] 本文拟在上述学者的研究基础上，拟进一步从非汉文史料中发掘史实，全面系统地梳理考察这一问题，同时也针对国外学者的某些质疑，从史实上做出更为确凿而有力的回答。

## 第一节　从满文史料中所见的“中国”看清朝与中国的同一性

关于“中国”一名在满文史料中的较早出现，大致可以追溯到满洲入关之前的清太宗天聪三年（1629）的《满文老档》的相关记事中。这条史料最早由神田信夫检出，即由袁崇焕遣郑伸、任得良同杜明忠致后金皇太极的书信的满文译文，文中最后的内容为“中国的例法如此，汗勿怪之”（dulimbai gurun i kooli šajin tutu，han ume ferguwere）。神田氏同时也从日本的某旧书肆找到了该满文书信的汉文原件的写真帖，而上述满文内容的对应原文为“中国之功令如此，汗毋讶焉”。[②] 据此可知，在满文创制使用不久的天聪年间，后金政权系通过翻译途径在其书面语言中借入了“中国”（dulimbai gurun）一词，以指代当时与后金互为敌国的明朝。看来，在清朝入关以前，满洲统治者尚未以“中国”作为其建立的国家政权的自称。

不过到清朝入关之后不久的康熙前期，随着统一全国进程的最终完

① 甘德星：《康熙遗诏中所见大清皇帝的中国观》，汪荣祖主编：《清帝国性质的再商榷——回应新清史》，台北：远流出版公司，2014 年，第 109—114 页。

② 神田信夫：《袁崇焕の书简》，收入神田氏著《清朝史论考》，东京：山川出版社，2005 年，第 149—156 页。该文初刊于 1962 年，作者后来在修订旧作时特地增入了一则补记，系据 1937 年《青丘学丛》刊载的相应图版推论汉文书信所出的写真帖本自稻叶岩吉的相关旧藏。王锺翰先生曾注意到这一史料，但以为神田氏所见的汉文书信是原件及其写真贴，实际上神田信夫在书肆寓目的只是贴在照相簿上的原文写真件。参见王锺翰：《论袁崇焕与皇太极》，收入王氏著《清史新考》，沈阳：辽宁大学出版社，1997 年，第 130—131 页。

成，满洲统治者也相应调整了政治观念，转而将清朝看成是中国历史上继明朝而起的又一个正统王朝。因此，满语中的“中国”（dulimbai gurun）顺理成章地被满洲统治者采纳为本朝的自称用语。明清鼎革之际在中国长期生活，最后客死北京的葡萄牙传教士安文思（G de Magalhães 1609—1677）于1668年用葡萄牙文写作了一部关于中国历史与现状面貌的概述著作，以后在1688年被译成法文出版，次年又被转译成英语，该书就是在西方早期汉学发展史上具有重要地位的《中国新史》。值得注意的是，安文思在该书首章关于中国国名的部分中叙述如下，东鞑靼人（按指满洲人）曾蔑称中国为 Nica Corum，意思是蛮国；而现在他们已在这里定居，并成为它的统治者，故称其为 Tulimpa Corum，即中央之国。① 这段记载中的 Nica Corum 显然是满语 nikan gurun（汉国）的转写，其在清朝入关以前多被用来指代明朝，且时常带有蔑称。随着明清易代的完成，nikan gurun 的用法在满语中逐渐减少，但 nikan（尼堪）所具有的“汉人”或“蛮子”的义项仍旧保留在入关后编竣的满语辞书中。② 至于随后出现的 Tulimpa Corum（中央之国），无疑就是满语 dulimbai gurun（中国）的转写。安文思的记述明确反映出，及至康熙前期，业已入主中国的满洲统治者不再避讳沿用中国的名称，故在满语中以其直译形式 dulimbai gurun 来指代自己的王朝政权，可以说满语中的大清国/清朝（daicing gurun）与中国（dulimbai gurun）逐渐具有了同一性。

因此，到康熙二十八年（1689）清俄双方签订的《尼布楚条约》时，该条约的几个不同文本中均出现的是“中国”的有关译名。其中条约的满文本中出现的是 dulimbai gurun-i enduringge hūwangdi（中国的神圣皇帝）、dulimbai gurun（中国）、dulimbai gurun-i harangga（中国的所属地）、dulimbai gurun-i niyalma（中国之人）、dulimbai gurun-i bithe（中国的文字）等。其中最后一例出现的记录条约内容所采用的 dulimbai gurun-i bithe（中

---

① ［葡］安文思著，何高济、李申译：《中国新史》，郑州：大象出版社，2004年，第3页。

② 关于 nikan（尼堪）的词源及义项的考察，参见伯希和：《南家》，冯承钧译，参见《西域南海史地考证译丛》二编，北京：商务印书馆，1934年，第71—73页；黄彰健：《论满文 nikan 这个字的含义》，《明清史研究丛稿》，台北：台湾商务印书馆，1977年，第588—593页；John Tang，“Encore à propos du nom *Nankiās* note par Paul Pelliot”，*Journal of Sino-Western Communications*，Vol7/2，2015，pp. 119—124.

国的文字)实际上是同时包括清朝官方通用的满汉两种文字。而在其对应的拉丁文本中出现的与中国有关的词语用例则作 Sancti Sinarum Imperatoris (中国的神圣皇帝)、Imperium Sinicum (中华帝国)、imperii Sinici dominio (中华帝国的属地)等,此外用来记载条约内容的“中国、俄国和拉丁三种语言文字”在拉丁文本中也作 Sinico Ruthenico et latino idiomate。显然这里的“中国语文本”同样是包括了满汉双语,因为在后来杜赫德(Du Halde)于1735年根据上述拉丁文完成的法文译本中,即将“中国语文”拆译成鞑靼语—汉语(en langue Tartare, Chinoise)。而在条约中的俄文本中,清朝皇帝则被表述成俄语的“中国博格多汗”(Китайского Бугдыхан)或者“中国汗”(Хинского Хан),其统治的国度则被表述成“中国”(Хинского Государ)。条约中俄语的“中国”既使用了其固有的来自契丹词源的 Китай 一词,又使用了借自西欧语言中指代“中国”的 Chin(a)/Kina 的俄语借词形式 Хин。[①]

又雍正元年(1723)刊行的《异域录》满文本中,“中国”(dulimbai gurun)更是屡屡出现。此前赵刚的论文业已指出,在康熙五十一年(1712)至五十四年(1715)时出访土尔扈特的是书作者图理琛惯用“我们中国”(meni dulimbai gurun)的表述来突出自我认同。而这种表述一般均是出现在图理琛等清朝使臣与俄方接待官员及土尔扈特阿玉其汗的当面交谈中,故尤其明显地凸显了这些满洲官员在外交场合中所表现出的“中国”意识。如清朝使臣面告俄国西伯利亚总督加加林公爵,“我们中国,都以忠孝仁义信为本而行”(meni dulimba-i gurun, gemu tondo hiyoošun gosin jurgan akdun be da obufi dahame yabumbi);又如当阿玉其汗询问清使国内物产情况时,后者习惯回答道:“在我们中国,五谷又各种豆都种”(meni dulimba-i gurun de, sunja hacin i jeku jai hacingga turi gemu tarimbi),“我们中国有各种果子”(meni dulimba-i gurun de hacingga tubihe bi)等。[②]不仅如此,甚至连阿玉其汗表示谢恩的话,在书中都被润饰成“臣我,因

---

① 以上关于《尼布楚条约》中各种文本中所见的“中国”词例均引自 W. Fuchs, “Der Russisch-Chinesische Vertrag von Nertschinsk vom Jahre 1689: Eine Textkritische Betrachtung”, *Monumenta Serica* 4/1939—1940, SS. 571—593. 其中 Хин 一词容易被今人错误地还原成“清”。

② 今西春秋:《校注异域录》,奈良:天理大学,1964年,第164、142、145页。

为幸属中国……”（amban bi, jabšan de dulimba-i gurun i harangga ofi），[①] 以刻意制造出一种绝远边裔之人宾服中国的政治归属形象。这也正如作者在最后向皇帝上奏时所恭维的，“从古以来，中国人没到的地方的人，倾心服从”（julgeci ebsi dulimba-i gurn i niyalma isinahakū ba i niyalmai gūnin hungkereme dahahangge），[②] 表明清朝皇帝诚然乐于以中国君主的身份听闻下属上奏此类颂词。根据相关索引，满文本《异域录》内总共出现了 23 次“中国”（dulimba-i gurun）的用例。[③] 而且作者图理琛还是在先完成满文本后，复将其译成汉文，[④] 由此更可看出，以自己作为中国臣民的归属意识在像图理琛这类在康熙中后期步入仕途的满洲官员那里业已根深蒂固，对他们来说，作为效忠对象的中国与大清彼此完全可以等同。

## 第二节　对清代蒙古缺乏“中国（dumdadu ulus）意识”的反证

本文此前曾经提到，中见立夫始终认为民国之前的蒙古人缺乏所谓的“中国”（dumdadu ulus）意识，以致他以为蒙古语的“中国”一词是在清亡以后才创制出来的。那么，除了姚大力已经引用的 1849 年出版的科瓦列夫斯基《蒙俄法语辞典》中出现的蒙古语“中国”一词以外，对此还存在哪些时间更早因而更为有力的反证呢？

首先值得注意的是，雍正五年（1727）清朝与俄国签订了《恰克图条约》（也称《布连斯奇界约》），以确定清属蒙古地方与俄国的政治边界线的走向。当该条约正式签署之即，与《尼布楚条约》类似，当时也按照

① 今西春秋：《校注异域录》，奈良：天理大学，1964 年，第 176 页。

② 今西春秋：《校注异域录》，奈良：天理大学，1964 年，第 183 页。

③ 今西春秋：《校注异域录》，奈良：天理大学，1964 年，第 210 页。其中两处满文的“中国”在原刊本中稍有讹误，参见 G. Doerfer, “Ein mandschurischer Reisebericht über Russland”, *Ural-Altaische Jahrbücher* 40/1968, S. 156.

④ 今西春秋：《校注异域录》，奈良：天理大学，1964 年，第 35—36 页。

国际公约准备了数种不同的语言文本，即满文本、俄文本和拉丁文本。此后不久又由俄方在参照俄文本的基础上，新准备了两份正文内容一致，仅在序言和结语上有差别的蒙古文译本，目的是供与清朝一方进行换文之用。可惜上述《恰克图条约》的蒙古文译本一直在学界缺乏应有的关注，直到1982年德国学者魏弥贤（M. Weiers）才发表专文研究了这一蒙古文译本，其文重点澄清了后出的蒙古文译本和俄文底本之间的渊源关系，并通过对比研究列出了它和出自清朝官方的满文原本之间存在的细节差异。魏氏的研究还揭示出蒙古文译本主要出自俄属布里雅特蒙古人太沙·罗布藏（Taiša Lobsang）之手，这反映出其时的清朝和俄国两大国非常看重蒙古的政治重要性，因此才在该条约签订以后，又在随后的换文中增补了新的蒙古文译本。①

根据魏弥贤的文献学考察，上述《恰克图条约》的蒙古文本中恰恰出现了“中国”一词，只不过写作“dumdadu gürün”，即表示“国家”的一词没有使用蒙古语中常见的 ulus，而是直接借用了满语中的 gurun 一词。具体用例如：中国副将军扎萨克多罗郡王和硕额驸策凌（dumdadu gürün-ü tusalaγči jangjun jasaγ-un törö-yin giyün wang qošoi efu zering）；中国卡伦（dumdadu gürün-ü qaraγul）；中国之蒙古卡伦（dumdadu gürün-ü mongγol qaraγul）；南部归属中国（emüne-ki bey-e dumdadu gürün-ü bolγaju）。② 这些用例中的“中国之蒙古卡伦”直接反映出当时的清朝以中国自居，而将与俄国接壤的蒙古地区视作中国内部的一大行政区域，其在满文原本的对

---

① M. Weiers，“Der Russisch-Chinesische Vertrag von Burinsk vom Jahre 1727：Zur mandschurischen und den mongolischen Textfassungen des Sbornik”，in. M. Weiers etc eds. *Florilegia Manjurica*；*in Memoriam Walter Fuchs*，Wiesbaden：Otto Harrassowitz，1982，SS. 186—204. 需要说明的是，谈判签署《恰克图条约》实际上正是为了划分清朝属辖下的喀尔喀蒙古和当时已大半落入俄国控制下的布里雅特蒙古的地理界限，故为该条约另外准备蒙文本理所固然。

② M. Weiers，“Der Russisch-Chinesische Vertrag von Burinsk vom Jahre 1727：Zur mandschurischen und den mongolischen Textfassungen des Sbornik”，SS. 199—203；相关的俄文原本内容参见《中俄边界条约集》（俄文汉译本），北京：商务印书馆，1973年，第3—4页；［俄］尼古拉·班蒂什—卡缅斯基编著：《俄中两国外交文献汇编 1619—1792》，中国人民大学俄语教研室译，北京：商务印书馆，1982年，第371—372页。按俄文原本中“中国”对应的原文是 Срединого империя（中部之国）等，参见《中俄边界条约集》（俄文本），北京：商务印书馆，1973年，第4—5页。

应形式则是 dulimbai gurun-i monggo karun。[①] 故蒙古是中国之一部的表述在同一条约的满、蒙古文本中均无差异。相应地清朝最高谈判代表蒙古王公策凌的署衔在条约的满文本中正式记作：中国副将军扎萨克多罗郡王和硕额驸（dulimbai gurun-i aisilara jiyanggiyūn jasak doroi giyūn wang hošoi efu)，上述在满、蒙古文本中同样完全一致的署衔意味着，策凌其人已经相当明晰地具备了与清朝相等同的中国意识，他这种将自己视作中国官员的认同观念与随后署名的两位满洲大臣统侍卫内大臣伯四格以及原《异域录》的作者兵部侍郎图理琛当无二致。

同样在两月之后的《恰克图条约》的补充条款的满文本中，负有管辖蒙古北部边界以杜绝越境逃犯和盗窃事项之责的诸喀尔喀亲王被特地表述成“中国边境地方的土谢图汗、旺扎勒多尔济亲王、丹津多尔济亲王”(dulimbai gurun-i jecen-i bade bisire tusiyetu han wangjal dorji wang danjin dorji)。[②] 因此，随着规划俄国与清属蒙古疆界的《恰克图条约》的陆续签署与生效，以后需要时时依照该条约的正文和补充条款中的有关内容以具体处理边界问题，并与俄方官员就相关事项展开交涉的喀尔喀蒙古王公上层无疑会深深接触到条约中规定的：蒙古属于中国之一部和自己也身为中国大臣效忠朝廷等政治观念。对此，至少现在并无充足的史料表明在该条约生效以后，这些王公对于“中国意识”持阳奉阴违的抗拒立场。

那么上述“中国意识”在喀尔喀蒙古以外的其他蒙古地区影响如何呢？清朝后来在嘉庆年间组织纂修完成的《理藩院则例》为我们研究这一问题提供了颇有价值的线索。根据近来的研究，理藩院是在此前的乾隆五十四年(1789) 修订本《蒙古律例》的基础上着手纂修《理藩院则例》，终于在嘉庆二十年（1815）底首先编竣完成了汉文本并开始刊刻样本，其对应的满文、蒙古文本也在三年后刊刻样本。新修的《理藩院则例》较旧有的《蒙古律例》多出了与蒙古关系十分密切的《俄罗斯事例》和《西藏通例》。[③]

---

① 该条约的满文原本内容除了参看前引魏弥贤文外，还可参见野见山温：《キャフタ条约-特に满文条约文を中心とする明文批判的研究-》，收入野见氏著《露清外交の研究》，东京：酒井书店，1977 年，第 68—69 页。

② 野见山温：《キャフタ条约—特に满文条约文を中心とする明文批判的研究》，《露清外交の研究》，第 74—75 页。

③ 达力扎布：《〈蒙古律例〉及其与〈理藩院则例〉的关系》，《清史研究》2003 年第 4 期。

其中《理藩院则例》卷六十三中的《俄罗斯事例》中恰恰就包含了《恰克图条约》关于具体地理划界情况的补充条款中的若干内容。这在该书的满、蒙古文本中均有明确的体现。因此，源于条约中的与中国有关的术语表述再次出现在满、蒙古文本的正文中，如“中国的卡伦鄂博”（dulimbai gurun-i karun/dumdadu ulus un obo）、“中国的蒙古卡伦”（dulimbai gurun-i monggo karun/dumdadu ulus un mongγol qaraγul）、“中国的办理俄罗斯事务的大臣们”（dulimbai gurun-i oros i baita be kadalame icihiyara ambasa/dumdadu ulus un oros un qereg-i jakiron sidkekü saitut）、“中国的理藩院”（dulimbai gurun-i tulergi golo be dasara jurgan/dumdadu ulus un γadaγadu monggol un törö ji jasaqu yabudal un yamun）、“中国边境的……汗王”（dulimbai gurun-i jecen de……han wang/dumdadu ulus un kijaγar tur……qan wang）等。[①] 以上关于“中国”的蒙古语表述“dumdadu ulus”显然比更早从俄文本《恰克图条约》正文中转译过来的“dumdadu gürün”更加符合蒙古人的语言习惯。

需要强调的是，以三种文字共同刊行的《理藩院则例》在随后的道光、光绪等朝还数次增删修订，发放范围也越来越广，颁发的对象逐渐囊括了内外蒙古各部的扎萨克汗、王、贝勒、贝子、公、台吉、正副盟长、协理台吉以及游牧理事司员等。[②] 以此清朝等于中国，因而漠北—漠南蒙古隶属于中国的政治意识自然在蒙古地区会有进一步的传播。故不仅1849年出版的科瓦列夫斯基《蒙俄法语辞典》将“中国”（dumdadu ulus）一词正式收录入辞书理所当然，而且1889年刊出的出自蒙古史学之手，用藏语写就的《白莲花传》中明确写到，虽然蒙古地区（Hor-Sog）在地理上与中国有别，但因为自古以来，其就处于中国君主的统辖下，因此它也可以视作中国之地的组成部分。[③]

清朝官方着力在蒙古地区推行“中国意识”的做法也清晰地表现在乾

---

① 野见山温：《キャフタ条约と「理藩院则例」卷六十三「俄罗斯事例」との关系について》，《露清外交の研究》，第156—170页。

② 达力扎布：《〈蒙古律例〉及其与〈理藩院则例〉的关系》，《清史研究》2003年第4期。

③ Dharmatāla, *Rosary of White Lotuses: being the Clear Account of How the Precious Teaching of Buddha appeared and spread in the Great Hor Country*, trans. and anno. by P. Klafkowski, Wiesbaden: Otto Harrassowitz, 1987, p. 37.

隆皇帝在 1763 年为汉、满、蒙古、藏四体合璧本《首楞严经》所作序文的蒙古文译文中。该序文的汉文部分中有两处与作为地域名称的中国有关，一作“流通震旦”，一作“仍自中国译至藏地”；其对应的蒙古文分别为 dumdadu ulus-dur tuγulqar-a irebei，dumdadu ulus-ača orčiγulju γarγaγad töböd oron-dur。[①] 上述以 dumdadu ulus 对译“中国”的做法与明代以来蒙古人常常以 kitad（-un）……ulus 或 nanggiyad（-un）……ulus 来对译“中国”的固有做法形成了鲜明反照，显然此时已经明确培育出中国意识的清朝不再希望蒙古人还以传统的“乞塔惕国”或“南家思国”的观念看待自己业已入主并且在官方场合下也频频自称的中国，故才设法以含义等于“中央之国”的 dumdadu ulus 来取代蒙古人称呼中国的旧有用语。同样乾隆四十五年（1780）所立的御制四体合璧《重修正定隆兴大佛寺记》碑文中与汉文“震旦”（中国）对应的满、蒙古文名称也作 dulimbai gurun/dumdadu ulus。[②]

实际上，清朝政府期望在蒙古语中以 dumdadu ulus 取代 kitad（-un）……ulus 等的做法在顺治年间由官方组织翻译完成的《元史》蒙古文本中就已出现，《元史》卷一的汉文原文有成吉思汗蔑视卫绍王的话“我谓中原皇帝是天上人做”等语，其中的“中原”即被刻意翻译成 dumdadu ulus。这被认为是清代蒙古文文献中出现 dumdadu ulus 一词的开始，以后这一用语遂在官方文献中得到普遍使用。[③] 而清朝方面鼓励推广的该名称似乎在与其关系密切的一部分蒙古上层王公贵族中得到了接受和认可，故有些蒙古作者也逐渐开始在其著作中使用该词语。较早如达延汗的后裔罗密在 1732—1735 年完成的《蒙古家谱》（*Mongγol borjigid oboγ-un*

① 柴冰：《乾隆皇帝〈御制楞严经序〉蒙、汉文本对勘及探析》，沈卫荣主编：《西域历史语言研究集刊》第七辑，北京：科学出版社，2014 年，第 445—447 页。

② 孙鹏浩、石岩刚、哈斯朝鲁：《御制四体合璧〈重修正定隆兴大佛寺记〉碑——章嘉国师、文本及多语体翻译》，沈卫荣主编：《西域历史语言研究集刊》第八辑，北京：科学出版社，2016 年，第 532—533 页。相似的情况还有乾隆晚期在北京黄寺内所立的三体诗体御制碑记中，震旦的满蒙对应名称则作 dulimbai gurun/maqacina。参见 W. Bauer，“Zwei Mehrsprachige Gedichtinschriften Kaiser Ch'ien-lungs aus dem‘Gelben Tempel’zu Peking”，in. H. Franke ed. *Studia Sino-Altaica：Festschrift für Erich Haenisch zum 80 Geburtstag*，Wiesbaden：Harrassowitz，1961，S. 27。

③ 乌兰：《蒙古文历史文献中涉及“国”及其相关概念的一些表述方法》，《民族研究》2016 年第 2 期。

teüke) 中叙述顺治入关、明清易代的史实时即作“从顺治时期，即与中国联合并在其地统治执政”(-Eyeber jasaγči-yin üye-eče dumdadu ulus-un qamtu. törü neyileged)。[①] 此后 dumdadu ulus 这一名称还在 1771 年成书，作者为昭乌达盟巴林右翼旗协理台吉拉西明素克的《水晶数珠》(*Bolor Erike*)、1817 年成书，作者为阿巴哈纳尔左翼旗扎萨克贝子衮布旺济勒的《黄金数珠》(*Altan Erike*) 等其他蒙古史籍中也屡有出现。[②]

需要补充的是，中见立夫直到在最近宣读发表的一篇会议论文中仍然坚持认为，对蒙古、西藏、新疆等完全缺乏“中国”概念也不接受“中国意识”的“西北弦月”地带的人们来说，清朝绝非最后的“中华帝国”，相反，当清朝末期开始向“中华帝国”转变时，他们就对清朝统治的合法性提出了异议。[③] 如果这一观点成立的话，至少以蒙古地区而论，即使当地的统治上层不便对依据《恰克图条约》而来的《理藩院则例》中的“中国之蒙古”等用语公开向清廷提出异议，那么像罗密这样的王公贵族也会在自己用蒙古文撰写的史书中暗地抵制官方鼓励采用的 dumdadu ulus 一语，而继续沿用明代以来在蒙古古语中所流行的 kitad (-un) ……ulus 等旧用法。可是，与中见立夫的判断恰恰相反，从 dumdadu ulus 一词的渐渐被接受来看，至晚从 18 世纪开始，清朝致力于推动的“中国意识”显然在蒙古地区收到了某种成效，却并未引起蒙古上层在政治上的强烈反弹和不满。

下面我们再看“中国”一词在其他藩部地区的用法。最近博大卫(D. Brophy) 刊布译注了一篇 1761 年的满文文献，它是清朝统一新疆后最早成文的描述西域政治地理形势的官方文献。该文明确将清朝统一回部定

---

① W. Heissig, *Die Familien-und Kirchengeschichtsschreibung der Mongolen*, Teil Ⅰ, Wiesbaden: Harrassowitz, 1959, S. 133. 美国学者艾鹜德据此认为罗密此书是蒙古文文献中使用“dumdadu ulus”一名之始。参见 Ch. Atwood, *Young Mongols and Vigilantes in Inner Mongolia's Interregnum Decades*, 1911—1931, Vol. 1, Leiden: Brill, 2002, p. 41.

② 乌兰:《蒙古文历史文献中涉及“国”及其相关概念的一些表述方法》,《民族研究》2016 年第 2 期。

③ 中见立夫:《乾隆皇帝的“世界”“地域”和“疆域”认识》, 收入《“民族史视角下的国家、人群与地域社会”学术研讨会论文集》(复旦大学历史地理研究所主办, 2013 年), 第 309—313 页。

性为“中国绥服回部”（dulimbai gurun hoise be tohorombume dahabuha ci ebsi）。[①] 此前濮德培曾在其著作《中国之西征：清对中央欧亚的征服》的序言中解释了他为何选择这一表述作为书名。据他自承，配上这样的书名纯属为了加强对当代中国“民族主义”的讽刺意味，在他看来，所谓“中国之西征”完全是今天作为民族国家的中国想要向世界讲述的故事，但事实上只能被还原成该书副标题所展示的——“清之西征”，因为“西征”的主体参与者不是如汉人那样的中国人，即此一历史事件与中国的关系不大。[②] 如今反映当时满人观念的非汉文史料既出，其中“中国绥服回部”表述得清清楚楚，正好对濮氏“去中国化”的历史陈述构成了最为直接有力的驳斥。再以清朝在完成新疆统一后对哈萨克汗国所颁发的满文文献来说，在1757年的一件反映阿布赉汗向清朝表示愿意内附的满文档案中，清朝皇帝即被清楚地表述为“中国之主”（dulimba-i gurun i ejen）。另外在汉文本《平定准噶尔方略》中乾隆帝论及哈萨克部前来臣服的内容中的“天朝声教”，其对应的满文内容则见于当时的《乾隆朝上谕档》中的“dulimbai gurun i tacihiyan wen”。[③] 由此可见汉文的“天朝”即等于满文的“dulimbai gurun”（中国）。晚至光绪二十八年（1902），当时从俄属中亚进入新疆的德国吐鲁番考察探险队在滞留迪化时向清朝设在省城的镇迪中俄通商总局申请的满汉双语护照中，其中注明的考察队所欲前往的地点即分别用满汉双语表述为：dulimbai gurun turfan kuca kašgar/中属吐鲁番库车喀什。[④] 故在清朝完全统一新疆后，满语语境下的“中国”（dulimbai gurun）无疑也随之延及并覆盖了这一区域。

---

① D. Brophy, “An Early Manchu Account of the Western Regions”, *Saksaha*, Vol. 14, 2016, p. 32, 39.

② Peter C. Perdue, *China Marches West: The Qing Conquest of Central Eurasia*, Cambridge, Massachusetts, Harvard Univ. Press, 2005, Preface XIV.

③ 小沼孝博：《清と中央アジア草原：游牧民の世界から帝国の边境へ》，东京：东京大学出版会，2014年，第165、172页。惟小沼氏认为满文档案中的这类“中国”仅仅表示作为世界中心的中华，并无历史上具有国名用法的“中国”之义。然而揆诸前引满蒙文史料中的类似用例，可知此种认识并不契合史实。

④ C. Gumbrecht, “Chinese Passports for the German Turfan Expeditions”, in. D. Durkin-Meisterernst etc eds. *Turfan Revisited-The First Century of Research into the Arts and Cultures of the Silk Road*, Berlin: Dietrich Reimer Verlag, 2004, pp. 112—113.

清廷还试图寻找机会将这种“中国意识”传入到藏地。仍然是在前述《首楞严经》乾隆序文的藏文译文中，其中“五百年后，将于中国译出，然后于藏地流行”对应的藏文部分作：lo lnga brgya song ba'i rjes su yul dbus nyid du bsgyur nas bod kyi yul du mngon par dar bar'ong。其中“中国”对应的藏文再度被翻译成“中间之国”（yul dbus）而非藏语中指代中国（汉地）的传统名称 rgya nag。这种具有明显政治意图的改译被认为是乾隆皇帝并不愿意他统治下的帝国仅仅被藏人看作 rgya nag，而更希望被当作名副其实的“中间之国”（yul dbus）。为此乾隆还特意在序言中将上述原话交代为他的佛学老师章嘉活佛查阅“梵典”得自于布敦大师的预言授记，以造成元代的布敦大师即已开始使用 yul dbus（中国）一词的时代假象。[①] 而以 yul dbus 对译中土/中国的现象早在明朝永乐年间皇帝致噶玛巴派宗教领袖的诏书中即已出现。[②] 总之若以藏地而论，断言在清末之前，清朝皇帝并非以中国（yul dbus）君主的形象对其进行统治的说法同样是难以成立的。

在本节的最后，拟就“新清史”学者对满文史料内“中国”用法的回应再做讨论。此前当赵刚的论文发表以后，引起了国外学界的积极反响。一时间，赞同者和怀疑者皆有之。其中持保留意见者以柯娇燕的一篇近作为代表。她极力主张，赵刚文中列举的史料不能作为清朝在政治上具备了“中国意识”的证据。她坚持认为，赵刚论文中频频引用的见于图理琛《异域录》满文本中的“我们中国”（meni dulimba-i gurun）实际上表达的含义可能只是说“我们（满洲人）支配统治的中国之地”，就如同英语表述中的“我们（支配拥有）的轿车”一样，“中国”只是满洲人占领拥有的一块地域，而非代指满洲人在政治上所认同和效忠的对象。她这样断言的理由是，meni 一词在满语中是“我们的”之义，具有属格或所有格的语法功能，因此它后面的“中国”这个地理性名称或许仅仅相当于满洲人拥

---

① 沈卫荣：《藏译〈首楞严经〉对勘导论》，收入刘迎胜主编《元史及民族与边疆研究》集刊第十八辑，上海：上海古籍出版社，2006 年，第 85—86 页。

② ［法］海瑟·噶尔美著，熊文彬译：《早期汉藏艺术》，北京：中国藏学出版社，1994 年，第 142、179 页。

有的一件财产物品而已。①

据笔者判断，她的这一论点则直接暴露了其在满语掌握上的严重缺陷。虽然满语中的meni的字面含义为“我们的”，但决不能据此机械地理解为属格/所有格用法，其词性实际上属于代名词，故除了作物主代词“我们的”使用以外，还可以后面不跟名词而直接作主语或宾语，此时的用法与“我们”无异。② 以此《异域录》的译注者今西春秋将“meni dulimba-i gurun”固定地译为“我们中国”（我等が中国），而非“我们之中国”（我等の中国），实际上表达的是“我们”与“中国”的同位关系。再看此书中的若干具体用例，“中国”并不都是地理名称，而是时常被当作一个政治词汇在使用。譬如图理琛告诉俄方接待官员，称“中国并无这样专擅行事的大臣”（此据《异域录》的汉文本，下同），此处的“中国”的满文原本即作“meni dulimba-i gurun de”，实际上是强调在我们中国政府里面不见有如此专权的官员。故此处的“中国”属于特定的政治概念而非一般意义上的地理名称，而且当时的译者将其译为汉文时，径直将meni所表达的“我们”之义省略了，这是因为此处“我们”与“中国”属于同位关系，故删除前者并不影响读者对原话的理解。又如图理琛随后在告诉俄方清朝议政王会议召开时，称“我中国，若是会议……”，其满文原文也是“meni dulimba-i gurun de”，仍然是说中国政府举行该会议时理当如何，而在将其翻译为汉语时，则把与“中国”存在同位关系的“我们”（meni）省译为“我”。③ 故根据《异域录》满文本中所见的“我们”（meni）与“中国”（dulimba-i gurun）之间在语法上的这种关系，并结合相关具体用例，确凿地证明了满洲人图理琛频频使用的“我们中国”（meni dulimba-i gurun）是完全可以作为具有政治认同与效忠含义的国家概念而使用的。而前述柯娇燕所做的相关评论纯属误解，无一可取，可谓奢想弄巧，反倒成拙。

---

① P. K. Crossley, “The *Dayi juemi lu* 大义觉迷录 and the Lost Yongzheng Philosophy of Identity”, in. F. Fiaschetti ed. *Crossroads: Studies on the History of Exchange Relations in the East Asian World* Vol5/2012, pp. 71—74.

② E. Hauer, *Handwörterbuch der Mandschusprache*, Wiesbaden: Otto Harrassowtitz, 1952, S. 652.

③ 今西春秋：《校注异域录》，奈良：天理大学，1964年，第112、194页。

## 第三节　中亚非汉文文献里指代“中国”的两大名称：秦—契丹

在纠正了中国与清朝不具有“同一性”的谬说之后，我们再来检讨在中亚非汉文史料里，准噶尔汗国所占据的地区是否处在“中国”的空间范围以内，以便对18世纪清对准噶尔战争的结束究竟是殖民征服还是国家统一的争论作出客观公正的评判。在进入具体讨论之前，当然有必要首先明确，相关的中亚非汉文史料中是如何称谓“中国”的？就此问题，我们不妨从一位日本学者的研究成果谈起。

1993年日本东京大学出版社刊行的、在学术界引起了相当反响的《从亚洲思考》系列丛书的第三卷《从周边看历史》中，收录了该国新疆近现代史研究权威新免康所著的《“边境”之民与中国：从“东突厥斯坦”所做的考察》。作者以其建构的“中国VS‘突厥斯坦’”的二元对立论为基本指导思想，概述分析了新疆地区在近代以来所迭经的历史变迁和社会冲突，认为现代中国对于新疆的主权支配是建立在盛清时期完成“征服事业”的基础上，强调新疆本地居民始终将指代中国的政治实体名称“Chin-Khitai”看作是由异教徒占据的边缘之地，因此对于中国始终缺乏政治认同感，同时他们所持的“Chin-Khitai”所包含的地理范围也只限于中国内地，完全没有涵盖新疆本地。不过关于“Chin-Khitai”的词源出处，作者并未予以明确回答，只是简单地声明两者来历不清，怀疑其中的“Chin”或者来自清朝的国号，或者只是一个可以泛指历代中华王朝的通称性概念。① 比上述日本学者更有过之的学术立场则见于近期一部分美国清史学者的论著中。试以2004年出版的一部美国学者关于新疆历史与现实

① 新免康：《「边境」の民と中国——东トルキスタンから考える》，收入沟口雄三等主编：《アジアから考える》第三卷《周缘からの历史》，东京：东京大学出版会，1993年，第108—114页。

的论文集为例，书中所收的由米华健（J. A. Millard）和濮德培（P. C. Perdue）合撰的清代新疆历史的论文强调，正是相继经历了清朝在18—19世纪对整个新疆地区进行的“征服战争”和“殖民统治”，该地区才可能在“中国民族主义”持续发酵的20世纪，最终转化为现代中国的正式领土。因此，咸同年间浩罕阿古柏集团对该地的入侵被粉饰辩解为“补缺权力真空”；相较之下，以后左宗棠的成功驱逐浩罕却被歪曲成“对新疆的再次征服”。① 同书中所收的杜磊（Dru C. Gladney）的论文也是把阿古柏入侵定义为“起事”（rebellion），如此蹂躏盘踞新疆有年的浩罕军人阿古柏，俨然一变为体现当地民众利益诉求的政治代言人。②

其实上述新免康关于“Chin-Khitai”来源的疑问，我国老一辈民族史研究大家贾敬颜先生早在30年前即已发表了《“汉人”考》一文，详考“汉人”称谓在历史上所经历的发展变化，以揭示今天的汉族在历史过程中由多个民族融合发展而成。③ 正是在这篇论文中，作者征引考据大师伯希和的精辟论证，并结合汉文史料明确辨析了非汉文史料中常见的指代中国的Chin本始于“秦”，而另一个标志中国的专名Khitai则来自建立辽朝的契丹民族的名称。④ 可惜新免康对于伯希和与贾敬颜的考证工作皆有失察，从而造成了本可避免的知识盲点。不过他在前文中所持的另一观点，即非汉文史料中的“Chin-Khitai”所指涉的地理范围限于中国内地的正确

---

① J. A. Millard and P. C. Perdue, “Political and Cultural History of the Xinjiang Region through the Late Nineteenth Century”, in. S. F. Starr ed. *Xinjiang: China's Musilim Borderland*, New York: Armonk, 2004, pp. 57—62. 此后濮德培的有关论点在他的前述专著中得到了进一步的发挥与扩充。参见P. Perdue, *China Marches West: The Qing Conquest of Central Eurasia*, Cambridge, pp. 497—517.

② Dru C. Gladney, “The Chinese Program of Development and Control, 1978—2001”, in. S. F. Starr ed. *Xinjiang: China's Musilim Borderland*, p. 102.

③ 贾敬颜：《“汉人”考》，《中国社会科学》1985年第6期；该文也收入费孝通等著：《中华民族多元一体格局》，北京：中央民族学院出版社，1989年，第137—152页。

④ 需要指出的是，非汉文史料中指代中国的以上两词在阿拉伯语、波斯语、突厥语中的各种拼写形式略有区别，本文为求行文之便，尽可能统一成Chin和Khitai，其对应的汉语译名也统一成“秦”和“契丹”，不再另作“支那”“脂那”“乞台”“乞塔”等。有关这两个专名的各种非汉语形式及其汉语译名的综合研究，参见P. Pelliot, *Notes on Marco Polo*, Vol. 1, Paris, 1959, pp. 216—229, 264—278; J. Harmatta, “Sino - Indica”, *Acta Antiqua Academiae Scientiarum Hungaricae*. Vol12/1964, pp. 13—14. 方龄贵：《元明戏曲中的蒙古语》，上海：汉语大词典出版社，1991年，第206—212页。最近还有学者对于Chin的词源提出种种新说，但都难以取代旧说。参见陈得芝：《从“支那”名称来源诸“新说”谈起》，《中华文史论丛》2006年第2期。

与否却更值得我们深思。长期以来，虽有学者在研究《突厥语大词典》及莎车出土文书等喀喇汗朝史料时涉足过同类议题，澄清了当时统治南疆西部的喀喇汗王朝自称为中国（秦）的重要史实，① 但是详细征引并分析非汉文史料中关于“Chin-Khitai”的记载以揭示其所涉地理空间是否同样还包括了天山北路一带的研究成果，到目前为止似乎并不多见。而对这一研究课题的积极开展，同样有着十分重要的学术价值和积极的现实意义。

众所周知，天山作为亚洲中部东西向绵延最长的山脉，从我国新疆东部的吐鲁番—哈密地区，一直向西深入今中亚的哈萨克斯坦、吉尔吉斯斯坦、乌兹别克斯坦等国，总长度达2500公里。如此绵长的天山山脉在历史上构成了沟通东西交往与南北交流的天然动脉。② 始自6世纪的西突厥，晚到17—18世纪的准噶尔蒙古，众多兼有游牧—农耕复合文化因素的北方民族先后在天山北路及其附近立足称雄，并且在汉文和非汉文史料中均留下了宝贵的记载。③ 国外的学者经常把这些政治实体定性为一个又一个独立于中国之外，甚至与之抗衡折冲的内亚国家，而我国学者则倾向于将其定位成由各兄弟民族在西域当地缔造，实现了局部统一的地方政权，她们在历史上的先后活动均为最终的祖国大一统创造了坚实的基础。人们不禁要问，这两种彼此之间完全不能调和的学术立场究竟谁更符合历史史实呢？不妨认为，澄清这一争论的关键恰在于，深究非汉文史料中的“秦—契丹”是否在空间上，同时还包括了历史上这些政权所活动的天山北路一带。换言之，我们讨论的话题也可以在相当程度上化约为在非汉文史料中，历史上的中国内地和天山北路是否长期同处于一个空间共同体之中。以下即以元清两朝的史料为例，以详细解答这一问题。

---

① 张广达：《关于马合木·喀什噶里的〈突厥语词汇〉与见于此书的圆形地图》，《中央民族学院学报》1979年第2期；魏良弢：《喀喇汗王朝文化》，收入余太山主编：《西域文化史》，北京：中国友谊出版公司，1995年，第235页；牛汝极：《莎车出土的喀喇汗朝阿拉伯语法律文书》，《西域研究》1999年第3期。

② 关于天山的这种类似于“大陆半岛”的交通意义，参见［日］松田寿男著、陈俊谋译：《古代天山历史地理学研究》，北京：中央民族学院出版社，1987年。

③ 此前的相关民族如乌孙、车师、悦般、呼揭等仅在汉文史料中出现，难以从非汉文史料的角度对其进行研究，故本文没有涉及。

## 第四节　论察合台汗国时代以来作为“契丹”（中国）组成部分的天山北路

有元一代的多数时间内，天山北路实际上是属于与元朝存在宗藩关系的察合台汗国的领地，后者吞并窝阔台汗国以后，取得了当时西域的大片地域。我们首先注意到，1342 年平安抵达了汗八里（大都）的教皇特使约翰·马黎诺里（John of Marignolli）在其行记中将政治中心位于阿力麻里的察合台汗国明确称为“中央帝国”（Imperium Medium）。[①] 不过身为教皇特使的约翰·马黎诺里还特地携带了一封国书性质的信件以致送“中央帝国的鞑靼君主”（imperator Tatarorum de Medio Imperio），[②] 而这里的“中央帝国”却并非上一条史料中所指的察合台汗国，因为马黎诺里表述得非常清楚，当他滞留阿力麻里期间从未向察合台汗国统治者递交过任何外交文书，其在那里的活动仅限于兴建教堂与就地宣教等常规事务，直到抵达汗八里后才向元朝皇帝正式呈交了教皇的国书因而受到了相应礼遇。[③] 故教皇书信中所提到的“中央帝国”确指元朝无疑。因此，察合台汗国和元朝虽然看似属于两个不同的政权，但在欧洲人士眼中，却在地域上同为一个“中央帝国”（中国）的组成部分，故教皇书信中的“中国”是指元朝，而马氏行记中的“中国”又指代察合台汗国。那么这两大政治体同属一个空间共同体（中国）的情况，是否在更能直观清晰地反映西域—中亚人士地理概念的各类中亚非汉文史料里也有记载呢？答案是肯定的。这就是说在 13—14 世纪，“契丹”（中国）不仅可以指代元朝统治的内地与蒙古，

---

① ［英］阿·克·穆尔著，郝镇华译：《一五五〇年前的中国基督教史》，北京：中华书局，1984 年，第 286 页。

② D. Sinor, “Some Latin Sources on the Khanate of Uzbek”, in. B. A. Nazarov etc eds. *Essays on Uzbek History, Culture and Language*, Bloomington: Indiana Univ. Publications, 1993, p. 117.

③ ［英］阿·克·穆尔著，郝镇华译：《一五五〇年前的中国基督教史》，北京：中华书局，1984 年，第 286 页。

还可以指涉当时察合台汗国下的西域多地尤其是天山北路地区。以下试辨析之：

在14世纪前期的伊儿汗国由失哈不丁（Shihāb al-Dīn）完成的《瓦萨夫书》（*Tārīkh-I Wassāf al-Hazrat*）卷三提到过一个来自契丹（中国）的人Iridši Turiči，而该书的德译者将此人注明为实际上来自于察合台汗国。① 阅历见闻极其广博的马木鲁克史学家乌马里的《眼历诸国行记》中明确指出伊犁河（Ili）是河中地区（Mā warā'an-Nahr）与契丹（Khitai）的界线。而该书的德译者还随后在注解中补充了另一条关键材料，兹据乌马里在另一部著作（*Ta'rīf bil-Mustalah aš-Šarīf*）中的记述，可知别失八里（Bišbāliq）和阿力麻里（Almāliq）同属契丹之地（Bilād al-Hitā）。② 甚至晚至18世纪末成书的伏尔加—乌拉尔鞑靼人史书中都记述了帖木儿的出生地是在中国的阿力麻里（Almālī）的传闻。③ 据此可见，至少天山北路等原畏兀儿之地在察合台汗国时期依然被看作是契丹的组成部分。由此我们就不难理解，为何在14世纪末期，意大利比萨市的巴托罗谋（Bartholomen）在其著作中会专门提到阿力麻里是契丹或鞑靼教区的一座城市。④ 同样是在这时，一部摘入了欧洲教士远游阅历的世界编年史中也记述称，所谓“大亚洲”的范围是从原来由乌戈尔人占据，现在则住着Olachi人的白海那边，一路沿直线横贯月即别（即金帐汗国）、契丹（Katay）、印度、埃塞俄比亚四国直达世界尽头。⑤ 这里介于金帐汗国与印度德里苏丹国之间的契丹应同时涵盖了察合台汗国与元朝的疆域。

---

① Hammer-Purgstall über. *Geschichte Wassaf's*, Band 3, Wien: Verlag der Österreichischen Akademie der Wissenschaften, 2012, S. 37.

② K. Lech über. *Das Mongolische Weltreich: Al- 'Umarī's Darstellung der mongolischen Reiche in seinem Werk Masālik al-absār fī mamālik al-amsār*, Wiesbaden: Otto Harrassowitz, 1968, S. 116, S. 265n12.

③ A. Frank," The development of regional Islamic identity in imperial Russia: Two commentaries on the Tavārīx-i bulgārīya of Husāmaddīn al-Muslimī", in. M. Kemper etc eds. *Muslim Culture in Russia and Central Asia from the 18th to the Early 20th Centuries*, Vol. 1, Berlin: Klaus Schwarz Verlag, 1996, p. 121.

④ 刘迎胜：《蒙元时期西域的基督教》，收入余太山主编：《西域文化史》，北京：中国友谊出版公司，1995年，第306页。

⑤ F. Schmieder, *Europa und Die Fremden: Die Mongolen im Urteil des Abendlandes vom 13. bis in das 15. Jahrhundert*, S. 317.

在此有必要稍加补充的是，很可能早在13世纪时，畏兀儿之地继此前被称作马秦之后，此时又因为曾归附于西辽的缘故而逐渐又被穆斯林史家称作契丹。约在1228年，奥菲（Muhammad Aufi）在印度撰写了《掌故与佳话广记》（*Jawāmi'al-Hikāyāt*）以记录他早年在中亚等搜集到的历史轶事，其内容颇多关于突厥诸部族的记载。① 书中的一段记载了当初巴尔赫的一位呼罗珊谢赫告诉他的话，后者根据其亲身经历，称作为佛教寺院仆人的Toyin一词是契丹语的叫法。② 该词固然在词源上出自汉语“道人”，但实际上早已经过回鹘语的长时间借用，成为回鹘语中有着悠久使用历史的标志性佛教术语，这与汉语的“道人”在音义上都已有所区别。③ 所以，谢赫所指的契丹语应当就是畏兀儿地界上广泛流行的回鹘语，而非通常使用于内地的汉语。故奥菲的记载或反映出当时的契丹一词在某些场合下已经可以被用以指代畏兀儿。

除了上述乌马里的两部相关著作以外，此后在15世纪编撰于埃及的阿拉伯文史料Subh al-ā'asha（作者为Al-Kalkashandī）也有关于契丹辖地的记载。其称契丹之地包括别失八里、阿力麻里和喀喇和林（Kara-kum<qaraqorum）之间的区域。④ 另外在14世纪伊儿汗国时期，伊朗的蒙古宫廷曾流行起一种绘画艺术上的“契丹画派”，相关作品带有显著佛教人物细密画的独特风格，有些后来因战乱原因而被辗转收藏于土耳其托普卡卜王宫艺术馆的作品上还带有题记，明确写明其是“契丹大师之作”。这里的“契丹”仍然是指上述阿力麻里和别失八里等察合台汗国之地，而这些契丹风格作品的出现则反映了回鹘佛教艺术在伊朗的传播与影响，所谓的“契丹大师”也多是来自畏兀儿之地，擅长人物与故事题材的专业画师。⑤

---

① ［俄］巴托尔德著，张锡彤、张广达译：《蒙古入侵时期的突厥斯坦》（上），上海：上海古籍出版社，2007年，第44—45页。

② E. Esin, “The Turkish Bakši and the Painter Muhammad Siyāh Kalam”, *Acta Orientalia* Vol. 32/1970, p. 84n. 8.

③ G. Clauson, *An Etymological Dictionary of Pre-Thirteenth-Century Turkish*, Oxford, 1972, p. 569. “道人”一词后来在汉语中逐渐由最初的专指佛教徒扩大为可以泛指其他宗教徒，而回鹘语的toyin大体始终只指僧人。

④ E. Esin, “The Turkish Bakši and the Painter Muhammad Siyāh Kalam”, p. 85n. 12.

⑤ E. Esin, “A pair of miniatures from the miscellany collection of Topkapı”, *Central Asiatic Journal*. Vol21/1977.

值得注意的是，对于察合台汗国时期的畏兀儿之地而言，与此前不同，别失八里的名称更多地见于中亚非汉文史料中，而史家们常将其与阿力麻里这一察合台汗国政治中心相并列的做法也反映出它在重要性上已经超越了原先高昌回鹘时期的都城哈剌和卓（吐鲁番盆地内）。实际上正像有学者注释的那样，在14世纪的《瓦萨夫书》等波斯文史籍中，别失八里已经成为畏兀儿斯坦的同名词。而哈剌和卓则如当时的《完者都史》（*Ta'rikh-i Ūljātīū Sultān*）的有关记事所表述的，它已沦为别失八里的边境之地。① 至于前述阿拉伯文史料中的别失八里有时也可能具有这种代指整个畏兀儿斯坦的特定用法。当然后者的多数区域其实要晚到14世纪初期才渐渐被察合台汗国最终吞并，这也正如《木阴历史选》（*Muntakhab al-tavārīkh-i Mu'īnī*）所描述的，“都哇攫取了许多中国的属地”。②

另外，晚至14世纪中期曾在中亚一带经行游历的伊本·白图泰也在游记中写到，中国（秦）的可汗当时正离开汗八里前去出征契丹地区的喀喇和林和别失八里，以平息当地的叛乱。③ 有关元朝君主率军亲征平叛的叙述固然谬于史实，但这条记事反映的地理观念与此前我们的结论则完全相合。综上所论，故可知这一时期的“契丹”实际上在史料中往往还可以指代察合台汗国的大片地区。明白了这一点，我们对于有的记载中的“契丹”就容易正确理解了。类似的情况还反映在一部虽然成书时间较晚，但显然依据了早期史料的圣人传记，其主人公是活跃在15—16世纪之交的帖木儿汗国统治下的中亚河中地区的一位重要的苏非长老赛义德·艾哈迈德（Sayyid Ahmad）。根据其传记，他出生在相当于今天的乌兹别克斯坦境内，但其家族原非当地土著，其祖上是从契丹迁徙而来，具体时间被学者推断是在察合台汗国合赞算端（1347年被弑）统治时期。④ 或许其祖上的迁徙

---

① Thomas T. Allsen, “The Yüan Dynasty and the Uighurs of Turfan”, in. M. Rossabi ed. *China among equals: the Middle Kingdom and its neighbors*, $10^{th}-14^{th}$ *centuries*, Berkeley: Univ. of California Press, 1983, p. 248, 259.

② Thomas T. Allsen, “The Yüan Dynasty and the Uighurs of Turfan”, p258.

③ 马金鹏译：《伊本·白图泰游记》，银川：宁夏人民出版社，2000年，第557页。

④ D. DeWeese, “An ‘Uvaysī’ Sufi in Timurid Mawarannahr: notes on hagiography and the taxonomy of sanctity in the religious history of Central Asia”, *Papers on Inner Asia*, no. 22, 1993, Bloomington, IN: Indiana Univ., p. 19.

与合赞算端时期汗国经历的严重战乱有关。而所谓的契丹被认为指的又是今新疆一带而非内地。① 另据 15 世纪后半叶中亚最著名的文学家纳瓦依（Alīshīr Nawā'ī 1441—1501）的描述，一位因出生在渴石（Kīš），故被尊称为“渴石父老”（Kīšlik Ata）的谢赫最初是蒙古统治时期的官吏，后来弃官隐修于 12 世纪亚萨维教派开创者艾哈迈德·亚萨维（Ahmad Yasavī）的圣陵，从而逐渐得道，最终在契丹树立名望并启迪引导当地信众。② 亚萨维教派主要是在中亚的突厥游牧人中进行传播，在当时根本没有被引入中国内地，更何况像上述纳瓦依书中所载的圣徒事迹都是以中亚一带为背景发生地的，故作为这位“渴石父老”宣教对象的契丹肯定是处在察合台汗国的地理范围内。或可认为，上述中亚非汉文史料所揭示的察合台汗国的诸多地区与元朝同属契丹之地的现象，既源于前者在一定程度上对于中央仍然保持着宗藩关系，同时也是此前高昌回鹘与西辽均作为“空间中国”下的地方政权相继统治西域的政治传统的自然延续。

14 世纪下半期帖木儿汗国兴起并逐渐取代察合台汗国在中亚的统治时，以上视西域多地属于契丹的观念并未由于政局变动而不再流行。帖木儿汗国时期的史学家阿剌伯沙（1389—1450）在他关于帖木儿的个人传记中，称其后宫中两位地位最尊贵的夫人均是契丹君王之女。③ 实际上帖木儿迎娶的地位尊贵的夫人系出自原察合台汗国合赞算端之裔，他通过这一联姻获得了成吉思汗家族古烈干（女婿—驸马）的政治身份。因此，阿剌伯沙书中的上述契丹君王正是早先的察合台汗国君主。15 世纪初期前往中亚拜会帖木儿的西班牙使臣克拉维约曾在撒马尔罕获悉，中国（Katay）皇帝派遣使臣前来催索贡品，因为帖木儿占有中国土地多处，例应按年纳贡。④ 此时的帖木儿早已攫取统治了原察合台汗国的大片领土，故所谓的

---

① D. DeWeese, "Muslims and Infidel Nomads in Timurid Central Asia: Four Stories from the Religious Frontiers of Mawarannahr in the 14th and 15th", p. 93.

② D. DeWeese, "Yasavī Šayhs in the Timurid era: notes on the social and political role of communal Sufi affiliations in the 14th and 15th centuries", *Oriente Moderno*, N. S., 15/16, No. 2, 1996, p. 184.

③ J. H. Sanders trans. *Tamerlane or Timur The Great Amir by Ahmed Ibn Arabshah*, London: Luzac & Co. 1936, p. 310.

④ ［西班牙］罗·哥泽来滋·克拉维约著，杨兆钧译：《克拉维约东使记》，北京：商务印书馆，1997 年，第 158 页。

“占有中国土地”即指此而言。

除此之外，克拉维约在撒马尔罕盘桓期间，还曾目睹过一批来自契丹境内向帖木儿进贡珍贵毛皮的使团。他们皆身穿翻领皮袍，因所戴冠帽的口沿很小，而需要用带子系在胸前。这些使者皆为基督教徒，前来晋见的目的是请求帖木儿委派原金帐汗国脱脱迷失汗的族人去统治其地。① 显然，综合衣着装扮、宗教信仰、携带方物以及出使目的等因素进行分析，以上所说的契丹使者不可能是由明朝一方派遣，实系来自西域一带。这些基督教徒应当正是那时在中亚尚有一定活动与影响的景教徒，而非字面意义上的所谓天主教徒，因为当初以阿力麻里为中心建立起来的天主教区自察合台汗国阿里算端统治以来已经屡遭破坏，一蹶不振了。至于14世纪中亚的景教社区则集中在东部的畏兀儿、喀什噶尔—鸭儿看（叶尔羌）和西部的阿力麻里、海押立、七河流域和撒马尔罕。② 考虑到上述景教徒求见帖木儿的政治目的透露出他们与原金帐汗国具有密切的关系，那么作为其居地的契丹肯定不会是与后者相距较远，向来缺乏政治联络的畏兀儿、喀什噶尔—鸭儿看以及作为帖木儿政治中心的撒马尔罕，只可能是距离察合台汗国与金帐汗国边界（如前所述是在巴尔喀什湖一线）不远的地方。据此推断，他们正应当来自阿力麻里、海押立、七河流域等地。故克拉维约的叙述不失为这些恰位于伊犁河流域附近的地区在当时仍被视为契丹之地的又一明证。

另外如前所述，在帖木儿传中以契丹指代察合台汗国的阿剌伯沙（Ibn'Arabshāh）本人的传记也有耐人寻味之处。根据这些成著于15世纪的相关传记，阿剌伯沙在12到21岁期间正好在撒马尔罕接受教育，因此其著作中有关契丹的提法格外值得重视，很可能反映了当时河中地区人们的一种地理上的共识。此外根据此类传记的记载，还在河中学习的传主在1408—1409年间曾离开过撒马尔罕向东抵达了契丹（al-Khitā），此点恰好与其业师们的经历一样。研究者判断阿剌伯沙涉足的契丹最有可能是在今

---

① ［西班牙］罗·哥泽来滋·克拉维约著，杨兆钧译：《克拉维约东使记》，北京：商务印书馆，1997年，第132页。

② 刘迎胜：《蒙元时期西域的基督教》，收入余太山主编：《西域文化史》，北京：中国友谊出版公司，1995年，第304—315页。

哈萨克斯坦的东南部和相邻的新疆西北部。至于他的老师去过的契丹，则颇难于确定，仅能从其两位老师名字中含有的地域信息安集延人（Andaganī）和赛拉木人（Sayramī）推断出少许线索，即所谓的契丹距离两地不远。① 在15世纪前半叶成书的另一部宗教圣贤传记（*Tārīkh-i Mullāzāda*）中，出自布花剌著名家族的阿合马（Ahmad b. Muhammad）对志费尼书中出现的布花剌（Bukhara）一词的词源作了诠释，认为其来源于袄教徒所操语言中出现的bukhār，而后者又极似于畏兀儿（Uyghur）—契丹（Khitāy）的那些偶像崇拜者语言中对佛像庙宇的称呼。该处论述中出现的契丹也被研究者确定为新疆之地。② 再考虑到15世纪上半期时，整个西域基本上只余畏兀儿之地东部的吐鲁番一隅还有佛教徒的公开活动，故当时阿合马笔下的畏兀儿与契丹可以说已经近乎混同。而他将bukhār与畏兀儿—契丹语中的佛教词汇相联系一事，又与前引的奥菲书把toyin一词归于契丹（畏兀儿）语的做法颇具共通性。③ 以后降至16世纪初，一度在塔什干进退维谷的帖木儿后裔巴布尔还曾流露出前往契丹（中国）的念头，而根据其本人随后的描述，他是想去蒙兀儿斯坦和吐鲁番投靠舅父阿黑麻汗。④ 因此，所谓的契丹其实是指以天山北路为中心的蒙兀儿斯坦。⑤ 而后者正是以前察合台汗国的东部领土。巴布尔还特地提到，其舅父赠送

① R. D. McChesney, “A Note on the Life and Works of Ibn'Arabshāh”, in. J. Pfeiffer etc eds. *History and Historiography of Post-Mongol Central Asia and the Middle East: Studies in Honour of John E. Woods*, pp. 215—221, p. 223, n5.

② M. E. Subtelny, “The Making of Bukhārā-yi Sharīf: Schoolars, Books, and Libraries in Medieval Bukhara (The Library of Khwāja Muhammad Pārsā)”, in. D. DeWeese ed. *Studies on Central Asian History in honor of Yuri Bregel*, pp. 80—81.

③ 阿合马指出的与bukhār酷似的畏兀儿—契丹语词汇实际作virhar，它被认为借自粟特语βrx'r（<梵语vihāra）“佛寺”。参见Yukiyo Kasai（笠井代幸），*Die Uigurischen Buddhistischen Kolophone*, S. 334.

④ ［印度］巴布尔著，王治来译：《巴布尔回忆录》，北京：商务印书馆，1997年，第154—155页。

⑤ S. F. Dale, *The Graden of the eight paradises: Bābur and the culture of empire in Central Asia. Afghanistan and India* (1483—1530), Leiden: Brill, 2004, p124. 间野英二认为，巴布尔所说的契丹仅指哈密、吐鲁番，这一理解未免过于狭隘。参见间野英二译注：《バーブル・ナーマ》Ⅰ，东京：平凡社，2014年，第308页注1。

给他的“契丹式”腰带的特征是其上悬挂着口袋和各种小物件。[①] 这种颇富特征的契丹式腰带实际上体现的正是中亚东部的突厥人尤其是畏兀儿人的服饰特征。[②]

综上所述，即使在晚至“后察合台汗国”时期的15—16世纪的中亚穆斯林文献中，“契丹”一名仍延续了可以指代今新疆一带尤其是天山北路大片地区的传统用法。尽管上述区域最终实现了彻底的伊斯兰化，但作为指代它们的地理名称，契丹一词并未退出历史舞台，而是继续沿用流行。因此，以“契丹”（中国）这个共享性地理符号作为纽带，此前西域与祖国内地早已结成的这种不可分割的空间一体性没有随着政治与宗教形势的急剧变革而招致分隔与消解。故历史的连续性在中国内地与西域长期同处于一个空间共同体内的性质上体现得分外鲜明。

## 第五节　论准噶尔汗国时期作为“契丹—秦”组成部分的天山北路一带

对于16世纪以后逐渐在天山北路兴起，并一直持续存在到18世纪中叶的准噶尔汗国来说，对其历史的定位已经两度成为中外学者热烈争论的焦点。还是在1976年的《历史研究》（北京）第2期上，当时的内蒙古大学蒙古史研究室以集体的名义署名撰文郑重强调：“历史事实昭彰，准噶尔部……自古以来和中原地区建立了血肉相连的关系，是我国领土的一部分。准噶尔部从来没有形成过独立的国家。”[③] 是文刊出之后，当时的苏联科学院随即组织力量进行回应，以极力试图撇清准噶尔汗国乃至整个蒙古

---

① ［印度］巴布尔著，王治来译：《巴布尔回忆录》，北京：商务印书馆，1997年，第156页。

② E. Esin, “Ḳur-Ḳurşaḳ”, *Central Asiatic Journal*. Vol24/1980, pp. 159—174；［法］莫尼克·玛雅尔著，耿昇译：《古代高昌王国物质文明史》，北京：中华书局，1995年，第151—152页。

③ 内蒙古大学蒙古史研究室：《谎言改变不了历史——驳苏修篡改我国准噶尔部历史的无耻谰言》，《历史研究》1976年第2期。

族群体在历史上与中国的关系，并攻击我方学者的结论“与历史真相距离十万八千里”。[①] 而我国学者的学术观点以后系统展现在 1985 年出版的《准噶尔史略》中，此书对于准噶尔汗国的历史地位进行了客观全面的探讨，肯定了其作为地方性政权的局部统一对于后来清朝成功实现全国性质的大一统起到的积极作用。[②] 此后随着政治环境的显著改变，苏联学术界没有再将这场论战继续进行下去，故围绕准噶尔汗国性质的争论得以暂时平静了一段时间。直到最近十多年内，这种“林欲静而风不止”的学术纷争场面才再度出现，只是此次前来对我国学界秉持的准噶尔汗国历史观“兴师问罪”的发难方源于前述美国的那些清史学者。其中的代表如濮德培径直撰文斥责我国学者的上述历史观难掩时间概念不清、设法将历史上的领土绑定在现代民族国家的政治空间中以求打造空想的永恒式“自然边界”等弊病，而清朝对于准噶尔汗国的战争则带有强烈的“殖民征服”特征，这使清朝和当时业已进行殖民扩张的西方列强具有了明显的历史可比性。因此，濮氏坚决摈弃用“统一的多民族国家”的经略与巩固来定义清朝在 18 世纪交出的这张灿然可观的成绩单，并咎之为“中国民族主义”为了现实政治目的而编织虚构的神话。[③]

针对美国学者的这番盛气凌人、咄咄相逼的攻讦，我们在冷静应对的同时，不妨暂且转换一下研究视角，将论争的焦点从处于对立面的清朝与准噶尔部这两大主角的身上移开，进而考察当时作为第三方的中亚突厥系民族，或者说当时支配中亚的其他政治力量又是如何看待这两大当事方之间的关系？关于这一点，首先可以从反映哈萨克人历史记忆的民间史诗《阿尔帕迷失》（*Alpamïs*）中窥出端倪。该史诗的史学价值即在于其展现了

① ［苏］古列维奇、莫伊谢耶夫著，一山摘译：《十七至十八世纪清代中国和俄国与准噶尔汗国的相互关系以及中国史学》，《中国史研究动态》1979 年第 11 期。

② 《准噶尔史略》编写组：《准噶尔史略》，北京：人民出版社，1985 年，第 259 页。

③ Peter C. Perdue，“The Qing Empire in Eurasian Time and Space：Lessons from the Galden Campaigns”，in. Lynn A. Struve ed. *The Qing Formation in World-Historical Time*，Cambridge（Mass.）：Harvard Univ. Press，2004，pp. 81—82.

17—18世纪哈萨克汗国与准噶尔人（卡尔梅克人）对立冲突的社会背景。① 作为史诗主人公的阿尔帕迷失被描述为发育得异常早熟（民间文学中常见的母题之一），还在十岁时就力大无穷，以致在游戏中不慎失手使其伙伴横死。后者的母亲前来呵责他不要继续戕害本族人，而应该前往契丹（Kïtay）去迎娶自己的未婚妻，因为其未来的岳父现在已经迁居于此了，那里也是卡尔梅克人首领太沙汗（Taisha<蒙古语 taiši-太师）之地。此处的契丹已经被学者注明是指准噶尔地区。② 中亚的突厥人从15—16世纪时就将当时作为其对手的西蒙古人的君长惯以“太师”相称。③ 阿尔帕迷失的故事反映出在哈萨克人看来，准噶尔人历史上所游牧的天山北路正属于契丹（中国）之地。

关于清朝与准部的政治关系，我们还可以从当时围绕中亚的国际关系的格局上进行观察。近来张建重新考察了发生于雍正九年（1731）七月的清朝被准部在和通泊击败的史实，文中最后在假定此役乃清方获胜的前提下，设想出另一种历史进程的可能性，即清军或许会乘胜西进，导致准噶尔汗国瓦解，从而在雍正朝就提前完成统一蒙古的使命。而继起的乾隆帝在好大喜功心态的支配下，很可能还会继续进军中亚，由此不仅会使清朝的统治带有更多的内亚因素，而且还可能与俄国以及当时的另一著名征服者纳迪尔沙发生直接碰撞，直至改变历史的进程。作者以此来凸显和通泊之战的胜负结果对于理解18世纪内亚历史的重要性。④ 这一观察视角的新颖之处在于作者敏锐地注意到，当考察清准关系格局时，还有必要将当时同样支配中亚或内亚的其他政治力量的因素也纳入观察视野。当然对于沙皇俄国的重要性，中外学界留意已久，毋庸多言；但当时作为“亚洲最后

---

① 有关当代哈萨克学者对那段双方冲突历史的的概述与解说，参见［哈萨克斯坦］拜巴科夫、库梅科夫著《哈萨克人》，收入恰赫里亚尔·阿德尔、伊尔凡·哈比卜主编，蓝琪译：《中亚文明史》第五卷《对照鲜明的发展：16世纪至19世纪中叶》，北京：中国对外翻译出版公司，2006年，第59—62页。

② D. S. Kara, “*Kalmak*: The enemy in the Kazak and Kirghiz epic songs”, *Acta Orientalia Academiae Scientiarum Hungaricae* Vol. 63/2, 2010, p. 173.

③ ［法］伯希和著，耿昇译：《卡尔梅克史评注》，北京：中华书局，1994年，第61—62页注4、第75—82页。

④ 张建：《和通泊之役与大清国的边务危机——以军机处满文档案为中心的考察》，收入《纪念王锺翰先生百年诞辰学术文集》，北京：中央民族大学出版社，2013年，第466—467页。

的伟大征服者”的伊朗阿夫沙尔王朝的建立者，同时也是中亚西部事实上的霸主，土库曼裔的伊朗君主纳迪尔沙（Nadir Shah 1736—1747 在位）对于正发生在中亚东部的清朝与准部之间的和战博弈是一无所知呢，还是已经有所关注？

应当引起重视的是，记述纳迪尔沙征战事迹的最详细的史料由呼罗珊谋夫人穆罕默德·卡希姆（Muhammad Käzim Marvi）所著的《纳迪尔书》（*Nadir Nāma*）留下的吉光片羽，有助于我们回答上述疑问。该书大致按时间顺序分为三卷，首卷是关于传主出生直至 1736 年木干草原大会为止的记录；次卷则是反映传主在 1736 至 1743 年间征战的史实；最后的末卷则从 1743 年一直记述到传主 1747 年遇刺身亡为止。[①] 较早罗克希特（L. Lockhart）的叙述纳迪尔沙生平的传记即多取材此书。根据罗氏的引述，还在 1740 年底时，作为纳迪尔沙中亚征服的主要出力者，其子礼札·库里（Rida Quli）出于对生父为他安排的婚姻的不满，负气地夸口说：“真主将会眷顾我，而我将很快娶到契丹君王的女儿”。[②] 这里出现的“契丹”虽然不易断定是清朝还是准噶尔汗国，但从礼札·库里的言论上看，它无疑是一个颇具影响的泱泱大国，所以才把娶到其国的公主当作一个值得自豪的追求目标，并且还应该处在距离他正为之征战的河中地区不太遥远的地方，尽管前者对其的认知恐怕还多少有些模糊不实。

降至 1743 年秋季的摩苏尔围城战役期间，从东方的突厥斯坦前来的信使汇报给纳迪尔沙如下信息，根据从塔什干和秦—马秦（Chin-Machin）返回的商人的情报，秦—马秦的 Mangu 汗已经获悉了纳迪尔沙在中亚西部称雄的事，正调集军队前来对付他。而且 Mangu 汗已致信统治契丹—和田的君主，要求联合起来抵御纳迪尔沙策划的入侵。事实上，当时后者确已着手准备入侵契丹的军事谋划，为此曾在呼罗珊的谋夫一带大量储备军用物资以备将来出征之需。[③] 以上史料明确反映出，契丹比秦—马秦更靠近

① 张长利：《16 世纪至 19 世纪的中亚及有关该时期历史的穆斯林文献》，《中国边疆史地研究》1998 年第 1 期。

② L. Lockhart, *Nadir Shah: A critical study based mainly upon contemporary sources*, London: Luzac, 1938, p. 189.

③ L. Lockhart, *Nadir Shah: A critical study based mainly upon contemporary sources*, p. 231.

河中—呼罗珊地区，应当指代的是准噶尔之地，故率先成为纳迪尔沙觊觎的远征目标，契丹—和田的统治者显然也就是准噶尔汗国的君主，因为天山南路的回部当时也处于准噶尔汗国的支配下。而距离相对更远，统治秦—马秦的 Mangu 汗无疑就是身为清朝皇帝的满洲汗。[①] 那些提供消息来源的商人自然是塔吉干等突厥斯坦的中亚本地人，故上述报告折射出后者对于东方世界的认知是把整个中国划分为东部的清朝皇帝统治下的秦—马秦，以及西部的准噶尔（契丹）汗国两大政治实体；而且从君主间的书信文移上看，后者对前者尚有某种程度的依附或臣服关系。产生这种认识的原因除了前面分析过的在中亚流行已久的契丹之地包括天山北路的传统地理观外，还有就是在乾隆四年（1739）冬，清准之间持续了多年的划界谈判最终达成协议，从而促使双方恢复了相对和平的关系；所以这对此后数年间前往中国旅行经商的中亚人士来说，他们很容易将两者的和平关系解读为一种友好的政治联盟，进而炮制出双方欲联手对抗纳迪尔沙的消息，以此来提醒后者东征契丹时所面临的困难和风险。降至 1745 年底，纳迪尔沙还会晤了由契丹—和田君主派来的使团，并接受其馈赠的香料等礼品。[②]

然而，随后的《纳迪尔书》的相关内容却记载了大约在 1746 年 8 月纳迪尔沙的部下率领的军队与中国方面发生紧张冲突的细节。这段相对独立的内容现已被玛扎海里译注刊布，并配上醒目的章节标题“纳迪尔王和乾隆在中亚的较量”。[③] 此处他将作为中国君主的海都大汗（Qaidu Qa'ān）勘同为乾隆皇帝显然不正确，因为当时清朝和准部仍维持和平停战状态，既无能力，亦无意愿介入中亚一带的政治事务，况且准噶尔方面也不会准许清军穿越其领地抵达纳迪尔沙正欲染指的哈萨克草原一带。笔者判断，这里的海都大汗实际上还是准噶尔汗国的君主，只不过书中的这段记述是根据当时参与出征的一位伊朗军官莫扎法尔·阿里的日记所作的综述，后者没有像此前亲历过中国的中亚商人那样，相对准确地将当时尚未一统的

---

① ［印度］伊克蒂达尔·汗著：《各国之间的关系（约 1500—1850 年）》，收入恰赫里亚尔·阿德尔、伊尔凡·哈比卜主编，蓝琪译：《中亚文明史》第五卷《对照鲜明的发展：16 世纪至 19 世纪中叶》，北京：中国对外翻译出版公司，2006 年，第 266 页。

② L. Lockhart, *Nadir Shah: A critical study based mainly upon contemporary sources*, p. 251.

③ ［法］阿里·玛扎海里著，耿昇译：《丝绸之路：中国—波斯文化交流史》，北京：中华书局，1993 年，第 384—416 页。

中国区分为契丹（准部）与秦—马秦（清朝）两大政治体，而是把它们笼统地糅合在一起，故其中所反映的中国之地不仅从哈萨克草原的边缘一直延伸至内地，而且似乎均处于同一位君王的势力范围下。这也难怪马扎海里会把他提早勘同为后来因完成统一大业而著称于世的乾隆帝。其实，文中所述的挥师深入哈萨克草原并阻挡纳迪尔沙所部前进的中国大军只能来自准噶尔方面，因为后者的政治边界确已深深楔进哈萨克草原，极易与当时正以中亚霸主自居，到处扩张的纳迪尔沙发生摩擦对抗。[①] 不过 1746 年对于准部来说，刚在上一年经历了统治多年的老汗王噶尔丹策零去世造成的政治危机，新的汗位继承人的权力极不稳固，以致其到 1750 年就被废身亡，使汗国从此陷入内乱冲突频发的动荡局面，终至 1758 年宣告灭亡。考虑到上述历史背景，准噶尔方面和纳迪尔沙部下发生的冲突应该只是一次规模程度相对有限的军事接触，而从冲突的结果是以举行和平谈判和双方各自撤军来看，可知两方均未取得实质性的重大战果。总之，莫扎法尔·阿里的日记明显渲染夸大了相关事实，杜撰了一个起初是中国君主不惜亲征督战，志在必得，最后却又由于畏惧对手武力而主动让步，献礼求和的动听故事。可惜译注者未能看出其中的马脚，对此内容基本予以接受，进而导致其误以为当时的中亚经历了一场纳迪尔王和乾隆帝这两位盖世君主的直接对决。

综上所述，依据中亚人士所提供的情报消息，纳迪尔沙其实对于准噶尔和清朝的情况都有所了解，或者说他对中国一方情报的掌握明显超出了当时的乾隆帝对于准噶尔以西正处于伊朗阿夫沙尔王朝影响范围下的中亚西部的认知。其中他对近在咫尺的准噶尔汗国的担忧尤其明显，这也反映在一部虽然成书于较晚的 1836 年，但却保存了诸多早期史料内容的中亚史书《胡木里史》（*Tārīx-i Xumūlī*）内，该书载有一通纳迪尔沙致奥斯曼土耳其素丹的信函，内容即建议彼此联合起来以共同应对来自中国和欧洲

① 正是随着准噶尔人在向伊犁河下游流域以远的哈萨克草原的大力扩张，导致了本已伊斯兰化的哈萨克草原在 17—18 世纪时经历了藏传佛教的繁荣兴盛，相关的佛教寺院的分布以哈萨克草原东部和七河流域最为密集，最远的昆都仑乌巴什庙（肯吉尔坎特庙）甚至位于巴尔喀什湖以北数百公里处的草原纵深处。参见耶洛费耶娃撰，范丽君译：《哈萨克斯坦 17 世纪中叶到 18 世纪上半叶藏传佛教古迹研究及新发现》，沈卫荣主编：《西域历史语言研究集刊》第四辑，北京：科学出版社，2010 年，第 369—381 页。

(*Farangī*) 的“异教徒” (*Kāfirs*) 的威胁。① 所谓足以给伊斯兰世界带来恐慌的“中国异教徒”自然指的就是其疆界已深入哈萨克草原的准噶尔汗国。故纳迪尔沙在其统治末期联合其中亚河中地区的盟友曾试图致力于对准部采取军事行动，业已成为箭在弦上之事。② 只是由于 1847 年其人的猝然遇刺身亡，本已一触即发的战事才得以避免。

总之按照当时许多中亚人士的地域观念，中国的两个常见名称秦和契丹被分别用来代指清朝和准噶尔，再加上当时的清准关系已明显趋于缓和，故这两大政治体被其设想为正在酝酿一个以反纳迪尔沙为目标的军事同盟。由此清朝与准部的关系，就像中亚穆斯林文献中秦和契丹那样，无法一刀两断以视作两个完全不同的国度，二者更像是同处在一个空间共同体下的不同政权。可为此点作补证的是，19 世纪的新疆穆斯林文献《阿帕克和卓传》在叙述准噶尔首领（即噶尔丹）出兵替阿帕克和卓攻打天山南路以助其复位时，特地提到前者是奉北京皇帝的书信行事。③ 这与《纳迪尔沙传》中的秦—马秦皇帝以书信转告契丹—和田之君组织联盟颇可类比。正如学者所指出的，《阿帕克和卓传》的这一叙述显非史实。④ 不过该细节本身却值得深思，《阿帕克和卓传》的作者当然不会具有主动恭维和夸大清朝统治者权威的思想动机，同时清朝在回疆也不可能像在内地那样对当地的史书写作进行严密的监控。因此，我们只能推断作者在写作这段内容时本来就已秉持早在阿帕克和卓时代的清朝前期，准部在政治上即已附属于清朝的历史观念。

最后，我们拟再对天山北路的准噶尔之地被称为契丹或秦补充几条材料。在 19 世纪初由巴图尔·乌巴什·图们所撰的《四卫拉特史》中，曾

---

① B. M. Babadžanov, “On the history of the Naqšbandīya muğaddidīya in central Māwarāannahr in the late 18th and early 19th centuries”, in. M. Kemper etc eds. *Muslim Culture in Russia and Central Asia from the 18th to the Early 20th Centuries*, Vol. 1, pp. 387—388.

② A. Wilde, *What is Beyond the River? Power, Authority, and Social Order in Transoxania 18th–19th Centuries*, Vol. 1, Wien: Österreichische Akademie der Wissenschaften, 2016, p. 340, 346.

③ 马俊民等译：《阿帕克霍加传》，收入中国社会科学院民族研究所民族史研究室编印：《厄鲁特蒙古历史译丛》第四辑，1985 年，第 84—88 页。

④ 刘正寅、魏良弢：《西域和卓家族研究》，北京：中国社会科学出版社，1998 年，第 202—203 页。

提到1757年准噶尔政权覆亡时，若干诺颜贵族离开故土，希求得到俄罗斯的政治庇护，为此他们专门来到靠近契丹（kitat）边境的塞米帕拉特城（simpalat），向那里的长官说明情况。[①] 显然这里的塞米帕拉特就是当初俄国不顾准噶尔方面反对，而在额尔齐斯河上游修筑的要塞城市塞米巴拉金斯克。所谓的契丹边境其实正是原准噶尔之地的边境。看来，卫拉特人中的“契丹”地理观与中亚当地人并无大的差别。而库尔班外力《东方五史》也称19世纪前期俄国在巴尔喀什湖东北的爱古斯河流域进行扩张时，在其地设立管辖机构并强制性地对当地民众进行户籍登记，因为如果不采取这一措施的话，那么这些民众就会迁徙流失到契丹（Hitāy）境内。[②] 此处的契丹从地望上看，实指的是爱古斯河流域毗邻的塔尔巴哈台、额敏等地，这些地方仍然属于传统概念上的准噶尔之地而非一般意义上的中原内地。

同时，天山北路的准部地区在非汉文史料中还可以用“契丹”的同义语“秦”来代指。如1876年毛拉比兰（Mullā Bilāl）完成了一部反映1864年至1871年期间伊犁地区的回民和塔兰其人联合举行起义，推翻清朝在当地统治的诗歌体史著。特别值得留意的是，作者所拟的书名作《在秦的国土上进行的“圣战”之书》（*Kitāb-i ghazāt dar mulk-i Chin*）。据此可知，作者把爆发起义的原准噶尔汗国的政治中心伊犁一带看作是秦的地域（mulk-i Chin）。[③] 这一点有助于我们理解当时同情起义的本地人士所抱有的地域观念：尽管作者出于宗教原因对清朝的统治持不合作立场，但这并不妨碍他认可天山北路属于秦（中国）的固有土地。与他的身份相似的毛拉·穆莎·沙依热米（Mullā Mūsa Sayrāmī）在19—20世纪之交完成的《伊米德史》（*Tārīkh-i hamīdī*）中描述当时接待阿帕克和卓的准噶尔汗国首领洪台吉（实际上是噶尔丹）所掌控的疆域时，也称其包括了“从秦

① 丹碧、格·李杰编著：《蒙汉对照托忒文字卫拉特蒙古历史文献译编》，乌鲁木齐：新疆人民出版社，2008年，第21、252页。

② 野田仁：《露清帝国とカザフ=ハン国》，东京：东京大学出版会，2011年，第245页。

③ 有关此书的基本情况，参见滨田正美：《ムッラー・ビラールの『圣战记』について》，《东洋学报》第55卷4号，1973年。按滨田氏在文中将原书标题翻译成“对中国的圣战之书”不准确。此处的波斯语介词dar即“在……地方”之义。

(Chin) 的部分地区到突厥之地”。[①] 据研究，此事发生的背景约在1680年，此时的噶尔丹已完全掌握了天山北路的准噶尔之地和原叶尔羌汗国在天山南路的东部地区，但其势力却根本未能进入内地。[②] 据此判断，这里的“秦的部分领土”指涉的还是天山北路一带，事实上即使在后来阿古柏伪政府时期，他还曾派人前往占据伊犁一带的俄国人那里，希望后者也向其交纳相应赋税，理由是这种税收属于秦地的固有传统。[③] 可见连这个非法入侵者都不敢否认伊犁诚属秦（中国）的土地。

中亚本地人士心目中的这种准噶尔之地与“秦—契丹”（中国）难分彼此，连为一体的地理认知也影响到他们对于西蒙古人（他们称为卡尔梅克人）和作为中国主体民族的汉人（在中亚语言中多被称为契丹人）之间关系的判定上，即他们总是认为两者在族属起源上多有渊源，同时二者的相互关系也是亲如手足，结为姻娅，根本不像濮德培在其著作中为了突出清朝的“殖民征服性”而刻意骇人听闻地宣称，清朝最后通过实施一种类似种族灭绝政策的制定者——纳粹头子希姆来对待犹太人的臭名昭著的“最终解决方案”（final solution），彻底地灭绝了（extermination）准噶尔人。[④] 例如中亚塔什干流行的传说称，当初亚历山大（Iskander）征服中国以后，他留在那里的戍军遂与当地的中国女子通婚，其生下的后代就是卡尔梅克人和东干人。[⑤] 19世纪下半期在新疆考察过的贝柳（H. W. Bellew）医生还听当地人说，天山北路的锡伯族和索伦人其实是卡尔梅克人和汉人通婚形成的后裔。[⑥] 在19世纪中期前后吉尔吉斯人流行的史诗《阔阔托依

① 毛拉·穆萨·沙依热米著，安瓦尔·拜图尔译：《伊米德史》（维吾尔文），北京：民族出版社，2007年，第118页。

② 刘正寅、魏良弢：《西域和卓家族研究》，北京：中国社会科学出版社，第192—206页。

③ 库尔班·阿里著，中国社会科学院民族研究所新疆少数民族社会历史调查组译：《五本历史》（选译 内部资料），1962年，第43页。笔者能够利用此史料要感谢贾丛江与肖小勇两位先生的大力帮助。

④ 对此说的纠谬参见汪荣祖：《〈清朝征服中亚记〉书后》，收入汪氏著：《明清史丛说》，桂林：广西师范大学出版社，2013年，第263页。

⑤ S. N. Abašin, “Le culte d'Iskander Zu-l-Qarnayn chez les montagnards d' Asie centrale”, *Cahiers d' Asie Centrale*. No11-12 (=Les Montagnards d' Asie Centrale), 2003, p. 78.

⑥ Ruth I. Meserve, “Henry Walter Bellew's Medical Observations on the Kalmyks in Kashghar”, *Mongolian Studies*. Vol20, 1997.

汗（Kökötöy）的纪念宴会》中，作为吉尔吉斯（诺盖）人的对手依然是以17—18世纪的准噶尔汗国为原型塑造出来的卡尔梅克人，然而后者之中却有一个名叫“高鼻梁的空格尔巴依（Konggur-bay）”的契丹人是史诗主人公的劲敌。① 可以说，在19世纪的吉尔吉斯民间史诗中，以契丹人与卡尔梅克人并举，将其共同作为吉尔吉斯人的对手是十分常见的故事题材。

出现这种认知的根本原因就是上文所分析的中亚人始终视二者之间存在着难以区分的紧密关系，而不是像有的学者所推论的那样，源于继准噶尔汗国瓦解以后，清朝又步其后尘，开始在经济上奴役压榨吉尔吉斯人，从而承袭了这种作为敌人的负面形象。② 后一种解释是完全缺乏说服力的。清朝统一新疆后所制定的对于吉尔吉斯人的政策的出发点是尽量不让其被外部势力（浩罕汗国等）所利用以威胁南疆各地的安宁，为此则通过朝贡模式将其纳进清朝的政治轨道。虽然吉尔吉斯王公要向清朝一方贡献马匹并入朝觐见，但同时也从皇帝那里取得经济上的赏赐和政治上的名号，并且也享有进行边贸的权益。③ 故清朝与吉尔吉斯各部结成的这种虽然形式上具有上下之分，但实际上却带有更多互惠性质的藩属格局完全不同于当初的准部与后者之间的尖锐对抗关系。

综上所论，从中亚人士的角度来看，准噶尔人的地域本身就属于“秦—契丹”的一部分，而且准噶尔人与汉人的关系也非常紧密，不容割裂。因此，清朝与准部之间长达近一个世纪的战和博弈只是在一个“秦—契丹”空间范围下发生的不同政权间的内部纷争，故清朝在这场对峙中的最终胜出自可理解为整个“秦—契丹”区域由此实现了全境的整饬统合，这意味着此前经历了多个世纪的“秦—契丹”空间共同体从此转变成为统

① A. T. Hatto, *The Memorial Feast for Kökötöy-Khan: A Kirghiz Epic Poem*, Oxford Univ. Press, 1977, p.5, 9, 61.

② A. T. Hatto, “The Kirghiz and the surrounding peoples in mid-ninettenth-century kirghiz epic”, in. Rémy Dor eds. *L' Asie Centrale et ses voisins influences réciproques*, Paris: Inalco, 1990, p.82; “Mongols in mid-nineteenth-century Kirghiz epic”, in. W. Heissig and K. Sagaster eds. *Gedanke und Wirkung: Festschrift zum* 90 *Geburtstag von Nikolaus Poppe*, Wiesbaden: Harrassowitz, 1989, p.138.

③ N. Di Cosmo," Kirghiz nomads on the Qing frontier: Tribute, trade, or gift exchange?", in. N. Di Cosmo etc eds. *Political frontiers, ethnic boundaries, and human geographies in Chinese history*, London: Routledge Curzon, 2003, pp.351—372.

一的政治共同体，这正是清准战事结束的历史意义所在。我们知道，还在双方较量远未分出雌雄的雍正时代，清帝就已经颇为自负地认定：“中国之一统始于秦，塞外之一统始于元，而极盛于我朝。”随着若干年后准噶尔汗国的宣告终结，这番清朝统治者信心满满的自我期许才终于成为不容争辩的铁的事实。由此清朝方才在这种“朝代之间的竞赛”中真正将元朝抛在其后，因为自从至元后期以来，元朝在抑制西域方向上由察合台汗国—窝阔台汗国联手发起的扩张愈感吃力，以致在双方的竞争僵持过程中屡居下风，最终丧失了到至元前期时尚能稳固控制的畏兀儿之地，结果连蒙古高原的和林故土都受到了严峻威胁。降至元朝末年，元朝政府始终未能恢复对天山北路广袤区域的有效统治，仅能满足于接受名义上作为察合台汗国宗主国的貌似尊贵的政治名分。可以说，经略西域之地的乏善可陈使得元朝统治者拱手让出了一次将既囊括内地，又包含西域的整个“秦—契丹”从空间共同体升级打造为政治共同体的历史机遇。而元朝统一功业中的上述明显缺陷也恰好反衬出清朝取得的这种政治成就的意义重大。

## 本章结语：非汉文史料的引入在跨国界学术批评中的作用何在？

在历史研究中，人们常常发现许多看似激切雄辩的论点其实缺乏基本证据的有效支撑。诚以本文涉及的学术领域而言，国外学者的若干研究也存在相似的问题。在此笔者采取“师洋而不崇洋，用洋而不迷洋”的辩证态度，把他们的不足和失误划分为两大类。

第一种相当于学者在个别问题上的误判。平心而论，这类差池只是研究者因受成见所蔽而产生的智者之失或无心之过，并不影响我们从整体上对其学术成果作出积极评价。与之相近的还有精通多种语言的傅礼初在20世纪60年代时撰写的综述明清两代与西域—中亚政治关系的论文。这篇发明创获极多的鸿文无愧于被称为该领域的里程碑，可惜因为当时学界刊布的非汉文史料数量十分有限，故作者认定在明朝永乐年间以后，清朝经略新疆以前的较长时段中，中亚当地人士习惯于把中国认知为一个对他们来说联系十分疏远，并由众多异教徒占据，尚待皈依伊斯兰教的辽远国度。[①] 而以傅氏独有的过人语言才能，倘若他在写作其文时就能寓目今天我们可以利用的如此丰富的中亚非汉文史料，那么想必学术态度谨严的他一定会据此修正自己的某些不够全面的认识。至于本文序言所提到的新免康对“秦—契丹”地理范围的判断，应该说在其国新疆史研究领域中可谓一种主流化的观点。类似的见解在日本学者的新近研究成果中也能看到。[②] 另外杉山清彦强调本为中央欧亚核心地带的伊犁地区在地理上成为“中国的边境”起初肇始于准噶尔汗国的覆亡，最终则定型于新疆的近代建省。[③] 这种观点显然忽略了早在14世纪的乌马里著作中，伊犁河就已经被视作契丹与河中地区的自然边界。因此，原为自然边界范畴的伊犁一带以后在清朝正式成为“领土中国”的边境地区更多映照出历史的连续性而非断裂性的一面。不过这些著述从其总体学术水准上来衡量，仍具有颇高的参考价值，其间闪现的个别疏失不应成为我们拒绝借鉴和学习它们的理由。

至于另外一类著述的学术创见就让人感到失望多于欣慰。尤其令人遗憾的是，它们本身往往带有浓烈的意识形态色彩，多以批判“中国民族主义”为立论靶标，可以说是融政治于学术之中。其中表现较为突出的就是本文前面举出的以濮德培为代表的某些美国的新派清史学者。后者在其倾力打造的“征服叙事”神话中，总是想方设法地凸显清朝的帝国主义式的“殖民扩张”，阉割回避西域在历史上与中国内地存在的长时段紧密的联系，而所谓的非汉文史料则被他们抬举为将历史从其口诛笔伐的“中国民族主义”神话中解救出来的灵丹妙药。可惜事与愿违，虽然这些学者总是曲不离口地宣扬相关研究必须重视发掘中亚当地的各种史料，却从来不曾

---

① J. F. Fletcher, “China and Central Asia, 1368—1884”, in. J. K. Fairbank ed. *The Chinese World Order*, Cambridge, Mass: Harvard Univ. Press, 1968, pp. 217—218.

② 承志：《ダイチン・グルンとその时代——帝国の形成と八旗社会》，名古屋：名古屋大学出版会，2009年，第4—5页。

③ 杉山清彦：《イリ地域をめぐる帝国の兴亡と国境の诞生——ユーラシアの中心から边境へ》，收入承志编：《中央ユーラシア环境史》2《国境の出现》，京都：临川书店，2012年，第52—55页。

料想到其实它们之中竟然会蕴含有如此丰富的将西域之地定性为“秦—契丹”（中国）组成部分的历史信息。[①] 后者正是驳斥这种以“征服叙事”神话为中心的“新清史”观最为确凿有力的证据。[②]

---

① 关于天山南路地区在喀喇汗王朝以后的非汉文史料中是否也被视为“秦—契丹”的组成部分的问题，同样值得关注。此处因主题所限从略，这里仅提示两点证据，即和田地区曾长期被冠以秦—马秦的别称，而其南部长期受到印度扩张分子觊觎的阿克塞钦高地，本义正是“中国的白石滩”。

② 比中国要晚一个多世纪，欧洲的德、意两国才分别在各自传统的地理范围内实现了统一，稍早时候的美国则通过南北战争避免了国家的内部分裂，维护了联邦政府的统一。这些重大事件与清朝在 18 世纪中叶实现的全境统一在性质上并无根本区别，只是统一后的西方列强相继走上了对外大肆扩张的帝国主义侵略道路，这与清朝在完成统一之后选择的满足现状，安于自守的发展方向截然不同。试问，如果我们也以其人之道将南北战争定性为北方政府对南方独立国家的“征服吞并”，或者把德、意的统一也界定为普鲁士和撒丁王国对于其他邦国的“殖民侵略”，相关国家的大多数学者能够接受这种解释模式吗？

# 结语　从学术与政治的交集看“新清史”学者的意识形态倾向

概括地说，笔者对“新清史”的学术见解及其得失持下列观点。第一，“汉化”论或有可商，但在对其进行评价时必须排除先入为主的意气用事和政治成见，不能把对它的学术批评和讨伐所谓的中国民族主义联系起来。总之，学术研究不应沦落为政治大批判的马前卒或吹鼓手。第二，笔者对于那种认为“新清史”的贡献在于开拓了清史研究的内亚视角的评价持保留态度，此缘于在该学派兴起以前，国际学界已经就清朝历史中的内亚因素做了具有相当深度的专业探讨，例如美国已故学者范福和、傅礼初等人的部分学术成果就清晰地反映出这一点。第三，“新清史”学者虽然发出了重视非汉文文献在清史研究中的呼吁，但在实践中却并无相应的学术表现，从而给人以叶公好龙之感。即以利用满文史料为例，真正在这方面做出贡献的西方学者还是以斯达理、庞晓梅、魏汉茂等为代表的德、俄等国的满学家。其实只要我们平时注意浏览阅读刊登满学研究前沿成果的西方学术出版物，相信不难得出以上认识。

目前国内学界为“新清史”辩护的观点主要有两大理由。其一，他们认为虽然“新清史”学者利用非汉文史料成绩乏善可陈，但是其发出的这一倡议本身尚有学术意义。这一看法或许不无道理，但笔者觉得学术研究还是应该以“观其行”为主，“听其言”为辅。像 20 世纪六七十年代时，国内史学界曾经流行一种不注重实证研究，过分强调学术为政治服务的空疏学风，许多作品上来即连篇累牍地以黑体字引用马列主义原理来为自己的论说张目，而在随后的论证部分中却又无法举出缜密翔实的相应论据。这类论文即使本身引用的理论再高明无误，最终却只能成为昙花一现的应时之作。如今时过境迁，我们似乎也不能仅仅因为这类文章引用了一些颇有思想深度的理论观点，就肯定它们具有正面积极的学术价值。因此，“知易行难”所造成的方法理论与实际成果之间的差距常常成为史学工作者不得不正视的严峻现实。毋庸讳言的是，在将传统清史与内亚史结合的具体层面上，“新清史”学者的研究成果同样体现出这种宣传与实践之间存在的巨大反差。

其二，目前有的中国学者对“新清史”所标榜的“民族认同”倾向颇有共鸣，觉得它可以启发国内的清史及民族史研究开辟出更具潜力的研究课题。笔者认为，这是一种错位的立场误读，因为“新清史”学者群和国内学界所强调的“民族认同”从一开始就在方向目标上完全不同，可谓两条跑道上平行驰骋的马车。以国内历史学界与民族学界而言，从 20 世纪 90 年代以来对民族认同的研究大体是在费孝通提出的“中华民族多元一体”框架下展开的论述，也就是说不管多么强调少数民族具有不同于汉族的自我认同，最后对其定性时均要回到“中华民族的一体化格局”这一基本立场上来。而“新清史”则从破题之初，就借用了第二次世界大战以后欧美学者关于民族主义起源与传播的理论模式，并将其移用到被他们看成是帝制晚期的清朝及其以后的时代。

应该指出的是，像安德森和霍布斯鲍姆等学者在论述民族主义在欧洲之外的传播时，均认为东亚的中、日、朝鲜具有相当强的人口同质性，因此没有把民族主义传播理论运用到中国版图中的边疆地区，转而认为这些国家大多在历史疆界内发展。[①] 而“新清史”则与之相反，认为完全可以用民族主义叙事来解析上述地区的历史走向与现实状况。我们知道，这种民族主义起源与传播的理论体系，所强调的恰恰是经过作为民族主义者的知识分子的大力宣传鼓动，一种崭新的披着民族外衣的集体认同以“想象的共同体”的形态破茧而出，进而推动社会成员将这种认同意识强化为一

① ［英］埃里克·霍布斯鲍姆著，李金梅译：《民族与民族主义》，上海：上海人民出版社，2006 年，第 77 页注释 37。

种政治上的主权诉求，最终提升到政治层面以寻求高度自治或者独立建国的终极结果。显然，这和我们所说的“多元一体”格局中的相当于二级子目录性质的少数民族的自身认同根本就无从调和。

而“新清史”学派也正是抓住这一点大做文章，虽然他们一方面认为清朝通过引入非汉化的权力统治模式实现了将中国内地与内陆亚洲的政治一统，但同时又强调这种一统并没有能够消弭满、蒙古、藏以及穆斯林等各个人群内部的认同意识；相反，在清朝后期由于汉人向边疆移民所造成的族际摩擦以及具有鲜明“排满”意识的太平天国运动的爆发，促使非汉人群的自我意识从原来处于相对低潮的蛰伏状态转变为日趋活跃的状态。在“新清史”的学者看来，这种发展趋势本来预示着随着帝制时代的结束，同时也渐渐完成了民族意识塑造的边疆各地即自动脱离中国走上彼此独立的分头化发展路径，就如同19—20世纪的奥斯曼土耳其帝国和奥匈帝国衰落或解体以后所造成的那种多国化局面一样。然而1912年中华民国和1949年中华人民共和国的相继建立，却愈发堵死了这条道路，结果致使除了外扎萨克蒙古各旗和图瓦地区，其他清属内亚边疆地域都大致完整地保留在现代中国的版图内。这等于说辛亥革命之后的中国继续以帝国的思维框架来维系其对清属内亚的主权拥有。这种政治现状后来被柯娇燕定义为“后帝制时代的民族帝国主义”。

简而言之，在多数“新清史”学者看来，民国以来中国政府对边疆地区的宣布主权和两次世界大战以后风靡亚非拉的“去殖民化”的民族主义运动背道而驰，而从当下已经步入“后现代”和“后殖民”时期的21世纪的角度来观察就更是一个极大的悖论，在政治上自然也就毫无合法性可言。“新清史”学者出于证明上述理论模式的有效性，不惜曲解史实以强证己说。正像前面柯娇燕的例子所暴露的，她为了想从学理上赶上民族主义这趟18世纪以后才驶出的普世列车（遵循安德森等的观点），于是就对满、蒙古民族共同体的形成时间持一种“宁晚勿早”的判断，高声疾呼是帝国缔造了民族，而非民族创建了帝国，拒不承认17—18世纪的清朝就已经是一个成熟而统一的多民族国家（更无论以前的历代中央王朝）。唯此才能在时间上更为直接地动摇和解构现代中国对边疆的行使主权。

在小结了所谓“新清史”学派的现实“关怀”之后，相信我们对当下在国内知识界已成为讨论热点的那个话题——“新清史”学者及其研究结论究竟是否存在意识形态方面的偏颇，以致暗含有破坏中国国家统一的潜在目的，就可以客观看待了。当然对于这个极易产生争论与分歧的问题，笔者认为应当一分为二地看待。一方面，不宜把所有的“新清史”学者的研究成果都解读成某种现实政治观念下的产物。而另一方面，对于那些确实带有鲜明意识形态烙印的所谓学术研究，我们也应该在充分掌握事实根据的前提下毫不隐讳地予以指出，并对之提出商榷批评。这才是身为中国学者理应具有的实事求是的态度。而在进入讨论之前，有必要再重复强调一下笔者在序言中的观点，即多数“新清史”学者的研究志向十分宏大，远远超出了通常的清史断限。如前所述，这派学者是以清史为入口，试图全面解析中国从明清之际直到“全球化”盛行的当下 21 世纪的整个历史走向。因此，“新清史”研究的最大特色恰恰是将历史与现实共冶于一炉。这也提醒我们，不能因为他（她）们的不少著述超出了清史时限，就将其轻易排除在对“新清史”研究的评价之外。

以下我们就以从柯娇燕到罗友枝的五位“新清史”学者的具体观点为例，揭示其相关研究中存在的相关意识形态因素。需要声明的是，目前国内赞同“新清史”学术取向的一些读者通常会引用该派学者在国内发表的一些中文文章（含译作和访谈），为其辩解称“新清史”研究并无政治上的意识形态色彩，而中国学者（不限于大陆学人）对他们的有关批评只是不够开放健康的“弱国心态”的反映流露，或者就是僵化的政治思维所催生的“洗脑”产物，实在是对不住友邦人士的一番真挚用心啊。坦率地说，笔者对于这种“自由主义”式的论调不敢苟同，窃以为评价的依据理应以他（她）们的外文原作为准，毕竟这些学人在国内发表的中文论著多带有“入乡随俗”的特点，谅不致在某些涉及现实的关键问题上放言无忌。相比之下，相关的外文原作却充分反映出彼辈的所思所想及其政治倾向。如果笔者所持的这一评价标准有违客观公正的学术立场，那么亟盼读者速加指正。

柯娇燕在 2005 年出版的一部讨论中国和日本在向近代民族国家转型的

论文集中发表了一篇题目为《中国的民族性和差异性：后帝制时代的两难困境》。[①] 该文比较集中地反映了作者对于1911年之后中国政治走向的思考。她开宗明义地将后帝制时代的中国定性为一个没有皇帝的“帝国”，因为民国政府和人民共和国政府均极力维持原先清朝的疆域界限，依旧试图将多族群的民众统合在一个民族国家的框架下。在她看来，虽然这种民族主义诉求有其内在原因的支撑，但却造成了基本政治理念上的矛盾，导致当代社会出现了许多不稳定的因素力量。她认为，现代中国与清朝的最大统治理念的差别是，清朝具有行之有效的普世型君权观念，即组成帝国的各大群体只需要共同遵守效忠这种意识形态即可成功构建君权统治的合法化，而到了所谓的后帝制时期，原先的各大群体却缺乏构建一个统一的民族国家的政治共识，因此无法形成使政权合法化的理论基础，也不能产生相应的凝聚力。民国以来的中央政府为了克服这一矛盾，只得通过改造非汉族，以使之转变为汉族的刚性同化手段，即所谓的教化中心主义（transformationalism）来达到建设统一的民族国家的目的。而这套做法实际上又是彰显了始于清末维新派人士的“民族帝国主义”（national imperialism）诉求，即在帝国转型为民族国家的阶段中应尽可能多地设法继承前一时期的政治遗产，以求将那种帝国瓦解以后造成所谓的多国化局面降低到最低程度。这种做法的危害在于剥夺了许多群体实现独立建国的政治理想。值得注意的是，在柯娇燕对清末民初的叙事中，将当时流行的“五族”（汉、满、蒙古、回、藏）这一政治概念人为地拆分为“中国人”和“非中国人”的对立，前者理论上只包括汉人，后者则概括了五族之中汉人之外的其他群体。在她看来，新成立的共和体制为这些“非中国人”设计的政治前景只有他们必须接受同化道路，转变为“中国人”这一条途径。可以说，柯氏此番话语是建立在她的清史观的基础上的，即由于构成帝国的各大人群仅仅效忠于君主，彼此并无深度交往和互信，因此清朝绝非统一的多民族国家，中国在地域空间和对应人群上指涉的对象主要只是以前明朝的固有疆域及在这些地方生活着的汉人，而与整个内陆亚洲地区

---

① P. K. Crossley, “Nationality and Difference in China: The Post-Imperial Dilemma”, in. Joshua A. Fogel ed. *The Teleology of the Modern Nation-State*, Univ. of Pennsylvania Press, 2005, pp. 138—158.

全然无关。换言之，中国只是清朝下属的一块殖民地，在地位上与蒙古、新疆、藏区并列。与这一叙事对应的政治逻辑就是，当清朝帝制终结以后，其旧有疆域也就应该被相应分解为汉人治理的中国和非汉人治理下的其他各国。因此，在她随后的行文表述中，径直将1911年之后的西藏赋予“独立国家”的政治地位，虽然即使被民国政府拒绝的由英国单方面操纵签订的《西姆拉条约》中也不敢明确承认这一点。

柯氏既然在其构建的历史叙事中为西藏从灾难性（disastrous）的民国中“独立”出来感到欣慰，那么另一方面就不得不为共和时期中央政府在边疆地区的主权存在哀叹不已。在她看来，“民族主义”政府基于所谓的民族帝国主义原则而对“非中国人”施行的“教化中心主义”严重违反了其自身的政治意愿，因而带有突出的强制性和负面色彩。下面就来评析她对中华人民共和国实行的相应民族政策的具体指责。此前在1990年所发表的《反思早期近代中国的民族性》中，柯娇燕即将少数民族在计划生育和接受专业教育等诸多方面得到的优待照顾措施，公然贬低为边缘性福利（marginal benefits）。[①] 试想，中华人民共和国政府对少数民族施行的优待政策尚且遭到如此评价，要是如果根本没有这类政策的话，那么还不知道柯氏又会泼来什么样的污水呢？现在我们看到，这类绝非善意的责难在她的上述这篇发表于2005年的文章中又持续发酵。其中中华人民共和国为实现民族平等而设立的民族区域自治制度成为其炮轰攻讦的首要对象。稍具常识的人都知道，中国大陆的五个少数民族自治区成立的时间并不同步，其中内蒙古自治区成立于建国之前的1947年，新疆维吾尔自治区成立于1955年，宁夏回族自治区和广西壮族自治区均成立于1958年，而西藏自治区成立于1965年。故五大自治区并非成立于同一时期，尤其是最早的内蒙古自治区和最晚的西藏自治区在成立时间上相隔了整整18年。可是，在柯氏的叙事中，这些自治区却都被她有意篡改成是在“大跃进”运动高潮时期建立的，标志着中央在所谓的民族地区实行严厉的政治—经济压迫时期的到来，属于“民族主义政权”对少数民族推行不公正的极端化改造政策的直接产物。

---

① P. K. Crossley, “Thinking about Ethnicity in Early Modern China”, *Late Imperial China*, Vol. 11, 1990.

在她看来，民族自治区的建立对于后者来说，意味着争取主权和民族独立的政治意愿从此落空，因此绝非民族解放。她还补充说极端化政治路线在民族地区先后经历“反右”和“文化大革命”，最后一直延续到改革开放新时期的反对精神污染和反对资产阶级自由化运动中，使得少数民族群体几十年来始终沦为攻击性政策的受害者。而中央政府给予他们的各种优待措施只是为了阻滞其民族自觉意识的产生。在具体论述到新疆维吾尔自治区时，柯氏公然表示，她接受另一位美国研究中国民族问题的专家杜磊（Dru Gladney）的下列观点，即中国通过执行相应的“围堵”（containment）方针，导致维吾尔人在自己的土地上被边缘化成了弱势群体——“少数民族”。而她随后对成立西藏自治区一事的抨击更是不遗余力，声称该自治区完全是在人民解放军1959年武力占领西藏的极端化环境下才建立的。她还认定，在当代中国的社会生活中，不存在像清朝皇权那样能够将各大人群团结在一起的普世性因素，汉人只是凭借数量的绝对优势和经济上的突出地位，才能在其中发挥某种统合的作用，并迫使“少数民族”屈居于被统治的地位；而中国文化的统合性也是通过其所处的统治地位和恐吓性才得以实现的。

柯娇燕此文还对一个时期以来在祖国境内专门从事暴力破坏活动的“疆独”“藏独”等分裂性组织对于中国国家安全和人民生命财产造成的危害做了完全歪曲的叙述。她辩称中国根本没有受到过这些分裂活动的实质性威胁，而中国政府只是出于担心与官方不合拍的宗教思想在社会的蔓延传播，故通过夸大事情真相，把所谓的极端思想杜撰为假想敌，以实现钳制宗教信仰自由的真实意图。正因为这番叙述与事实严重不符，所以她无法在正文后面列出哪怕一篇有关的参考文献作为其所获信息的来源，只得荒谬地把中国政府处置非法组织“法轮功”一事拿来胡乱类比，诬称政府用暴力手段对付行为温和的“法轮功”抗议者的行径与其处理所谓宗教极端思想的手法颇为相似。

除了大肆抨击国内长期实行的民族区域自治制度和近期出台的反恐维稳措施以外，柯娇燕还对中国实行的公民身份制度中包含民族信息的做法妄加评论。她以美国的情况作为指责的依据，声称像在美国这样现代化的民主样板国家内，民族这一项指标从来不会公开地出现在公民的身份信息之中，因为它属于依法受到保护的公民个人隐私；而中国的情况却大相径庭，这不仅是由于中国政府历来缺乏保护公民隐私的法制观念，而且还是为了更加有效地控制监视社会成员才有意为之的。正因为作者深具那种救世主般的美式优越感，而又有意回避中国存在的显著地域性发展差异，所以在文中的最后部分遂以美国塑造民族团结的所谓成就来“反衬”后帝制时期中国缺乏普世性的政治认同，断言中国解决民族问题的困境在于其找不到昔日皇权观念的当下替代物。对柯娇燕来说，中国只有继续进行那种分开连体婴孩似的政治手术，才有可能转变成一个因脱去“帝国性”而略显正常的民族国家。

正因为柯氏笃信国家分裂才是眼下中国最好的政治出路，所以当 2009 年秋季中华人民共和国成立 60 周年时，沉湎于“公知”职责的她特地在《华尔街日报》10 月 9 日的专栏中发表了一篇通俗性的文章《困扰中国世纪之久的认同危机》（China's Century-Long Identity Crisis），向不了解中国历史的美国公众兜售上述观点。她喋喋不休地告诉读者，中国历史上只是清帝国的一部分，长期由外来入侵者满洲人进行统治，中国人在历史上也长期缺乏国家主权的观念，只是在 19 世纪末期列强入侵的背景下才出现了民族主义思潮。当今的中国政府完全无知现代国家主权所存在的具体历史背景，从而放手让官员和学者合谋设计出官方版的民族主义，由此虚构出长达 4000 年从不间断的所谓中国历史，并且宣称拥有继承当初清帝国控制下的满洲、内蒙古、新疆、西藏、台湾等地区的政治合法性。作者在文章的后面部分危言耸听地告诫美国公众要提高警惕，作为国家执政党的中国共产党，目前努力推行的是一种既不清晰又不道德的“民族主义”施政路线，这对外在其掌控下的一切来说都是十分危险的。而作为文章的结语，作者只得把她对中国的希望寄托在将来能够发生某种从“帝国”真正走向共和国的“和平演变”上，指望随着那个时刻的到来，新的中国政府能够温和地处理对内对外（也包括同友邦人士及竞争对手之间）的各种关系。坦率地说，这样一篇哗众取宠的文章的发表，对于阻碍那些没有造访过中国的美国大众了解真实的中国历史及现状将会起到非常恶劣的负面效果。

这种在美国公众面前对中国近代以来的历史与现状故作悲观判断的做法淋漓尽致地反映在柯娇燕 2010 年出版的新书《摇摇欲坠的政权中枢：

从1800年至今的中国历史》中。[①] 此书硬伤错误极多，这里无法具体指出。作者为了证明中国在1911年帝制终结以后，没有走上由一个帝国分裂成多个国家的政治道路实在是一场于人于己的深重灾难，故刻意将此后近百年的中国历史信手涂鸦成漆黑一片，从中看不到任何希望的曙光，即便是在经济快速发展，人民生活水平稳步提高的改革开放新时期，还是一个社会问题泛滥成灾，缺乏起码人权保障的类似于全球最不开化地区那样的“失败国家”。作者为此臆造出来的证据着实让人大开眼界。例如她在没有列举任何信息来源的情况下信誓旦旦地声称在20世纪90年代中期，中国的城镇人口失业率是40%。要知道，以此前在欧元区内遭遇经济衰退和金融危机最为严重的希腊来说，其当时的失业率亦不过才25%—28%。如果一个十亿人口的大国的城镇失业率真的飙升到40%的话，那么可想而知这个国家正面临着多么严重的经济危机。甚至可以断言，一旦中国真的爆发这种伴随着如此之高的失业率的经济危机，那么作为中国主要贸易伙伴和受债对象的美国恐怕也不会有兴致享受悠闲自得的快乐时光。

此外，作者一方面指出现在（2010年或稍前）中国已经成长为世界第二大经济体，同时又故作惊人之语称中国当下的人均生产总值按照购买力评价仅列世界的第163位，还低于乌干达和马里等国（同样没有给出信息来源）。实际上该书出版之时的2010年的世界各国的人均GDP排名（由相关国际专业机构发布）现已可以非常便捷地在网上检索到，中国的相应排名按照国际汇率和购买力平价统计分别是第95位和93位（共计182个国家—地区中），而乌干达和马里按照国际汇率的相应排名是在第147位和157位。这种违背学者职业道德，捏造论据以忽悠误导读者的做法可以说是仅次于剽窃抄袭的严重学术违规行为。此类情况如果发生在自然科学界，那么相关当事人将会面临非常严厉的处罚结果，譬如2005年发生在韩国的黄禹锡事件一度使其面临刑事诉讼，而最近发生在日本的一位年轻生物学者的实验数据造假行为，又直接导致她被相关大学撤销博士学位，并以其正式道歉和主动辞职而告终。奇怪的是，像这样质量低劣，论点偏激

① P. K. Crossley, *The Wobbling Pivot*, *China since* 1800: *an interpretive history*, Malden, MA: Wiley-Blackwell, 2010.

的问题书的封底居然还印有学者的郑重推荐语。这一现象实非个别，因为在美国的出版业中，那些以不实之辞歪曲中国现状的书籍更容易引起传媒及公众的关注与欣赏而名噪一时，比较冷静客观地介绍中国情况的“知华派”著作却通常反应平平，以致其影响仅局限在少数学者中间。

下面再看以出版《中国的西征》而闻名的濮德培的现代中国观。2005年出版的一部名为《定位中国：空间、地方与流行文化》的论文集中收入了一篇他写作的《勘定中国之西北：就民族国家与帝国而论》。① 这篇文章同样是将清史与当代史串联比照，以最终定位中国当下存在的帝国特征和民族问题。作者在文章的导言中评论了当下中国政府对西藏等边疆地区行使主权的历史依据，认为这种依据完全是建立在清朝全盛时期的军事征服基础上的，因此中国领导人对国家疆域的信念基础其实只是一种传承自帝制征服时代的不应被承认的神话（an unacknowledged mythology of descent from imperial conquest）。既然濮氏将之视为“不应被承认的神话”，即等于从始至终剥夺了现代中国在边疆地区行使主权的合理性。

在接下来的叙述中，他对民国以来被国共两党所谴责的分裂主义者（splittist）这一概念进行了重新界定，认为这一概念实际上指的只是地区主义、宗教势力和民族认同的承载者。对濮氏来说，后帝制时期并不存在从中国“分裂”出去的政治活动，存在的只是追求地区主义和民族认同的政治诉求，无论是高度自治（greater autonomy）还是彻底独立（independence）均不宜受到谴责。因此，他随后即把海外“藏独”组织进行的反华分裂活动定位成捍卫自身的地位（defend their own positions），并且断言只要现代中国的领土空间范围同其构建的政治空间（以革命以前清朝的疆域为准）相一致，有关的分歧就无法解决。这实际上是把相关责任全部推给了中国政府，即中国执意以1911年之前的疆界作为现代国家地理界限的做法才是导致各种暴力冲突的直接原因，这样一来，各种危害国家安全的分裂组织根本不需要就它们发动的任何形式的恐怖袭击承担最起码的道义上的责任。

---

① Peter C. Perdue," Identifying China's Northwest: For Nation and Empire", in. Jing Wang etc eds. *Locating China*: *Space*, *Place and Polular Culture*, London: Rutledge, 2005.

同时，他对中华民国和中华人民共和国追求的政治目标也提出质疑，即民国时期提出的“五族共和”的政治口号在边疆地区受到了现实的抵制，随后的中华人民共和国倡导的多民族统一国家的理想仍是强调建设一个汉人占统治地位的国度（the Han-dominated state），这种政治动机更加具有可商榷性。而在清朝和民国以来中国政权的合法性上，他的见解和柯娇燕一致，即维护清朝统治的意识形态在于皇权的普世性，而民国以来的政权根本在建立民族国家的过程中却无法构建起类似的认同因素，因此不能获得汉人之外的其他群体的支持。以西藏为例，他声明从毛泽东时代直到现在，中国共产党领导人无法像清朝皇帝那样成功运用宗教资源，只能使用世俗锁链（secular chains）来拴住西藏，包括在那里推行大规模的社会改革以摧毁其旧有制度；而中国在西藏实行的保护宗教信仰的政策被其定性为仅仅是名义上的（nominally）。作为结论，濮德培断言中国在西藏的主权是一种强权统治，即运用军事武力加上经济霸权来达到目的，因此根本不被当地人所认可。

濮氏此文对于中国近期发起的“西部大开发”国家战略给予了相当的关注，不过其给出的评价却非常负面。在论及西藏时，他极尽煽情地写到，与中国开发西部的冠冕堂皇的理由形成反差的是，西藏人却在为保护自己的自治权力而做着令人绝望的努力。而在本文的最后部分，他又以新疆为例，将“西部大开发”战略与此前清朝推行的某些政治经济举措加以对比，并做了延伸解读。他将政府推行这一战略的重心片面理解成促进汉族进行移民与加大中央的权力在当地基层社会的渗透力度。前者导致当地人害怕失去其自身合法权益，被迫自发地用暴力抗争的手段予以回应，而后者在实施过程中则需要动用强迫性的技术手段以及各种经济杠杆。濮德培固执己见的殖民主义视角导致他从根本上漠视或者说完全拒绝承认中央政府为改善西部的当地国计民生而做出的种种努力。同时正像他把极少数分裂分子挑起的暴力恐怖活动歪曲成当地人在汉人包围下无路可走的绝望反抗一样，濮德培还别有用心地把西北地区与经济比较发达的内地之间的差距解释成民族歧视造成的财富、资源和机会的分配不均，而对中国东西部之间长期存在的经济发展不平衡现象熟视无睹。事实上作为一位同时考察过华南湿润稻作农业区与西北内陆旱作农业区的经济史专家，他对于两者各自对应的生态条件的优劣悬殊以及由此造成的发展差距，恰恰是比别人更为心中有数的。

与他的这种根深蒂固的“中国殖民观”相对应，当代中国在边疆地区的行使主权始终被其定性为一种带有强迫性的霸权（coercive power）。濮氏对此的展望前景是期待在国际交流日益频繁的大趋势下，试图弱化中国主权控制的当地政治势力有希望争取更多的外来资源及援助来反抗这种霸权。而中国的边疆地区将长期充满对抗和张力，中国的民族认同也将长期悬而未决。可以说，在涉及中国从帝国向民族国家转变的问题上，濮德培的看法与柯娇燕一样偏激。两人最根本的共同点均是认定当帝制结束后，原来清朝的疆域内没有出现多国化的局面才是导致各种被其放大夸张的问题和灾难的万恶之源。

而在2009年出版的一部比较中国、印度与奥斯曼土耳其帝国转型过程的论文集中，濮德培提交了一篇标题为《比较视角下的帝国和民族国家：论18世纪中国的边疆管辖》的论文，而对清朝统治和人民共和国的主权行使的纵向比较再度成为他大做文章的楔子。[①] 例如当论及清朝在藏区的统治时，他随即借题发挥对现代中国在西藏的主权管辖大放厥词：与清朝对当地宗教势力和世俗制度的保护截然相反，中华人民共和国则致力于消除宗教和社会改造。其中中华人民共和国改革废除旧有制度以解放农奴的正义之举被他扭曲为“摧毁了西藏宗教等级秩序的土地基础”。而中国共产党领导人引用的马克思揭示宗教对于人民群众具有精神麻痹与安慰效应的经典论断——“宗教是精神鸦片”则被濮德培偷梁换柱成“宗教是毒药”（religion is poison）。他还特地在自己有意曲解的这句话的前面加上“臭名昭著”（notorious）这一颇具爱憎色彩的形容词，并煞有介事地宣称许多僧尼在政治运动中遭到了杀害。

在该文最后部分的理论阐述中，他再次同柯娇燕一样，明确反对将清朝定性为统一的多民族国家，这同他此前将清朝在西藏的主权仅仅界定为“宗主权”（suzerainty）的做法是一致的。同时又以其他帝国分裂后普遍产

---

① Peter C. Perdue, “Empire and Nation in Comparative Perspective: Frontier Administration in Eighteenth-Century China”, in. H. Islamoğlu etc eds. *Shared History of Modernity: China, India and the Ottoman Empire*, London: Routledge, 2009, pp. 21—45.

生多国化的现象为依据，对中国在从帝国向民族国家转变过程中出现的这种与众不同的演进路径继续加以批评，最后将当今的中国定性为在领土上坚持传统帝国追求，而在精神认同上又标榜民族团结的“矛盾型”国家。这样中国在他的笔下成为一个同时共存帝国意识形态和民族国家意识形态的极其古怪的国家，而在其内部，只有汉人处于统治地位，其他群体则注定沦为低人一等的依附性成员。他最后的展望结论是，当今港台和西藏都在积极努力运作以脱离19世纪末兴起的中国民族主义政治的轨道，因此在政治前途上值得期盼。而北京的中央政府一方面采取帝国式的“专制”统治手段，另一方面又悬挂源自19世纪种族主义观念产物的文化统一的政治招牌。因此，只要中国政府一天不放弃对从新疆到台湾的陆海边疆地区的主权拥有，那么在濮氏的眼中，就永远还是一个不值得外人肯定和信任的帝国式“专制政权”。

在评介了柯娇燕和濮德培的上述观点之后，我们现在把焦点对准到2011年哈佛大学出版的一部关于讨论中华人民共和国建立60周年的论文集中，相关作品是“新清史”健将欧立德提交的《民族意识与帝国边疆：新世纪下的内亚与中国》。[①] 尽管总的来说，欧立德所持的现代中国观比前面两人要显得温和一些，不过他的这篇文章对于中国内政仍然有颇为直露的抨击。该文同样将新疆和西藏发生的极少数破坏分子预谋策划的暴力事件定性为当地人因倍感其成为汉人大众的歧视目标，并且发现其民族文化受到了汉人主宰下的党国体制的高压对待，于是方才做出的不得已的反抗。按照这一逻辑，虽然这些暴力活动的最终受害者是身为平民的各族群众，但这些行为本身从实施动机上看却是可以谅解的，罪魁祸首还是中国政府实行的有失公正的民族政策或者就是对于社会上歧视少数民族的现象听之任之与纵容包庇，而汉人作为一个集体自然也必须为这种所谓的歧视现象负责。在这里欧立德有意回避了一个无法否认的事实，那就是在受到分裂活动威胁的新疆等地，当地广大少数民族干部群众同样是暴力恐怖行为的直接受害者。这对欧立德诉诸民族矛盾和文化歧视的曲解显然是有力

---

① M C. Elliot, “National Minds and Imperial Frontiers: Inner Asia and China in the New Century”, in. William C. Kirby etc. *The People's Republic of China at sixty: An International Assessment*, Harvard Univ. Press, 2011, pp. 401—411.

的驳斥。

欧立德在此文中还坚持认为，那种清朝的固有领土可以由民国时期以来的中国政府继承下来的观念虚伪而错误。与之对应，1911 年之后汉人之外的其他群体实行的“独立”于中国的行动本来属于一种逻辑化结果，可惜多受制于地缘政治的因素而功亏一篑。而且，拒绝承认这种情况的民国政府采取的仍然是以帝国化的模式来重建中国，即设法将内陆边疆和台湾都看作本国领土的组成部分。只是民国因限于军事力量的不振，尚无法有效地长期控制这些地区。而对于 1949 年以后中华人民共和国在边疆地区恢复行使有效主权的做法，欧立德却评论说，因为这些地区的人民并没有采取正式的全民公决以决定去留，所以无由断言他们是否有兴趣加入中华人民共和国。因此，他认为中华人民共和国在边疆地区的行使主权实际上是以使用武力或强迫性力量为后盾的。按照欧氏的逻辑，似乎边疆各地都要按照外蒙古的模式行事才算是具有合法性。考虑到当时的边疆地区，多数劳苦大众在民主改革以前根本就不曾享有最低限度的政治权利，甚至有许多人在当时的社会条件下连最基本的人身权利都保证不了。在这种情况下，还要通过在相对成熟的现代公民社会中才可能行之有效的全民公决来确定归属，实在是痴人说梦，异想天开。况且即以被西方某些人士动辄誉为“亚洲民主样板”和被某些国内右翼“自由主义者”公开点赞为“世界最大民主国家”的印度（以与面积与人口均多于印度的中国大陆形成强烈的政治对比色），[①] 在其独立之后强行收回果阿和动用武力兼并在历史上与自己素无隶属关系的锡金王国，不知道是否也是两地人民全体投票、赞成合并在先，箪食壶浆、迎接荷枪实弹的印度大兵在后？

欧立德的这篇文章在“新清史”诸作中或许不算是对中国内政诋毁攻击最深的，但却是在行文语气上显得最傲慢的。他在文中以教师爷般居高临下的口吻教导中国的国家领导人必须正视以下事实，即应该识相地认识到历史实际上并不站在他们这一方，因为从历史经验上看，像中华人民共

---

① 参见张颂仁为 2010 年前后刊出的《从西天到中土：印度新思潮读本》系列作品所写的“缘起”，它们均由多年来一直在国内大肆宣传“自由主义”思潮的广州南方集团旗下的南方日报出版社统一推出。张氏在序言中极力鼓动大陆的读者公众应该从印度的“民主化”道路中汲取历史经验，以反思中国当前选择的发展模式及道路。

和国这类汉人政权历来难以有效而长期地统治如此广袤的边疆区域。这个历史教训值得今天的领导人时刻牢记。而苏联的最终崩溃对中国领导人来说就是一剂很好的清醒剂，因为前者同样试图继承以前俄罗斯帝国遗留下的所有领土遗产，可惜终以国家分裂而归于失败。作为哈佛大学的一位教师，热衷于给中国领导人指点迷津或者敲敲警钟，劝中国趁早从内亚脱身，是否显得有些越俎代庖呢？似乎现在的中国早已不是当初对洋顾问点头哈腰、言听计从的晚清、民国时代了。此外，欧立德同样认为中国对边疆地区的支配缺乏像清朝皇权那样的凝聚核心，因而所谓的完成统一也仅是虚有其表而已。最后，他将当下中国的民族政策定位成执政党出于巩固权威的需要，特意采取一种带有沙文主义特点的民族主义。这种情况造成了少数民族在中国的处境举步维艰。作为全文的结语，欧立德显然不像柯娇燕那样对中国有朝一日，发生一场从“帝国”到真正民族国家的“和平演变”或“颜色革命”抱有幻想，因此他对未来的预测反而更加“灰暗”：在中华人民共和国的下一个60年中，其对内陆亚洲的统治将持续成为中国最难解决的问题之一。将来的历史是否如此，那也只能拭目以待。

执教于乔治敦大学的米华健则在“新清史”学者中专攻新疆史。据称此人曾公开标榜自己既不是大汉族主义者，也不是泛突厥主义者，而是汉人和维吾尔人，以及更普通的中国人的朋友。话虽如此，现实中的米华健依然是一位有着显著政治偏向和趋好的学者，并且长期以来帮助“疆独”势力化解其实施令人发指的暴力犯罪而在国际上受到道义谴责，倾其所能使暴力化分裂活动得以“去污化”“非罪化”。如果说前面几位学者主要还只限于在理论上摇旗呐喊、鼓舌聒噪的话，那么米华健倒真可以说是一位“知行并重”的“实干家”。

他曾在华盛顿的东西中心的2004年度系列出版物中发表了单行本《新疆的暴力化分离主义运动：一个批判性的评估》。[①] 正如其标题所展示的，该文实际上是批评中国现阶段所实行的民族政策的一篇时文。其主要观点可以概括如下。第一，中国官方记录和某些国际报道中指控的暴力恐

---

① James A. Millward, *Violent Separatism in Xinjiang: A Critical Assessment*, Washington DC: East-West Center, 2004.

怖活动记录包含有许多并不精确甚至自相矛盾的信息，结论也颇有歪曲性。不过他在文中也没有详细分析相关材料的疑问之处，大概只代表了他对于有关报道个人感情上的本能质疑。第二，他认为跟中国官方提供的报道相反，自从 1990 年以来，所谓的暴力化分离主义运动实际上呈现下降趋势，而所谓暴力对于中国政府和汉人平民带来的威胁被人为放大了。国际问题专家米华健的这篇文章其实更多地只是反映了他个人的主观看法。在 2001 年的“9. 11”事件引发的以美国为主导的反恐战争中，曾经以阿富汗为训练基地的新疆分裂势力也受到相应削弱，因此从 2003 年开始，美国国内出现了一种奇怪的声音，认为中国实际上是借美国军人之手清除了自己的宿敌，因此要求美国政府改弦易辙，对于阿富汗境内的新疆分裂势力持宽大态度，将其和塔利班——“基地”组织等区分对待。作为对这种意见的部分采纳，后来美国即把阿富汗反恐战争中抓获的若干来自新疆的恐怖分子遣送到欧洲的一些国家，而拒绝将其引渡回中国受审。米华健的观点实际上也是这种对新疆分裂势力持包庇立场的“美国声音”中的具体表现之一。

而米华健最为露骨的政治偏见则反映在他在《中亚浏览》（*Central Asian Survey*）2009 年第 4 期上发表的对当年夏季在乌鲁木齐发生的暴力袭击事件的评论文章中。[①] 该文首先综合评价了近些年新疆的基本形势。他认为目前这一地区的现状可以概括为中国是地区博弈的最大赢家，而当地人则相应沦为了最大输家。中国通过参与创办上海合作组织，加强与周边国家的政治合作，进行经济开发和鼓励汉族移民等，不仅极大地削弱了当地人利用境外中亚地区进行反华活动的能力，而且使得他们在保护发展本民族文化和享受政治权利上都受到诸多限制。虽然米华健承认，一般来说，新疆当地人的生活水平尚好于邻近的中亚，但却强调他们在政治上失去了像其中亚邻居那样独立建国的政治权利，而且自身的传统文化还在不断地遭受外来人群的威胁和侵蚀。

另一方面，米华健指责中国政府蓄意夸大恐怖主义造成的威胁，甚至

---

① James A. Millward, “Introduction: Does the 2009 Ürümchi Violent Mark a Turning Point?”, *Central Asian Survey*, Vol. 28/4, 2009.

在一定程度上通过外交宣传成功地误导了美国政府。作者由此对小布什政府在最初的反恐战争时期把某些新疆分裂势力和“疆独”组织也列入制裁名单的政策提出批评。而他自己的观察结论却是，中国政府在反恐问题上只是虚张声势，实际上当地的分离主义者根本未采取过暴力手段，当然也不像许多人想象的那样从事伤及无辜的“恐怖主义”活动。米华健在未出示资讯来源的情况下，一口咬死2008年北京“奥运”前夕新疆发生的两起事件均非恐怖袭击，而肇事者也绝非恐怖主义者。这两起事件一次是恐怖分子在民航班机上试图点燃易燃物资而被乘务人员及时发现阻止，另一次则是暴力实施者有预谋地驾驶机动车辆，冲撞袭击正在进行训练的公安武警战士，当场造成十多人死亡。无论依据何种事实标准，这两起事件都是不折不扣的恐怖事件，而现在米华健却要为其“平反”，居心何在，可谓昭然若揭。

全文后面的部分自然是米氏对于整个事件的“回放”性叙述和相关评论。因为他在事发当天并不身处现场，因此对整个事件的描述都是综合相关报道剪裁而成。耐人寻味的是，他仅仅在统计死亡人数和商店车辆受损数量时引用了中国官方的报道。而在对整个事件起因、经过和平息进行叙述的全过程中，米华健引用的几乎全是对中国政府向来持恶意诋毁态度的冷战喉舌“亚洲自由之声”电台的报道，以及来自加拿大广播公司的所谓目击证人的口头叙述。因此在他对事件的描绘中，从始至终没有离开过批评甚至污蔑中国政府的基本立场。例如他引用上述带有明显偏向性的报道，称事件的起因是中国政府以暴力手段对付非暴力的游行请愿活动，声称军警公安在现场实施的镇压手段有包围、痛殴、拘留，甚至包括开枪（shooting at），这才导致了暴力冲突的发生，最后酿成近200人死亡的严重事件。在具体叙述细节上，他还神神秘秘地引用来历不明的小道消息说，许多受害人实际上是死于现场军警不分青红皂白地胡乱开火中，以此来告诉西方读者，大量平民群众并非如中国政府说的那样直接死于暴力袭击，从而达到帮助犯罪分子洗脱罪名并将相应责任转嫁给政府的不可告人的目的。而事件中的人民群众死伤的具体细节仅仅在米华健的全文中占了5—6行的篇幅，而他叙述政府平息事态的经过却用了近40行的文字篇幅，可以说是将但凡能搜集到的攻击中国政府的各种信息，事无巨细地统统堆砌上阵，不厌其多，只嫌其少。譬如，根据他所"引用"的那些报道，军警在现场行动中不仅使用了各种常见防暴器械，出动了装甲车辆，而且还直接朝和平示威的人群开火（open fire），包括对其使用实弹（live ammunition）等。因此，一位没有去过现场的西方读者在读了他的叙述之后，很容易将整个暴力袭击事件误解为中国政府事先策划好的组织严密的大规模施暴行为，以致从根本上颠倒整个事件的性质，将举起屠刀，滥杀无辜，犯下罄竹难书罪行的暴力犯罪分子误会成整个事件中值得同情的受害者。米华健先生不啻暴力犯罪分子最好的免费辩护律师。大概有时候连他本人都意识到其引用的那些细节内容实在是太难以置信了，所以曾在文中一处不显眼的地方羞羞答答地写到，其中某些叙述的真实性有待证实。而在对整个事件的最终定性中，米氏依旧老调重弹，即该事件决不带有恐怖主义性质，甚至也不具备分离主义的要素，与海外反华"疆独"组织的煽动更是没有干系，当天事件的起因只是和平请愿的行为遭到了政府弹压所致；并且为中国政府的不实宣传再一次左右了公共舆论而遗憾不已。

最后所要评介的是罗有枝的相关观点。这充分反映在她在1996年发表的那篇《再观中国：论清时代在中国历史上的重要性》的"清朝历史与中国民族主义"这一节。① 罗氏的论文国内早就有了中译本，可惜该节的内容却只字未译，使读者难以从总体上了解罗氏写作全文的思想脉络。其实只有配上这一节之后，"新清史"的整个学术思路才清晰完整地呈现在读者面前，这也是笔者前面所强调的，该派学者致力的对象绝不只是就清史论清史，而是要在清史和当代中国之间打通关节，全面诠释中国最近500年的历史走向。漏译的这一节恰恰最为直观地反映了"新清史"学者治学的实用主义倾向。

这一节的内容从辨析作为人群名称'汉'产生的历史背景入手，以表明所谓的汉民族主义是在清末时期才出现的。当然实际上作者是首先有了后面的观点，所以才先入为主地称'汉'这一指代名称的出现时间正好与清末民族主义和社会达尔文主义流行相同步。当然这一点远非事实，贾敬

---

① E S. Rawski, "Presidential Address: Reenvisioning the Qing: The Significance of the Qing Period in Chinese History", *Journal of Asian Studies*, Vol. 55/4, 1996, pp. 838—841.

颜曾专门梳理过“汉人”作为族称在中国古代历史中的使用情况。[①] 罗氏此说只不过是想证明中国人的族属认同必须等到清末接触了外来的民族主义思潮之后才萌发。接下来，她就论证经过立宪派和革命派的诠释与宣传，自孙中山以来的民国的领导人，甚至包括后来的毛泽东，都在接受汉族作为种族概念的基础上，树立了那种认为中国必须由汉族人进行统治的观念。罗有枝据此进一步指出同化论是民国时期从政治上解决民族问题的官方主流思想，这在蒋介石时期表现得最为明显。

罗氏进一步认为汉民族主义的出现不可避免地刺激了其他人群也产生类似的民族主义，从而导致边疆地区的民族认同趋于形成，相比之下，此前的满洲人就只有旗人的意识，却缺乏“民族”的观念。罗有枝更为重要的论断则是认为辛亥革命本该起到解放满、蒙古、回、藏各大人群的作用，使其均享有建立独立的民族国家的机会。在她看来，有清一代，这几大人群都是只效忠清帝而从不自认为是中国的一部分。因此，她也将1911年后西藏的地方政府定义为事实上已经完全“独立”的国家，其性质基本与同一时期的外蒙古相同。罗氏进而认为民国时期的新疆也基本脱离了中国的政治轨道，无论是国民党的同化论，还是共产党的政治主张都没有被当地人认可。对她而言，只有新疆发生的几次为时甚短的分裂运动才真正代表历史发展的前进方向，而毫不考虑这些以分裂和独立作为目标的政治运动之所以迅速失败，最主要的原因即在于其严重背离了当地的民意，因此从未得到过广泛的社会支持。

作者本节最后也回到当下的中华人民共和国时期，声称其与民国一样，都竭力镇压独立运动，并重申对边疆地区的领土主权。她同时认为，中国共产党的民族政策虽然暂时承认了少数民族的政治地位，但最终仍会走向同化论，只不过表面上更多地使用“融合”一词以代替同化而已。作者的结论是，虽然官方一直强调“民族团结”，但国内各族的民族主义一直存而未熄，因此她总结说，1911年以来中国在创造或构建能够使各大族群均可接受的“想象共同体”的事业实际上并未成功，故中国只是一个没有形成真正“民族”的伪民族国家。按照以上理论和逻辑，从民国时期的“五族共和”到中

① 贾敬颜：《“汉人”考》，《中国社会科学》1985年第6期。

华人民共和国所贯彻的建设统一的社会主义多民族国家路线等统统走入了政治上的死胡同，是不可能有任何出路和前途的。这样的“伪民族国家”，于人于己来说，都是分裂比存在更有益，而且早分裂又比晚分裂好。

综上而论，笔者简要评介了五位“新清史”学者的学术观点，需要指出的是，也有个别的“新清史”学者，如路康乐和卫周安似未发表过直接批评中国民族政策的论说，因此对于“新清史”学者也要一分为二地具体分析，只是略显遗憾的是，这种对当下中国的政治现状不褒不贬的“新清史”学者毕竟只是少数。另一方面，本文列举的有关资料仅仅只是“新清史”学者与现实相关的论说的一小部分，如果要把他（她）们指责当下中国的内容全部列出并逐一评点的话，那么对一篇言简意赅的结语来说，无论如何也是篇幅不够的。唯据本文此前的评介，或可把多数“新清史”学者的现代中国观概括为两个“万恶之源”，第一是在思想层面上存在的自清末诞生并延续至今的“中国民族主义”；第二是1911年之后中国政府坚持在边疆地区行使主权的国家行为，其中又由于中华人民共和国在边疆行使主权的力度和有效性远大于民国时期，所以其推行的民族政策也就自然成为彼辈口诛笔伐的重中之重。在这批学者看来，正是这两个“万恶之源”既导致了非汉人群无法建立起属于他们自己的“民族国家”，使得他们在中国沦落为注定永无翻身之日的“被统治者”，同时也造成了中国自身通向民族国家的政治道路归于失败。正因为如此，他（她）们认定，当今的中国既没有那种应受谴责的分裂活动和暴力恐怖犯罪，也不存在捍卫国家领土主权的必要之举，有的只是统治与被统治，镇压与反抗这种刚性化的对抗型关系格局；而化解困境的唯一之道，只能是重新再做一次彻底的政治切割手术，以完成当初辛亥革命没有完成的使命。所幸随着我国国力的稳步提升，尤其是国防现代化的即将完成，再加上单一制多民族社会主义国家的既有制度优势，前述那些“新清史”学者所梦呓的像叙利亚式的国家分裂与山河破碎并沦为外国军队战场的这类人道主义悲剧必将永无出现于中华大地的可能，这正如爱国网民的留言所精辟道出的：虽然由于超级大国邪恶霸权的现实存在，我们未能如愿处在一个像歌曲《明天会更好》中期盼的没有硝烟战火的理想时代，但毕竟还算庆幸地生活在一个相对和平安宁的国度。